图说管理系列

U0733565

图说工厂品质管理

（实战升级版）

李家林　林岳儒　主编

人民邮电出版社

北　京

图书在版编目（CIP）数据

图说工厂品质管理：实战升级版 / 李家林，林岳儒
主编. — 北京：人民邮电出版社，2014.1
（图说管理系列）
ISBN 978-7-115-33407-7

Ⅰ.①图… Ⅱ.①李…②林… Ⅲ.①工业企业管理
—质量管理—图解 Ⅳ.① F406.3-64

中国版本图书馆 CIP 数据核字（2013）第 241361 号

内 容 提 要

本书在《图说工厂品质管理》第一版的基础上对工作内容、板块设置、实景图片进行了适当的改动和更新，系统地阐述了品质管理规划、供应商品质控制、来料品质控制、制程品质控制、成品品质控制、工序质量控制等11个方面的内容，表述详细、图文并茂，并随书附赠实操光盘，为读者提供了极具实用性的参考范例。

本书适合工厂高层管理人员、品质管理人员和一线员工阅读，也可作为培训部门开展品质管理知识培训的教材。

- ◆ 主　　编　李家林　林岳儒
  责任编辑　庞卫军
  责任印制　杨林杰
- ◆ 人民邮电出版社出版发行　　北京市丰台区成寿寺路11号
  邮编　100164　电子邮件　315@ptpress.com.cn
  网址　http://www.ptpress.com.cn
  北京天宇星印刷厂印刷
- ◆ 开本：787×1092　1/16
  印张：17　　　　　　2014年1月第1版
  字数：180千字　　　2024年12月北京第42次印刷

定　价：45.00元（附光盘）

读者服务热线：（010）81055656　印装质量热线：（010）81055316
反盗版热线：（010）81055315
广告经营许可证：京东市监广登字 20170147 号

总　序

　　报纸、杂志、网络浏览等传统意义上的"浅阅读"模式正逐渐成为大众阅读的主流，"图说管理系列"图书就恰好顺应了这一趋势。本系列图书以"快餐式、跳跃性、模块化"的写作模式，以"板块分明、图文结合"的形式，把管理的理念通俗化。同时，为了节省读者的时间，本系列图书还随书赠送可改动光盘，以方便读者将光盘内容运用到实际工作中去。

　　"图说管理系列"两大板块

　　"图说管理系列"图书由工厂管理和服务管理两大板块组成。

　　1. 工厂管理板块

　　工厂是人们制造各类产品的场所。工厂管理是指将各种有效的生产资源导入制造场所，通过计划、组织、用人、指导和控制等活动，如期完成预定生产目标，生产出质量优异的产品。本系列图书中的工厂管理板块图书针对企业最热门也是最需要解决的七个方面（现场管理、7S管理、目视管理、设备管理、安全管理、品质管理和仓储管理）进行了展开与延伸，注重以市场需求为导向，提供了满足不同层次读者需求的系列产品。

　　2. 服务管理板块

　　服务业是指提供各类服务的行业，其产品与工厂生产的产品相比，具有非实物性、不可储存性、生产与消费同时性等特征，如酒店提供的客房服务等。本系列图书挑选了三个占比较大的行业（物业、酒店、餐饮），从管理和服务的角度对有关内容进行了整合与详细解读。

　　"图说管理系列"升级说明

　　"图说管理系列"图书在出版后得到了读者的广泛好评，许多活跃在管理一线的工作人员看了本系列图书以后，通过来信、来电、留言、电子邮件、微博评论等方式与我们探讨管理方面的业务，他们也希望书中能增加一些新的内容，为此，我们再一次认真总结近几年来的管理经验，经过仔细斟酌，推出了"图说管理系列"实战升级版。

　　"图说管理系列"实战升级版在"图说管理系列"第一版的基础上对每本书的板块、内容、图片等做了适当的改动与更新，使图书更符合读者的需求。

"图说管理系列"实战升级版图书特色

"图说管理系列"实战升级版图书特色如下。

◇本系列图书将每本书的第一章设置为"管理导引"，对管理流程、管理架构、管理关键点以及核心术语进行了详细解读。

◇在每本书的第二章及以后各章中，开头设置了一幅"导视图"，方便读者随时了解所学章节在全书中的位置，掌握学习进度。"导视图"之后设置了"关键指引"栏目，对本章内容进行简要介绍，引领读者开始本章的学习。

◇在每本书的每章正文内容中，图书采用"要点01"、"要点02"的形式进行展示，使内容结构更清晰，方便读者逐项学习。同时，图书在正文中插入了大量精美的实景图片，与正文内容互相结合，相互印证，便于读者加深对内容的理解。书中还设置了"请注意"栏目，提醒读者需要重点注意的地方，同时设置了"参考范本"栏目，方便读者即学即用。

◇在每本书的每章末尾设置了"学习笔记"栏目，方便读者将自己的学习心得、学习难点以及运用计划写下来，以加深对正文内容的理解，并将所学知识运用于实际工作中。

"图说管理系列"实战升级版最大特点

"图说管理系列"实战升级版图书板块设置精巧、图文并茂，以简洁精确的文字对企业各项工作的要点进行了非常生动、全面的讲解，方便读者理解、掌握。同时，本系列图书非常注重实际操作，使读者能够边学边用，迅速提高自身管理水平。

"图说管理系列"实战升级版DIY实操光盘

"图说管理系列"实战升级版配备了DIY实操光盘。DIY（英文全称为"Do it Yourself"）实操光盘把工作中已经固化了的，也是日常工作中最常用的管理制度、管理表格及工作内容解读为可改动的Word文件形式，供读者参考、检索、打印、复制和下载。读者在使用这些文件的过程中，可根据机构与企业的自身需要进行个性化修改。

→ 前　言

　　《图说工厂品质管理（实战升级版）》一书对品质管理的各个方面进行了详细阐述。全书共12章，内容包括工厂品质管理导引、工厂品质管理规划、工厂供应商品质控制、工厂来料品质控制、工厂制程品质控制、工厂成品品质控制、工厂工序质量控制、工厂不合格品品质控制、工厂品质检验场地与设备管理、工厂QCC活动管理、工厂质量管理体系认证、工厂产品认证等。

　　本书每个章节自成体系，其主要内容介绍如下。

　　◇工厂品质管理导引部分，以图表的形式介绍了品质管理的基本流程、品质管理架构、品质管理关键点、品质管理核心术语等内容。

　　◇工厂品质管理规划部分，主要介绍了品质方针的制定、品质方针的宣传与实施、品质方针的评审与修订、品质目标的制定等内容。

　　◇工厂供应商品质控制部分，主要介绍了供应商的选择、与供应商签订品质保证协议、供应商品质后续监控、定期对供应商进行考核等内容。

　　◇工厂来料品质控制部分，主要介绍了物料品质控制标准的制定、物料规格的设计、来料检验作业、来料检验不合格处理等内容。

　　◇工厂制程品质控制部分，主要对制程品质检验前的准备、首件检验、巡回检验、末件检验、半成品品质控制等内容进行了介绍。

　　◇工厂成品品质控制部分，主要对成品包装检验、成品出货检验、成品出货检验等内容进行了介绍。

　　◇工厂工序质量控制部分，主要介绍了工序质量影响因素控制、工序管理、工序质量检验、工序质量信息控制等内容。

　　◇工厂不合格品品质控制部分，主要介绍了不合格品的产生原因、不合格品的常规控制措施、不合格品的退回等内容。

　　◇工厂品质检验场地与设备管理部分，主要对品质检验场所的设置、检验设备的配备、检验设备的使用控制等内容进行了介绍。

◇工厂QCC活动管理部分，主要对QCC小组的组建、QCC活动成功推行要点、QCC活动的开展、QCC小组会的召开等内容进行了介绍。

◇工厂质量管理体系认证部分，主要对质量管理体系认证的特点和作用、质量管理体系认证流程、迎接认证机构的监督审核等内容进行了介绍。

◇工厂产品认证部分，主要对产品认证的作用、产品认证与质量管理体系认证的区别、产品认证的分类、产品认证的依据等内容进行了介绍。

在本书的编写过程中，编者得到了许多培训机构、咨询机构的老师和工厂一线管理人员的支持和配合，其中参与编写、提供资料和图片的人员有陈英飞、李冰冰、李家林、王生平、张绍峰、刘冬娟、高风琴、吴丽芳、宿佳佳、申姝红、郑洁、刘军、李辉、赵静洁、赵建学、陈运花、段青民、杨冬琼、杨雯、赵仁涛、柳景章、唐琼、段利荣、林红艺、贺才为、林友进、刘雪花、刘海江、匡仲潇、滕宝红。在此，编者向他们表示衷心感谢。

本书图片由深圳市中经智库文化传播有限公司提供并负责解释。

→ 目　录

第1章　工厂品质管理导引

企业采购的物料必须经品质检验合格后才能予以验收并用于实际生产，而生产出的各种产品必须经品质检验合格后才能向客户销售。各级品质管理人员必须严格做好各阶段的品质管理工作，确保企业最终生产出合格的产品。

导引01：品质管理流程图 2

导引02：品质管理架构图 3

导引03：品质管理关键点 4

导引04：品质管理核心术语 5

第2章　工厂品质管理规划

良好的品质管理规划有助于品质管理工作的顺利推行。品质管理规划主要包括品质方针和品质目标的制定、品质人员的配置等内容。

要点01：品质方针的制定 10

要点02：品质方针的宣传与实施 13

要点03：品质方针的评审与修订 15

要点04：品质目标的制定 16

　　【参考范本】××有限公司总体品质目标 19

　　【参考范本】××有限公司各部门品质目标 19

要点05：品质目标的宣传与控制 23

要点06：品质目标的评审与修订 26

要点07：品质人员的配置 26

　　【参考范本】××有限公司品质管理职责说明 28

要点08：品质文件的管理 32

要点09：品质教育 35

要点10：提升品质意识 37

第3章　工厂供应商品质控制

供应商是企业所需各类物料的供应方，企业最终产品的品质往往取决于供应商所供物料的品质。因此，只有做好供应商的品质控制工作，才能从源头上控制企业产品的品质。

要点01：供应商的选择 42

要点02：与供应商签订品质保证协议 49

　　【参考范本】××有限公司供应商品质保证协议 50

要点03：供应商品质后续监控 50

要点04：定期对供应商进行考核 51

　　【参考范本】××有限公司供应商定期考核报告 51

要点05：实施供应商扶持 52

要点06：供应商激励 54

第4章　工厂来料品质控制

来料品质控制是企业产品品质控制的重要步骤。如果收到了不符合企业要求的物料，必然会给企业后续生产造成麻烦，因此，企业各级人员，尤其是品质部门的检验人员要严格控制来料品质。

要点01：物料品质控制标准的制定 60

要点02：物料规格的设计 61

要点03：来料检验作业 65

要点04：来料检验不合格处理 71

要点05：来料检验异常情况处理 73

要点06：物料特采控制 76

要点07：来料品质投诉 78

要点08：生产线上来料品质问题处理 79

要点09：不用物料的封存 81

要点10：仓库温度、湿度控制 84

第5章　工厂制程品质控制

制程品质控制是指在物料进入生产现场到最终产出成品的整个过程的品质控

制工作。这一过程决定着产品的最终品质，因此，品质检验人员必须严格做好该过程的检验工作，确保品质控制工作的顺利实施。

要点01：制程品质检验前的准备..................................90

【参考范本】××有限公司机加车间检验人员配备表.......91

要点02：首件检验..................................92

【参考范本】××有限公司首件检验规定.........94

要点03：巡回检验..................................96

要点04：末件检验..................................99

要点05：半成品品质控制..................................101

要点06：检验误差防范..................................106

要点07：检验工作监督抽查..................................110

第6章　工厂成品品质控制

成品是企业对各类物料进行加工后产生的产品，企业各级人员都应当严格做好成品的品质控制工作，确保其能够满足客户的需求。

要点01：成品包装检验..................................116

要点02：成品入库检验..................................117

要点03：成品出货检验..................................122

第7章　工厂工序质量控制

工序是产品制造过程的基本环节，一般包括加工、检验、搬运、入库四个环节。工序质量控制就是为了把工序质量的波动限制在要求界限内所进行的质量控制工作。工序的质量控制直接关系着企业最终产品的质量。

要点01：工序质量影响因素控制..................................132

要点02：工序管理..................................136

要点03：工序质量检验..................................138

要点04：工序质量信息控制..................................142

要点05：工序质量控制点管理..................................145

【参考范本】××有限公司质量控制点管理办法............147

要点06：工序改善..................................149

第8章　工厂不合格品品质控制

不合格品是企业的"负资产"，会导致企业的人力、物力遭到极大浪费。企业各级人员都应当采取措施做好不合格品的日常管理工作，预防不合格品的产生，以尽量避免或减少损失。

要点01：不合格品的产生原因 156

要点02：不合格品的常规控制措施 157

要点03：不合格品的退回 160

要点04：不合格品的标示 162

要点05：不合格品的隔离 165

要点06：不合格品的评审 168

要点07：不合格品的处理 172

【参考范本】××有限公司报废品的审批权限 175

第9章　工厂品质检验场所与设备管理

要想开展品质检验工作，必须有合适的检验场所和精准的检验设备，因此，做好这两方面的管理工作可以为品质管理工作提供良好的支持。

要点01：品质检验场所的设置 178

要点02：检验设备的配备 181

要点03：检验设备的使用控制 186

要点04：检验设备的校准 188

第10章　工厂QCC活动管理

QCC是一种重要的提升品质管理水平、解决品质问题的手法。企业应积极开展QCC活动，以便更好地解决各种品质问题，同时显著提高企业的品质管理水平。

要点01：QCC小组的组建 194

要点02：QCC活动成功推行要点 199

要点03：QCC活动的开展 201

要点04：QCC小组会的召开 208

要点05：QCC活动成果的发表 211

要点06：QCC活动的评价 214

要点07：QCC活动常见问题的解决 217

第11章　工厂质量管理体系认证

通过质量管理体系认证，企业可以建立高效的质量管理体系，提高企业的生产效率、产品质量。同时，获得质量管理体系认证证书也有助于提升企业产品的市场竞争力。

要点01：质量管理体系认证的特点和作用 228

要点02：质量管理体系认证流程 230

要点03：迎接认证机构的监督审核 236

要点04：期满重新认证 238

第12章　工厂产品认证

产品认证是指认证机构依据相关产品标准和相应技术要求，对某一产品进行审查和检验，并向通过审查的产品颁发认证证书和认证标志，以证明该产品符合相应标准和相应技术要求。

要点01：产品认证的作用 244

要点02：产品认证与质量管理体系认证的区别 245

要点03：产品认证的分类 245

要点04：产品认证的依据 247

要点05：产品认证的流程 247

要点06：常见产品认证形式 249

光盘目录

第一部分　工厂品质管理主要内容解读

1-1.1　制定质量方针内容解读

1-1.2　质量方针的实施推广内容解读

1-1.3　制定品质目标内容解读

1-1.4　品质目标的实施控制内容解读

1-1.5　品管人员的配置管理内容解读

1-1.6　充实品质管理文件内容解读

1-1.7　制定品质检验标准内容解读

1-2.1　制定物料品质控制标准内容解读

1-2.2　确定物料规格内容解读

1-2.3　供应商品质控制内容解读

1-2.4　来料检验作业控制内容解读

1-2.5　来料不合格的处理内容解读

1-2.6　来料检验异常的处理内容解读

1-2.7　物料特采的控制内容解读

1-2.8　来料品质投诉处理内容解读

1-2.9　对仓库温度、湿度进行控制内容解读

1-2.10　不用物料的封存内容解读

1-2.11　及时处理线上原料的质量问题内容解读

1-3.1　制程品质检验组织的设计内容解读

1-3.2　检验前的准备内容解读

1-3.3　首件检验内容解读

1-3.4　巡回检验内容解读

1-3.5　末件检验内容解读

1-3.6　半成品品质控制内容解读

1-3.7　不良品的退回处理内容解读

1-3.8　防范品质检验的误差内容解读

1-3.9　检验工作质量的监督抽查内容解读

1-4.1　包装检验内容解读

1-4.2　成品入库检验内容解读

1-4.3　出货检验内容解读

1-5.1　加强工序质量因素的控制内容解读

1-5.2　加强工序管理内容解读

1-5.3　做好工序质量检验内容解读

1-5.4　加强工序质量信息控制内容解读

1-5.5　工序质量控制点管理内容解读

1-5.6　工序改善内容解读

1-6.1　不合格品的定义内容解读

1-6.2　对不合格品进行标示内容解读

1-6.3　不合格品的隔离内容解读

1-6.4　不合格品的评审内容解读

1-6.5　不合格品的处理内容解读

1-7.1　组建QCC小组内容解读

1-7.2　促进QCC活动推行的措施内容解读

1-7.3　开展QCC活动内容解读

1-7.4　召开QCC小组会内容解读

1-7.5　QCC活动成果的发表内容解读

1-7.6　QCC活动评价内容解读

1-7.7　QCC运作常见问题的解决内容解读

1-8.1　品质教育内容解读

1-8.2　提升品质意识内容解读

1-8.3　品质绩效分析与考核内容解读

1-9.1　检验场地的设置内容解读

1-9.2　检测设备的配备管理内容解读

1-9.3　量规仪器的使用内容解读

1-9.4　设备校准内容解读

1-10.1 了解ISO 9000认证内容解读　　　1-10.4 重新认证内容解读

1-10.2 申请ISO 9000认证内容解读　　　1-10.5 产品质量认证内容解读

1-10.3 认证机构的监督检查内容解读

第二部分　实用制度

2-001 质量方针控制程序　　　　　　　　2-023 不合格品控制程序

2-002 质量方针控制程序　　　　　　　　2-024 不合格品控制规范

2-003 质量目标的控制程序　　　　　　　2-025 不合格品的监审办法

2-004 质量管理的责任制度　　　　　　　2-026 不合格品标识标准

2-005 质量管理的会议制度　　　　　　　2-027 不合格品的隔离标准

2-006 质量管理教育训练办法　　　　　　2-028 报废品处理标准

2-007 品质训练规定　　　　　　　　　　2-029 质量成本预测和计划程序

2-008 质量信息管理制度　　　　　　　　2-030 质量成本分析办法

2-009 供应商评定控制程序　　　　　　　2-031 质量成本报告程序

2-010 供应商、协力厂商辅导制度　　　　2-032 质量成本控制和考核程序

2-011 进料检验控制标准　　　　　　　　2-033 全面品质管理推行制度

2-012 进料检验控制程序　　　　　　　　2-034 质量管理体系策划控制程序

2-013 紧急放行控制作业标准　　　　　　2-035 质量文件控制程序

2-014 制程品质管理作业办法　　　　　　2-036 质量体系运行管理办法

2-015 制程质量管理规定　　　　　　　　2-037 内部审核控制程序

2-016 制程质量异常的处理办法　　　　　2-038 试作与送样管制程序

2-017 首件检验制度　　　　　　　　　　2-039 信息沟通控制程序

2-018 质量检验规范　　　　　　　　　　2-040 质量奖惩制度

2-019 最终检验规定　　　　　　　　　　2-041 品管科质量奖罚条例

2-020 出货检验规定　　　　　　　　　　2-042 质检员日工作考核规定

2-021 来料抽样检验方案　　　　　　　　2-043 质检员考核项目评分标准

2-022 成品入库检验方案　　　　　　　　2-044 质量事故处理原则及奖惩办法

第三部分　实用表格

3-001 质量方针实施对策表　　　　　　　3-004 质量月报表

3-002 部门(车间)质量目标展开表　　　　3-005 年度质量培训计划

3-003 质量目标管理统计月报表　　　　　3-006 现场质量问题记录日报表

3-007	厂内质量信息反馈表	3-041	工序质量表
3-008	内部品质信息反馈报告表	3-042	环境试验报告
3-009	供应商质量统计表	3-043	试验委托单
3-010	供应商质量评价表	3-044	试验报告单
3-011	供应商质量管理检查表	3-045	检验通知单
3-012	来料检验通知单	3-046	成品质量检验报告表
3-013	来料检验履历表	3-047	待出厂成品检验表
3-014	检验委托单	3-048	成品检验记录表
3-015	料检验报告表	3-049	成品判定单
3-016	物料试用检验通知单	3-050	成品验收单
3-017	说明书质量检验表	3-051	成品不良批退单
3-018	特采/让步使用申请单	3-052	成品检验月报表
3-019	检验质量异常报告	3-053	出货检验报告
3-020	供应商异常处理联络单	3-054	成品出厂检验表
3-021	退货单	3-055	成品质量不良联络单
3-022	公司内部联络单	3-056	品质不良联络单
3-023	线上来料不良记录清单	3-057	装配不良记录
3-024	制程计数检验记录表	3-058	零件不合格处理单
3-025	线上来料不良记录清单	3-059	不良品记录表
3-026	半成品巡检记录表	3-060	报废申请单
3-027	半成品抽查日报表	3-061	废品通知单
3-028	包装PQA巡检日报表	3-062	返修通知单
3-029	成品检验报告	3-063	废品统计卡片
3-030	操作变更通知单	3-064	废品统计台账
3-031	生产事前检查表	3-065	不良项目调查表
3-032	生产事前检查表	3-066	品质不良率分析记录表
3-033	产品质量抽查记录表	3-067	产品品质不良原因分析表
3-034	生产过程记录卡	3-068	不合格预防处理表
3-035	过程控制标准表	3-069	月份质量成本分析表
3-036	作业检查表	3-070	质量成本汇总表
3-037	产品质量检验表	3-071	质量成本预防费用明细表
3-038	质量因素变动表	3-072	内部损失成本统计表
3-039	工序质量评定表	3-073	鉴定成本统计表
3-040	工序控制点明细表	3-074	外部损失成本统计表

3-075　预防成本统计表

3-076　限额领料卡

3-077　人工费用卡

3-078　费用限额卡

3-079　质量预防费用统计表

3-080　产品质量成本损失估计表

3-081　质量管理体系审核计划表

3-082　质量管理体系审核检查表

3-083　质量文件发放、回收表

3-084　质量文件借阅、复制记录表

3-085　部门受控质量文件清单

3-086　质量文件更改申请表

3-087　质量文件销毁申请表

3-088　质量文件记录清单

3-089　过程审核计划表

3-090　内部质量审核检查表（管理层）

3-091　内部质量审核检查表（办公室）

3-092　内部质量审核检查表（经营部）

3-093　内部质量审核检查表（市场部）

3-094　内部质量审核检查表（设计开发中心）

3-095　不符合项报告表

3-096　过程业绩评审报告表

3-097　质量管理体系审核报告表

3-098　进料检验岗考核表

3-099　制程检验岗考核表

3-100　装配检验岗考核表

3-101　零件完工检验岗考核表

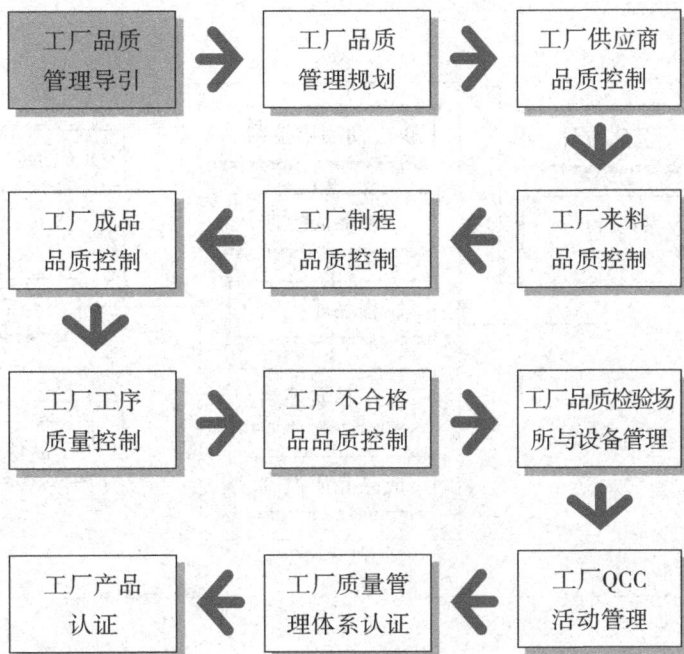

第1章

工厂品质管理导引

导视图

企业采购的物料必须经品质检验合格后才能予以验收并用于实际生产，而生产出的各种产品必须经品质检验合格后才能向客户销售。各级品质管理人员必须严格做好各阶段的品质管理工作，确保企业最终生产出合格的产品。

导引01：品质管理流程图

品质管理涉及生产过程的很多环节，而各个环节之间互相联系、互相影响，共同形成了品质管理的完整流程。具体内容如图1-1所示。

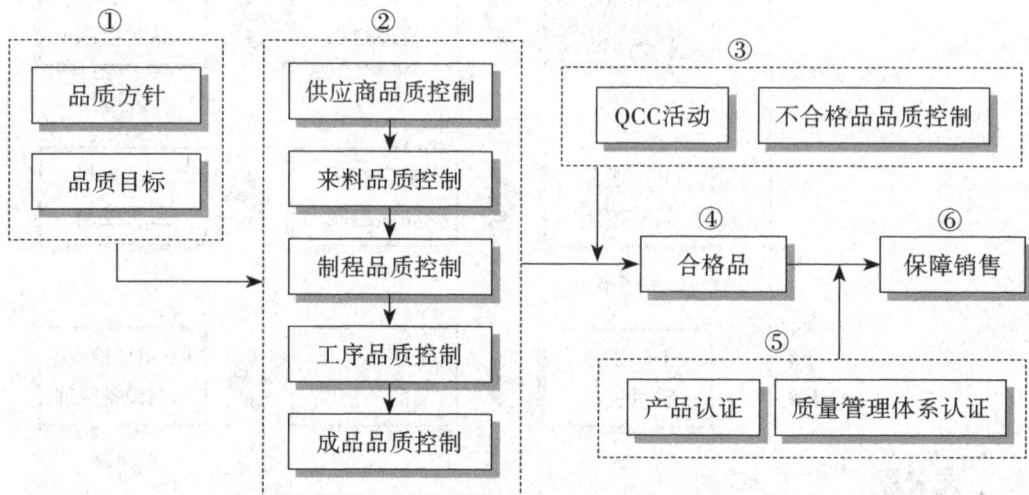

备注：

①品质方针是企业品质管理的宗旨，品质目标依照品质方针制定，它们共同为企业的品质管理工作指明方向，并提供考核依据。

②品质管理是一个完整的流程，从供应商品质控制、来料品质控制一直到成品品质控制，保障了合格品的顺利出产。

③QCC活动和不合格品品质控制贯穿于产品生产的整个过程，是确保生产出合格品的重要手段。

④合格品是企业开展生产工作的核心目标，如果生产出不合格品，不仅会浪费企业的人力、财力和物力，还将导致后续的销售工作无法正常进行。

⑤这两项认证工作不仅能帮助企业建立规范化的质量管理体系、提高产品质量，同时还能增强产品的可信度，进而提升销量。因为同样是合格品，通过认证，并盖有权威认证机构认证标签的产品，其市场竞争力将会更强。

⑥所有品质工作的最终目的就是保障销售，只有产品销售状态良好，企业才能获得进一步发展的资金，进而获得更长远的发展。

图1-1 品质管理流程图

导引02：品质管理架构图

品质管理涉及整个企业，主管品质管理工作的一般为品质部门，其管理架构如图1-2所示。

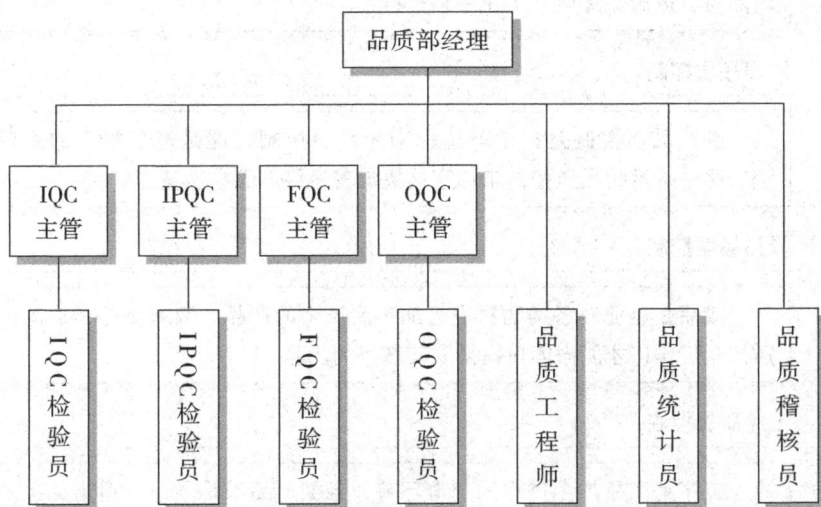

备注：

①品质部的组织架构应根据不同的职位进行设置，例如，可以为IQC岗位设置IQC主管和检验员。

②品质部的很多工作是在生产现场完成的，因此在现场设置有IPQC和FQC检验人员，要做好与生产部的沟通工作。

图1-2 品质管理架构图

导引|03：品质管理关键点

品质管理涉及很多内容，有些关键点特别重要，需要企业管理者予以高度重视。具体的品质管理关键点如图1-3所示。

1 品质管理规划

品质管理规划包括品质方针和品质目标的制定、品质人员的配备等，它为各项具体的品质管理工作提供了良好的指导作用

2 供应商品质控制

供应商是企业各类产品的供应方，企业通过对供应商的品质控制，能够从源头上控制来料的品质，进而为接下来的生产工作做好准备

3 来料品质控制

物料是企业用于生产的主要材料，通过来料品质控制能够严格控制物料品质，进而保障生产工作顺利进行

4 制程品质控制

制程品质控制是指生产过程中的品质控制，这是产品加工的主要过程，这一阶段的品质控制工作直接决定着最终产品的质量

5 成品品质控制

成品是企业对各类物料进行加工后产生的产品，只有做好了成品的品质控制工作，才能向客户提供令其满意的产品

6 工序质量控制

工序是产品加工过程的基本环节，各类产品都是通过一道道的工序生产出来的，因此企业必须切实加强对工序的质量控制

7 不合格品品质控制

如果生产出的产品为不合格品，将会浪费企业的人力、物力和财力等。企业必须采取各种措施，严格控制不合格品的产生

8 品质检验场所与设备管理

品质检验离不开检验场所和各类检验设备，因此，做好这两方面的管理工作可以为品质管理提供良好的支持

9 QCC活动管理

企业应积极开展QCC活动,通过该活动,可以解决各种品质问题,同时显著提高企业的品质管理水平

10 质量管理体系认证

质量管理体系认证可以帮助企业建立高效的质量管理体系,提高企业的生产效率和产品质量,同时,获得质量管理体系认证证书也有助于提升企业产品的市场竞争力

11 产品认证

通过产品认证,可以使企业获得认证机构颁发的相关证书和标志,扩大企业产品的市场影响力,提升产品销量

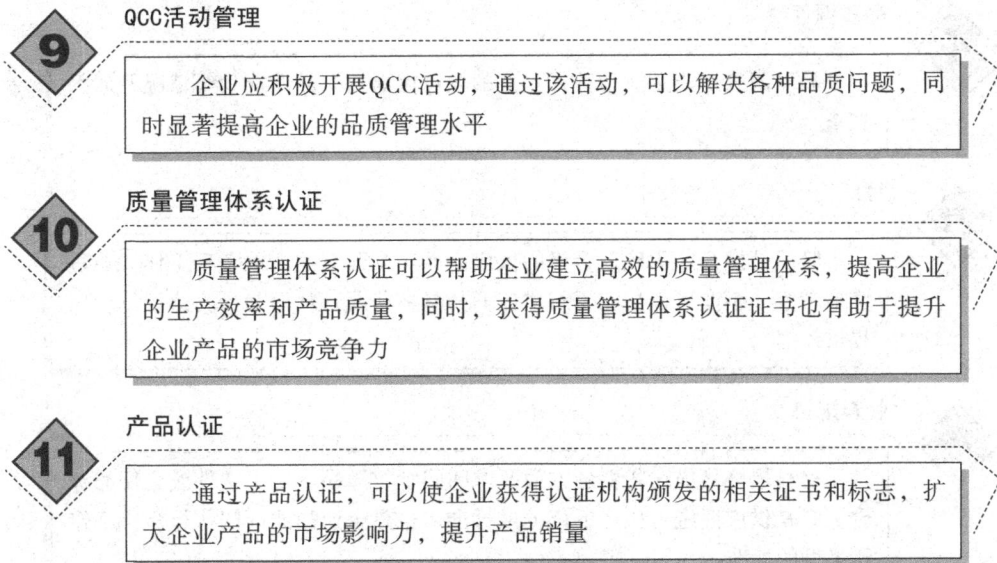

图1-3 品质管理关键点

导引04:品质管理核心术语

品质管理会用到一些专业术语,如品质方针、品质目标等,图1-4列出了14个核心术语。

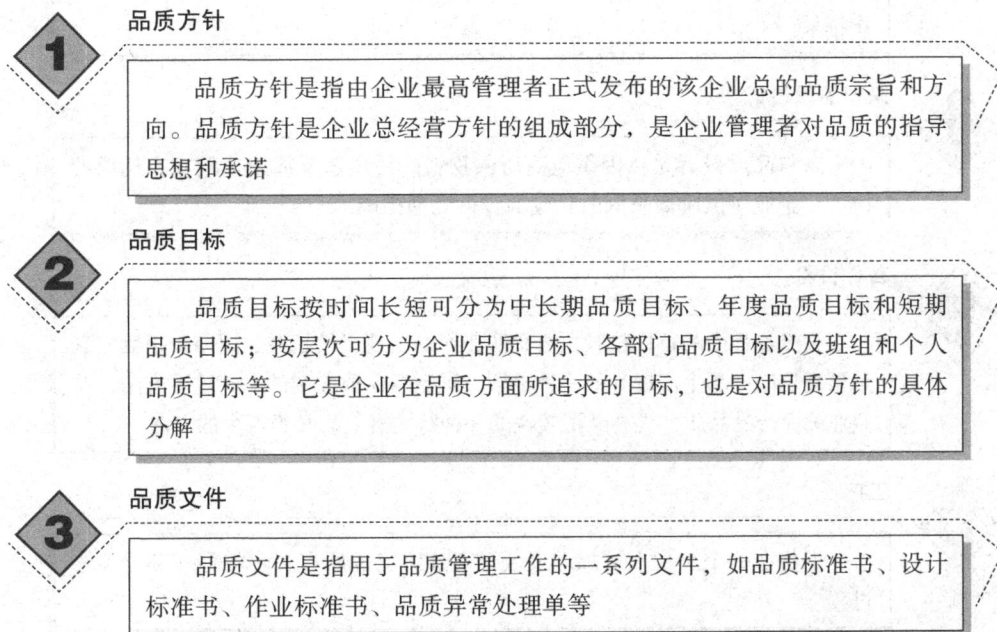

1 品质方针

品质方针是指由企业最高管理者正式发布的该企业总的品质宗旨和方向。品质方针是企业总经营方针的组成部分,是企业管理者对品质的指导思想和承诺

2 品质目标

品质目标按时间长短可分为中长期品质目标、年度品质目标和短期品质目标;按层次可分为企业品质目标、各部门品质目标以及班组和个人品质目标等。它是企业在品质方面所追求的目标,也是对品质方针的具体分解

3 品质文件

品质文件是指用于品质管理工作的一系列文件,如品质标准书、设计标准书、作业标准书、品质异常处理单等

4 品质调查

品质调查是指企业为选择合适的供应商而对其品质能力等情况开展的调查

5 验厂

验厂是指企业为确定合格的供应商而对其开展的实地考察工作。通过实地考察，企业可以切实了解供应商的具体状况，从而为最终选择供应商提供依据

6 物料规格

物料规格是描述物料各方面要求的图纸、样品、技术文件或它们的综合。它是供应商进行生产的依据或标准，也是企业品质部门执行检验工作所遵循的标准

7 IQC

IQC是英文Incoming Quality Control的缩写，意思为来料品质控制。目前IQC的侧重点在来料品质检验上，其宗旨是把品质问题发现在最前端，减少品质成本，达到有效控制，并协助供应商提高内部品质控制水平

8 特采

品质不完全合乎标准的物料，其缺陷不对最终产品品质产生决定性影响，经品质部门评估风险或征得客户意见后，同意投入使用，这种行为称作特采

9 来料品质投诉

来料品质投诉是指因供应商所供物料的品质违反或未达到双方达成的协议，企业对供应商采取的相应的投诉处理措施

10 首件检验

生产过程中的首件检验主要是防止产品出现成批超差、返修、报废，它是预先控制产品生产过程的一种手段，是制程品质控制的一种重要方法，是企业确保产品品质、提高经济效益的一种行之有效、必不可少的方法

11 工序

工件在一个工位上被加工或装配所连续完成所有工步的那一部分工艺过程

工序管理

12

工序管理指的是运用各种方法对某一工序的具体过程进行控制，以缩短整个流程的用工时间，减少成本，提高效率

QCC

13

QCC是英文Quality Control Circle的缩写，即品质管理小组或品管圈，它是为了解决工作问题、提高工作绩效，由同一个工作场所的人自动、自发地组合成的一个小团体。团队内部人员分工合作，应用品管的简易统计手法对产品进行分析，从而解决工作现场的问题并达到改善业绩的目标

质量管理体系

14

质量管理体系是指在质量方面指挥和控制组织的管理体系，通常包括制定品质方针、目标以及品质策划、品质控制、品质保证和品质改进等活动

图1-4 品质管理核心术语

学习笔记

　　通过学习本章内容，想必您已经掌握了不少学习心得，请仔细填写下来，以便继续巩固学习。如果您在学习中遇到了一些难点，也请如实写下来，方便今后重复学习，彻底解决这些难点。

我的学习心得：

1. _____
_____
2. _____
_____
3. _____
_____
4. _____
_____
5. _____
_____

我的学习难点：

1. _____
_____
2. _____
_____
3. _____
_____
4. _____
_____
5. _____
_____

第2章

工厂品质管理规划

导视图

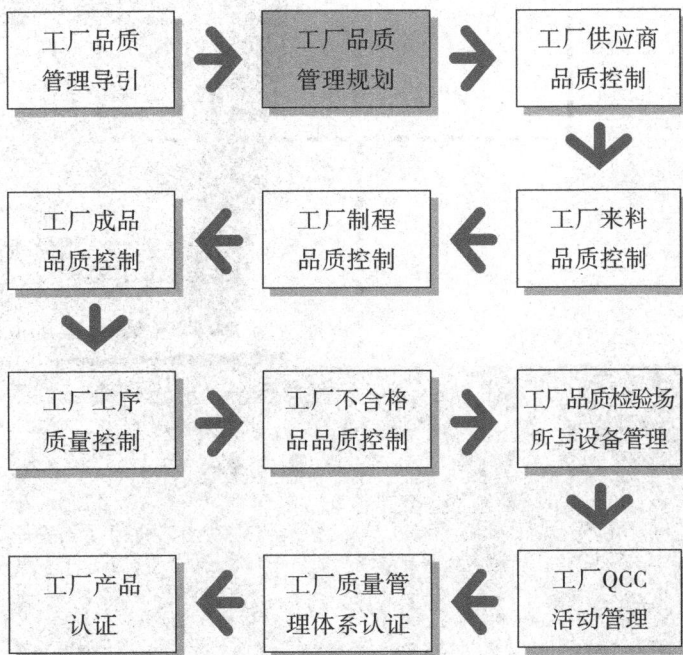

•••••••••••••••••••••••••••••• 关键指引 ••••••••

　　良好的品质管理规划有助于品质管理工作的顺利推行。品质管理规划主要包括品质方针和品质目标的制定、品质人员的配置等内容。

要点01：品质方针的制定

　　品质方针是由企业最高管理者正式发布的有关该企业总的品质宗旨和方向，是最高管理者对品质的指导思想和承诺。

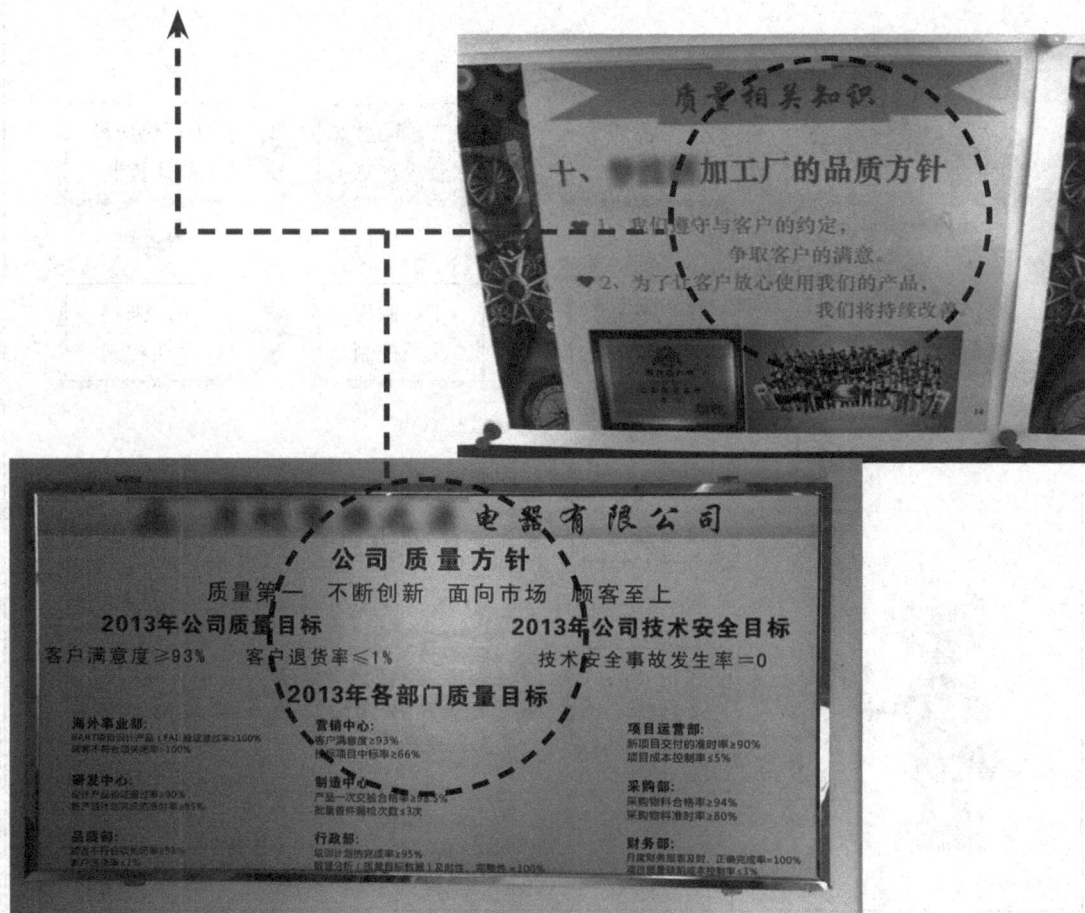

1．品质方针的内容要求

品质方针在内容上应满足以下几点要求。

（1）与企业总的经营方针相适应。

（2）对满足顾客、法律、法规的要求和持续改进质量管理体系的有效性作出承诺。

（3）从产品品质要求和顾客满意的角度出发作出承诺。

（4）提供制定和评审品质目标的框架。

2．品质方针的制定程序

（1）分析内外部环境。

企业的内外部环境包括如下内容。

①企业的内部环境包括企业的规模、体制、运行机制、人财物等资源以及员工的需求和期望等。

②企业的外部环境包括顾客和其他相关方的需求和期望、竞争对手状况、供方和合作者状况等。

（2）清理企业的经营思想。

清理经营思想的目的是根据第一步的分析结果来确定企业的经营发展战略。

（3）经过反复讨论、修改，形成品质方针。

①确定起草方针的人员。品质方针一般由企业的品质部门主持制定。

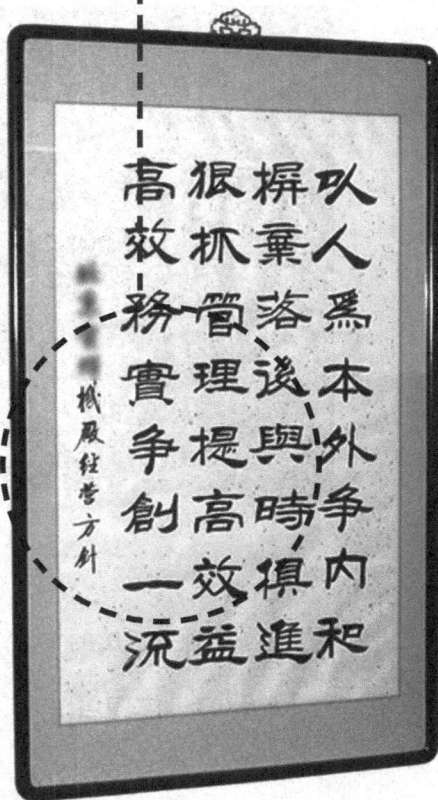

请注意

品质方针是企业总经营方针的重要组成部分。企业必须结合自身实际情况制定品质方针，并以文件形式颁布执行。

②起草后的品质方针要经过企业上下各级人员的讨论和修改。所谓"上"是指管理层，"下"是指与实施品质方针直接相关的部门和人员，有时也包括一般员工。一般情况下，企业的中层领导、品质管理人员可以通过会议的方式参与品质方针的讨论和修改。

（4）经最高管理者批准后发布。

品质方针应当是独立成篇的文件，必须经过最高管理者批准后方能公布和实施。

3．品质方针的具体内容

（1）标题。

例如"××有限公司品质方针"或简单的"品质方针"四个字。

（2）品质方针的核心内容。

品质方针的核心内容应满足以下几点要求。

①品质方针的核心内容可以是简明扼要的规定，也可以是定性的品质目标（注意：品质方针所规定的品质目标一般不是定量的，定量的品质目标应划入品质目标管理范畴），还可以是企业处理品质问题的原则。不管哪种情况，都应包括最高管理者对品质的承诺。

②为了便于员工理解和记忆，可以将上述内容编成顺口溜之类，但不要用过分简化的顺口溜来代替品质方针。

（3）实施品质方针的措施。

这些措施可以是宏观的、原则性的，也可以是微观的、具体性的。例如，要使全体员工理解品质方针、在企业内部发生有关冲突时要用品质方针来解决等。

（4）最高管理者签名及公布和实施日期。

品质方针要经最高管理者签署后才生效，因此必须要有最高管理者的签名及公布和实施日期。

要点02：品质方针的宣传与实施

在正式发布品质方针后，企业要采取一些措施对品质方针进行宣传，使各级员工熟知，以使其得到贯彻执行。

1. 品质方针的宣传

企业要想让员工理解并实际运用品质方针，可采取以下方式对其进行宣传。

（1）利用制定品质方针的机会，在企业内部展开自我生存发展的讨论，吸引员工参与到制定品质方针的工作中来。

（2）品质方针制定出来后，不能只是停留在文件上，而应让员工都能了解。

①利用看板、黑板报、标语、手册等进行宣传。

②可以通过早读、开会讲解等形式宣传。

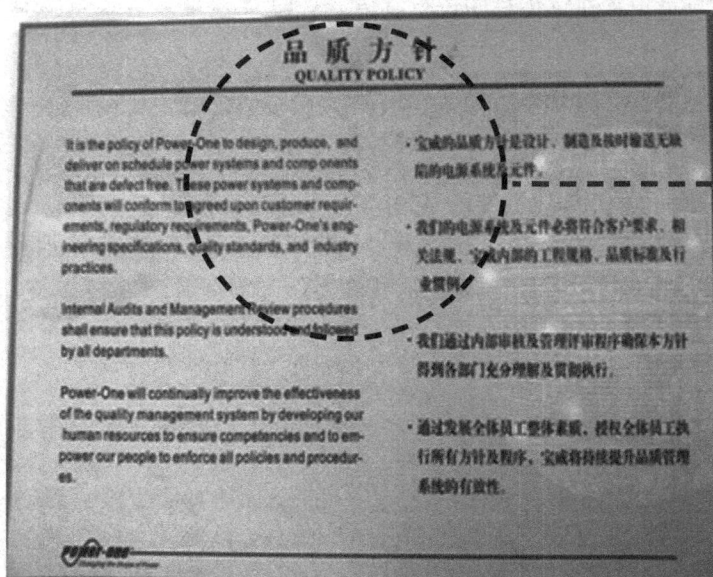

③在宣传过程中组织员工进行讨论。例如，可以讨论品质方针与每个员工有什么关系、在实际工作中如何运用品质方针等。

（3）在遇到重大品质问题时，要重温品质方针。通过讨论，可以加深员工对品质方针的理解。

（4）品质方针的宣传是一件持续性的工作，不能一蹴而就。例如，可以规定每月进行一次品质方针教育、组织开展品质日活动、在新员工到岗时进行品质方针教育等。

（5）开展文化娱乐活动，将品质方针形象化、趣味化。如定期进行品质知识竞赛、开展"我为企业做贡献"演讲或征文比赛、征集有关漫画等。

（6）将品质方针设置在宣传栏中进行宣传。

2．品质方针的实施

（1）用品质方针指导建立品质目标。

（2）用品质方针指导进行品质策划，建立质量管理体系。质量管理体系的文件、流程都必须体现品质方针的要求，不允许与品质方针相抵触、违背。一旦发现有抵触或违背的地方，就应加以修订。

（3）用品质方针评审质量管理体系。如果质量管理体系未能满足品质方针的要求，则应当进行改进。

（4）应定期对品质方针的实施和落实情况进行检查。检查可以采取审核方式、考试方式、现场采访等方式。例如，抽取若干人员进行考试，考查他们对品质方针的了解和理解程度、运用品质方针处理品质问题的能力等。

要点03：品质方针的评审与修订

1．品质方针的评审

品质方针必须定期进行评审，以判断其是否适宜和有效。

（1）评审的时间和方式。

品质方针的评审至少应与管理评审同步，也就是说每年至少一次。企业必须制定有关品质方针管理的程序和管理评审程序，判定时应将品质方针的评审要求、评审程序、评审内容等纳入相应的条文中，使品质方针的评审制度化、规范化。

（2）评审的主要内容。

品质方针的评审内容主要包括以下几方面。

①品质方针是否具有持续的适宜性。通过对企业组织结构、产品结构、发展战略和外部环境的变化进行评审，可以发现品质方针中不适宜的地方，从而便于进行修订。

②品质方针是否有效。其有效性主要通过对以下各种实际情况的对比来进行判断。

a．将品质目标的实际情况与品质方针的要求对比。

b．将内部审核的结果与品质方针的要求对比。

c．将顾客投诉情况以及顾客满意程度的测量结果与品质方针的要求对比。

d．将管理评审的结果与品质方针对比。

2．品质方针的修订

经过评审，如果发现品质方针不能保持持续的适宜性，或者在有效性方面存在问题，企业就要对品质方针进行必要的修订。修订工作应当按事先制定的程序开展，同时要注意，品质方针必须按文件控制的要求予以控制。

（1）品质方针发布前必须经由最高管理者签署批准。

（2）对品质方针进行任何修改时都必须再次经过最高管理者批准。

（3）品质方针必须标明现行的修订状态。

（4）在任何使用品质方针的地方，都可以获得有关版本的适用文件（品质方针是一个文件而不仅仅是几句话）。

（5）对于作废的品质方针文件，应当收回或给予"作废"的标识。

要点04：品质目标的制定

品质目标是指企业在品质方面所追求的目的，通常依据品质方针制定。

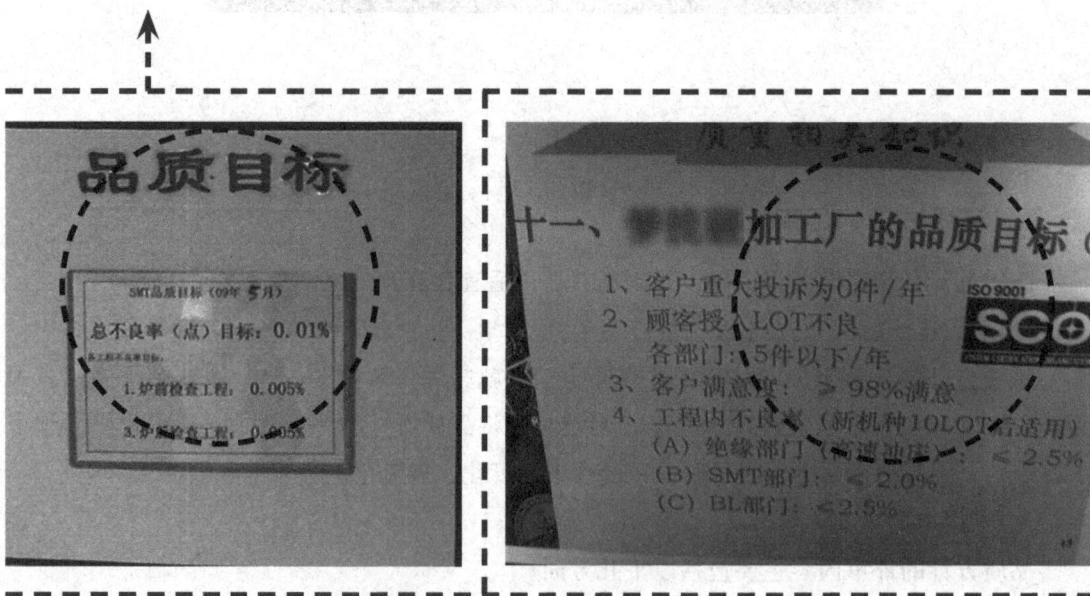

1.　品质目标的类型

依据不同的分类标准，品质目标可分为不同的类型，具体如表2-1所示。

表2-1　品质目标分类表

分类标准	具体类型
按时间分类	（1）中长期品质目标 （2）年度品质目标 （3）短期品质目标
按层次分类	（1）企业品质目标 （2）部门品质目标 （3）班组品质目标 （4）个人品质目标
按项目分类	（1）企业总品质目标 （2）项目品质目标 （3）课题品质目标

2.　品质目标制定的要求

（1）品质目标应建立在品质方针的基础上，在品质方针给定的框架内展开，两者可以一起颁布。

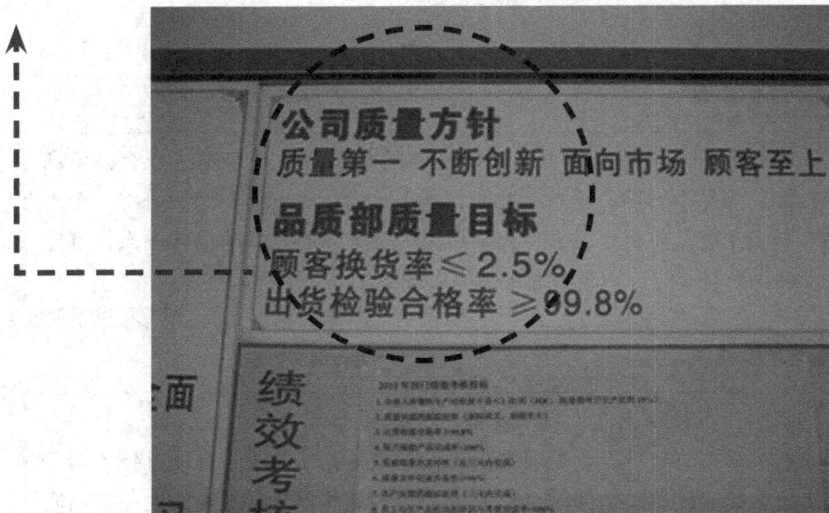

（2）品质目标既要先进，又要有实施的可能性。

（3）品质目标应是可测量的。

（4）品质目标的内容应包括：产品要求；满足产品要求所需的内容，可涉及满足产品要求所需的资源、过程、文件和活动等。

（5）品质目标应落实到有关的职能部门及层次上。至于落实到哪一层次，应以能传达到相关人员并能转化为各自的工作任务为度。

3. 品质目标的制定步骤

（1）找出问题点。

问题点就是为实现品质方针和品质目标而必须解决的重要问题，包括不合格、缺陷、不足、与先进的差距等。

① 问题点的来源。

a. 顾客投诉。

b. 内部投诉，企业可以从内部投诉意见箱来收集问题点。

c. 管理评审、品质审核的结果。

d. 不合格报告，包括来料不合格报告、制程检验不合格报告等。

e. 顾客调查或市场调研结果。

f. 其他重大品质问题。

② 确定问题点的流程。

确定问题点的流程如图2-1所示。

1 确定必要的范围

在找问题点之前，应当先确定必要的范围。要确定制定什么样的品质目标，如是中长期的还是年度的，是企业的还是下属部门、班组、个人的。制定年度品质目标时，首先要考虑的是当年必须解决的问题点；制定企业的品质目标时，一般不能将部门、班组、个人的问题点加入

2 确定必要的标准

问题严重程度不同，其对企业的影响也是不相同的，因此企业应当用必要的标准将其分类。一般来说，标准包括以下几项：品质方针（与品质方针实施直接相关的问题点）；上一级的品质目标（对完成上一级品质目标有影响的问题点）；上一期的品质目标（上一期所确定的品质目标未能完成的问题点）；分期的品质目标（虽然已完成上一期所确定的品质目标，但该目标若是分期实施，则应考虑下一期的品质目标）

3 收集必要的事实和数据

> 　　根据确定的范围和标准，搜集必要的事实和数据，以确定问题点的具体内容、严重程度及影响范围

4 确定问题点

> 　　制定品质目标时，只能针对最主要的或最重要的问题点。确定问题点时还是抓住前面所列的涉及品质方针和上一级品质目标的内容，与其相关的就可以确定下来；如果与其不太紧密相关，但对企业或其下属部门、班级、个人的工作影响很大，也应纳入品质目标

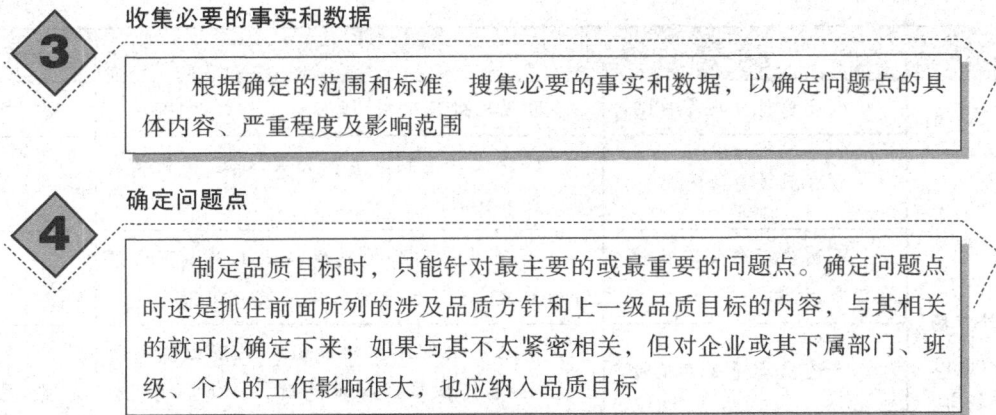

图2-1　确定问题点的流程

（2）根据问题点制定品质目标。

　　根据问题点，企业可以制定有针对性的品质目标，这样更具体、更有针对性，而且又有一定的挑战性，实施起来比较容易。品质目标确定之后，还可以进一步将其细化成各部门、车间、班组和每个员工的具体奋斗目标。

　　以下是某公司总体及部门的品质目标示例。

【参考范本】××有限公司总体品质目标

××有限公司总体品质目标

项　目	计算方法	指标	测量频次
顾客满意度	满意顾客数/调查总数×100%	≥95%	次/月
产品合格率	抽检产品合格数/抽检产品总数×100%	≥96%	次/月
备注	对于顾客满意度，要求进行月度分解，并确立月度期望目标		

【参考范本】××有限公司各部门品质目标

××有限公司各部门品质目标

职能部门	品质目标	计算方法	测量频次
行政部	文件受控率＝100%	实际受控文件/应受控文件×100%	次/月
	行政、服务时效延迟数<2%	超出允许范围及时限完成次数/执行既定的行政、服务项目次数×100%	次/月

（续表）

职能部门	品质目标	计算方法	测量频次
海外市场部&国内市场部	顾客意见处理率100%	意见已处理次数/顾客意见总数×100%	次/月
	顾客满意率≥95%	调查反馈感到满意的顾客人数/调查顾客总人数×100%	次/月
	下达生产通知单及时准确率≥98%	[已下生产通知单总数—错（误）下生产通知单数]/已下生产通知单总数×100%	次/月
	下达出货通知单及时率≥99%	（已下出货通知单总数—迟下出货通知单数）/已下出货通知单总数×100%（装柜/出货前一小时内下单视为迟下单）	次/月
	销售货款回笼及时率≥99.5%	按期已收货款总金额/按期应收货款总金额×100%	次/月
	客户资料和文件完整、准确归档率≥99.5%	客户资料和文件完整、准确归档数/客户资料、文件总数×100%	次/月
开发部	开发新产品项目≥15	每年开发的新产品项目数	次/年
	技术文件完整率≥99%	现有技术文件数/应有技术文件数×100%	次/月
	技术文件及时率≥99%	已出技术文件数/应出技术文件数×100%	次/月
	技术文件准确率≥99%	[已出技术文件总数—错（误）出技术文件数/已出技术文件总数]×100%	次/月
	文件受控率=100%	实际受控文件/应受控文件×100%	次/月
	专用物料清单出具准确率≥99.5%	[物料清单出具总数—物料清单错（误）出具次数]/物料清单出具总数×100%	次/月
	专用物料清单出具及时率=100%	及时出具数/应出具总数×100%（新产品或工艺、结构更改产品生产前五日内出具清单视为延迟出单）	次/月
	计量器具完好率≥99%	完好计量器具数/在册计量器具总数×100%	次/月
	生产通知单技术审核准确率=100%	[生产通知单技术审核总数—生产通知单技术审核错（误）次数]/生产通知单技术审核总数×100%	次/月
	样板制作准确、及时率=100%	[应制作样板总数—样板制作错（误）、延迟次数]/应制作样板总数×100%（生产样板迟于生产前四小时，客户样板迟于交付前两小时均视为延迟）	次/月

（续表）

职能部门	品质目标	计算方法	测量频次
采购部	原材料一次验收合格率≥96%	原材料一次验收通过数/验收总数×100%	次/月
	原材料准时交付率≥98%	准时交付批次数/总交付批次数×100%	次/月
	采购价格与市场同期价格的比率≤99%	采购价格/市场同期价格×100%	次/月
	采购文件管理完整率=100%	现有采购文件数量/应有的采购文件数量×100%	次/月
	物料库存数量100%符合物料安全库存标准	物料实际库存数量/核定的物料安全库存数量×100%	次/月
	不合格材料退货及时率≥99.5%	不合格材料及时退货次数/不合格材料应退货次数×100%	次/月
	合格供应商开发数≥8	每年新开发的合格供应商数	次/月
	供应商开发程序执行有效率=100%	有效执行程序是规避企业内外部风险的基本要求，从而可建立系统的采购渠道开发流程	次/月
	供应商开发资料完整率=100%	现有供应商开发资料数量/应有的供应商开发资料数量×100%	次/月
品质部	产品抽检、判定准确率≥98%	[产品抽检判定总批次数—产品抽检判定误（漏）检批次数]/产品抽检判定总批数×100%（产品指来料、半成品或成品）	次/月
	纠正/预防措施如期达成率≥98%	纠正（预防）措施如期达成数/纠正（预防）措施总数×100%	次/季
	来料检验率=100%	来料检验批次数/来料批次总数×100%	次/月
	首件产品检验率=100%	首件产品是否都进行检验	次/月
物控部	物料存储安全率≥99.5%	物料存储安全数/物料存储总数×100%	次/月
	物料供给及时率≥99%	及时供给数/计划供给数×100%	次/月

（续表）

职能部门	品质目标	计算方法	测量频次
物控部	产品及时交付率≥98%	产品及时交付次数/产品全部交付次数×100%	次/月
	物料存储数据准确率≥99.5%	物料存储账目（系统）数据/物料存储实物数×100%	次/月
	物料库存数量100%符合物料安全库存标准	同期物料实际库存数量/核定的物料安全库存数量×100%	次/月
	物控文件完整率≥99%	现有物控文件数量/应有的物控文件数量×100%	次/月
模具部	模具维修及时率≥99%	已修理模具数/应修理模具总数×100%	次/月
	模具档案和文件管理规范、完整率≥99.5%	已规范、完整建立模具档案和文件数量/模具档案和文件总数×100%	次/月
	模具维护、保养及时率＝100%	按期维护、保养模具的套数/模具总数×100%	次/月
	模具开发、修复有效率≥99%	已开发、修复模具总数/应开发、修复模具总数×100%	次/月
	模具出、入、存管理准确率＝100%	模具是公司的重要资产，权责部门应确保管理到位	次/月
线路板部	生产设备完好率≥95%	生产设备完好数/生产设备总数×100%	次/年
	安全事故次数≤3	每年发生安全事故的次数	次/年
	生产计划、管理目标达成率≥99%	生产计划、管理目标达成的次数/生产计划、管理目标总数×100%	次/月
	半成品返工率≤1.5%	半成品返工数/半成品生产总数×100%	次/月
	线路板文件完整率≥98%	现有线路板文件数量/应有的线路板文件数量×100%	次/月
注塑部	生产设备完好率≥95%	生产设备完好数/生产设备总数×100%	次/年
	安全事故次数≤3	每年发生安全事故的次数	次/年
	生产计划、管理目标达成率≥99%	生产计划、管理目标达成的次数/生产计划、管理目标总数×100%	次/月

（续表）

职能部门	品质目标	计算方法	测量频次
注塑部	半成品返工率≤1.5%	半成品返工数/半成品生产总数×100%	次/月
	注塑文件完整率≥98%	现有注塑文件数量/应有的注塑文件数量×100%	次/月
装配部	生产设备完好率≥95%	生产设备完好数/生产设备总数×100%	次/年
	安全事故次数≤3	每年发生安全事故的次数	次/年
	生产计划、管理目标达成率≥98%	生产计划、管理目标达成的次数/生产计划、管理目标总数×100%	次/月
	成品返工率≤2%	成品返工批次数/成品生产批次总数×100%	次/月
	装配文件完整率≥98%	现有装配文件数量/应有的装配文件数量×100%	次/月
人力资源部	培训合格率≥95%	培训合格人数/培训总人数×100%	次/半年
	考核及时准确率≥95%	实际考核完成时间及准确度/考核要求完成时间及准确度×100%	按不同岗位的考核周期及指标确定

要点05：品质目标的宣传与控制

企业在制定完品质目标后，就应将其逐级展开，落实到各部门和每个员工。

1．品质目标的宣传

为了使员工更深刻地认识与理解品质目标，品质目标宣传人员应当做好以下工作。

（1）及时公布企业的品质目标。品质目标应尽量用简洁、通俗的语言来表达，以便于员工更快地理解和记忆。

（2）通过品质目标的层层展开，将企业的品质目标落实到具体部门，直至落实到每个员工。

（3）将品质目标转化为员工的工作任务，使员工切身体会实现品质目标的过程。

（4）对品质目标的实施情况进行考核或检查，督促员工加深对品质目标的理解。

（5）采用多种形式宣传品质目标。例如通过大会、讨论、黑板报、广播、标语、征文比赛、知识竞赛等形式使品质目标深入人心。

2．品质目标的实施

品质目标的实施就是把品质目标转化为部门或员工各自的工作任务，在此过程中必须做到以下几点。

（1）制定"品质目标实施计划表"，将品质目标明确转化为各部门或员工的工作任务。计划表如表2-2所示。

表2-2　品质目标实施计划表

序号	项目	问题点	品质目标	措施	责任人	执行人	完成时间	备注

（2）将日常工作与完成品质目标相结合。

（3）建立完善的目标实施考核体制。企业应制定一整套考核办法，将品质目标的考核纳入其中。例如，实行内部合同制、承包责任制、任务完成考核制、业绩和收入挂钩制、品质奖惩制、品质否决权制等。

（4）在实施过程中，要注意组织、协调和控制。

3．品质目标的测量和考核

为了掌握品质目标的完成情况，企业应定期对其进行测量。企业的年度品质目标，至少应在年中和年末进行两次大的测量；与正常工作直接相关的品质目标，则应按月进行测量。

（1）对按月测量的品质目标进行统计。

按月进行测量的品质目标一般涉及品质指标或其他生产经营指标，如生产销售指标、顾客投诉指标等。对于这样的指标应每月统计，并与历史同期及预定目标进行对比。

（2）年中和年末的测量。

可以采用检查和考核两种方法进行。品质目标中涉及的质量管理体系工作可以通过内部审核来测量，并将审核结果与品质目标进行对比，以确定是否达到规定的要求。

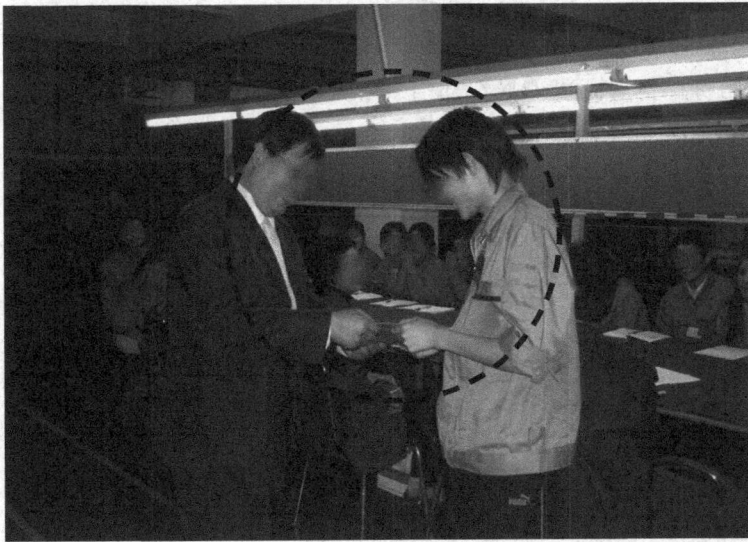

（3）奖惩。

对品质目标完成得好的部门或人员，企业应及时进行表彰奖励，如颁发奖励证书等，以促使他们更加努力；对品质目标完成得不好的部门或人员，应在查清原因、分清责任、制定纠正措施的基础上，给予其必要的惩处。

要点06：品质目标的评审与修订

1．品质目标的评审

企业应对品质目标进行定期评审，评审应由企业的最高管理者主持，有关部门的负责人参与。通过品质目标评审可以达到两方面的目的：一是评审品质目标是否适宜；二是解决品质目标实施过程中存在的问题。

2．品质目标的修订

（1）导致品质目标修订的原因主要有以下几项。

①企业内外环境发生变化。

②品质目标定得过高，经实施后发现品质目标不可能完成。

③品质目标定得过低，经实施后发现企业能够达到更高的目标。

④企业生产经营需要设置新的品质目标。

⑤品质目标在展开时出现问题，如措施不足或者难以落实、责任人发生变故等。

（2）品质目标的修订注意事项。

①一般来说，中长期品质目标是与品质方针一起修订的。这种修订与制定品质目标基本相似，经常的修订是指涉及年度品质目标的修订。

②品质目标的修订所涉及的文件要按企业的文件控制程序进行。

③企业品质目标修订后，可能导致部门、个人的品质目标发生变动。个人的品质目标也应根据企业、部门的品质目标进行修订。

④由于品质目标的修订涉及面较广，因而应尽量避免对品质目标进行大幅度的修订。

> **请注意**
>
> 品质目标是企业在品质方面所要达到的目的，必须分层次执行，以确保其具备实际操作性，能够实施到位。

要点07：品质人员的配置

品质管理工作必须要由人来实施，因此，要想做好品质管理工作，就必须要做好部门和人员的配置工作。

1．品质部门的架构

由于企业规模大小不一，品质部门的基本架构也有所差异。有些企业的品质部门包括来料检验、工序检验、成品检验等部门，有些企业的品质部门则含有出货检验部门等。

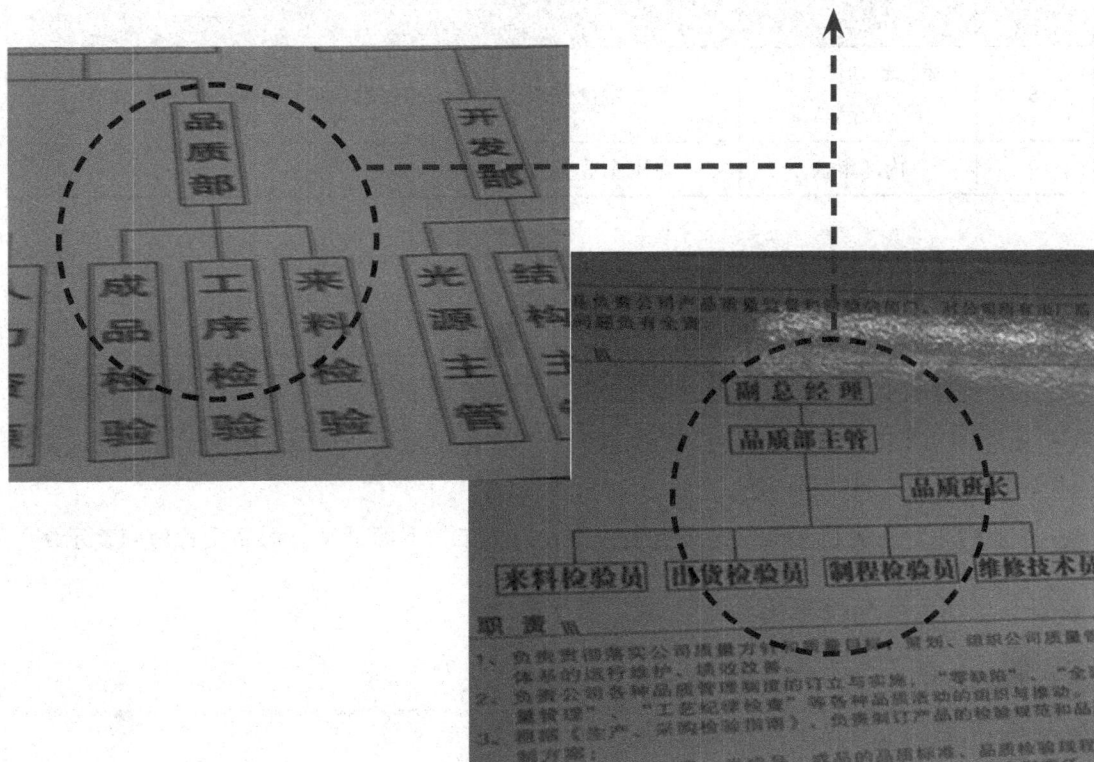

2．岗位配置标准

虽然各企业品质部门的组织架构有所不同，但一些基本的岗位是必须设置的，具体岗位设置情况如表2-3所示。

表2-3　品质部门的岗位设置

序号	岗位	具体工作内容
1	品质（经理）主管	负责品质规划、品质人员调配
2	品质标准负责人（品质工程师）	负责产品品质检验标准、物料规格的制定与日常品质稽核
3	品质统计	负责品质数据的统计与品质问题的分析
4	来料检验	负责来料检验
5	成品检验	负责成品检验，大部分采用抽检的形式
6	制程检验	负责制程检验
7	出货检验	负责企业成品出货的检验

（续表）

序号	岗位	具体工作内容
8	质量管理体系认证、产品认证	负责质量管理体系认证和产品认证
9	内部审核	负责企业品质内审

3. 品质人员的管理

（1）明确人员的职责和权限。

对于所有的员工，企业都应明确其职责和权限。一般情况下，对于部门和高级管理人员来说，可以通过制定职责条例来明确其职责和权限；对于一般员工来说，可以通过制定岗位职责来明确其职责和权限。

企业的职责条例和岗位职责应当涵盖所有的员工。下面是某公司品质管理职责示例，供读者参考。

【参考范本】××有限公司品质管理职责说明

××有限公司品质管理职责说明

部门或岗位	职责
品质部	（1）来料检验：负责执行来料检验工作，记录检验情况，标识产品检验与测试状况，对不合格品进行标识和记录，描述异常现象，提出纠正和预防措施要求书，建议解决方法及希望解决的期限，对品质记录进行分类、归档、保存和销毁，对统计资料进行分析、整理 （2）过程检验：负责执行首件检验、巡回检验、工序检验，记录检验情况，标识产品检验与测试状况，对不合格品进行标识和记录，对过程产品品质异常进行反馈，对品质记录进行分类、归档、保存和销毁 （3）最终检验：负责产品最终检验、成品性能测试，记录检验情况，标识产品检验与测试状况，对不合格品进行标识及记录，描述异常现象，提出纠正和预防措施要求书，建议解决单位及希望解决的期限，对品质记录进行分类、归档、保存与销毁
品质经理岗	（1）发起品质策划工作 （2）建立、健全品质控制体系 （3）品质仲裁 （4）合约的品质确认 （5）鉴定公司品质执行效果 （6）领导品质稽核 （7）督导所属职能人员的工作

（续表）

部门或岗位	职责
品质稽核岗	（1）核查品质运作体系、规范 （2）调查与分析客户抱怨的原因 （3）跟踪、反馈改善措施 （4）对所有品质问题进行分析 （5）对每日品质信息进行统计分析 （6）执行品质改进计划
品质工程师岗	（1）分析制程品质控制能力与进行品质改良 （2）参与新产品的开发与试制，制订新产品品质计划 （3）制定进料、在制品、成品品质检测规范 （4）设计与督导执行品质管理手法与统计技术 （5）辅导外协厂商 （6）研究品质异常 （7）制作品检样品 （8）对客户抱怨的品质问题进行调查、分析、改善 （9）对量规、检验仪器进行校正与控制
品检主管岗	（1）制订品检计划 （2）设计品检体系及拟定表单、程序 （3）签署品质鉴定与判定意见 （4）协助品质部经理在生产中控制品质 （5）保存工序检验的检查、测试报告 （6）分析工序检验的每日、每周、每月报告 （7）在工序检验中发现的不合格项得到纠正之前，控制不合格品的转序 （8）对所属人员的工作进行督导和评价 （9）控制工序检验中发现的不合格现象，以避免重复发
品质统计岗	（1）汇集、汇总、分析品质资料 （2）编制品质报告 （3）汇集、归档部门文件 （4）设计品质控制图 （5）对品质成本进行分析 （6）对品质统计技术进行研究并加以执行
进料检验岗	（1）执行公司进料检验 （2）识别和记录进料品质问题，拒收不合格材料 （3）通过再检验证纠正措施的实施效果 （4）配合品质部相关工作 （5）管理检验仪器

（续表）

部门或岗位	职责
制程检验岗	（1）执行公司生产线巡回检验 （2）识别和记录产品品质问题 （3）拒收生产中检查出的不合格品 （4）对制程中问题点进行研究与分析 （5）管理检验仪器 （6）配合品质部相关工作
装配检验岗	（1）追查装配制程巡回检验及异常品质事故的原因 （2）抽查装配领用库存成品及鉴定品质 （3）对制程品质控制能力进行分析与控制 （4）对现场作业（操作）规范提出修正意见与建议 （5）研究与分析制程过程中的问题点 （6）记录品质状况
出货检验岗	（1）执行公司出货检验程序 （2）识别和记录成品品质问题 （3）管理检验仪器 （4）拒收不合格的成品 （5）通过再检验证纠正措施的实施效果 （6）放行检查合格的成品

（2）确立目标并对其进行业绩管理。

①引导个人和团队确立自己的目标。企业的目标可以是战略性的目标（例如发展目标），也可以是战役性的目标（例如完成某项任务的目标），还可以是战术性的目标（例如某一品质改进目标）。

这些目标可以通过企业方针、品质方针和目标、品质计划或其他工作计划等形式对外公布。必要时，还可以通过下达计划或任务、分解目标的方式，引导个人和团队根据这些目标确立自己的目标，使个人和团队的小目标与企业的大目标保持一致。

②对个人和团队的业绩进行管理并对结果进行评价。对个人和团队的日常工作业绩的管理和评价主要是按月、季、年进行的，例如对生产部门或生产员工进行的各种经济指标的统计和考核等。

而对非日常工作业绩的管理和评价，则不是按时间而可能是按项目进行的，如对QCC活动的管理和评价、对技术革新成果的管理和评价等。

（3）为员工参与目标的确立和决策工作提供方便条件。

企业为了吸引员工参与目标的确立和决策工作，应当形成一种机制，其要点包括以下几方面。

① 有通畅的下情上达渠道，该渠道不得因为中间层次的消极而堵塞。例如可以建立经理信箱，员工发出的邮件由经理直接开启；可以定期召开员工代表座谈会，直接听取员工意见等。

② 由员工参与企业重大决策的制定工作。例如定期召开员工代表大会。

③ 制定针对合理化建议的奖励制度。如果员工对企业的目标确立和重大事项提出了建议，应该给予其奖励。即使该建议未被采纳，也应该给予鼓励。奖励不一定是金钱，可采取多种形式，例如表彰、提拔、提供免费旅游、提供培训机会、给予适当荣誉等。奖励的目的是激发更多的员工参与到企业的决策中来，并使之形成一种风气和文化。

（4）对员工的工作成绩予以承认和奖励。

任何员工都有自己的工作，都可能在自己的领域做出成绩。企业应对员工的工作进行考核，并根据考核结果对员工进行相应的奖惩。

企业一定要有一套较为完善的奖励制度，对取得一定成绩的员工及时予以奖励。奖励可以分为两类：一类是按月、季度、年度评选先进员工进行奖励，这是一种综合性质的奖励；另一类是随时随地可以进行的奖励，主要针对在某一个项目或某一件工作中做出成绩的员工。

（5）创造条件以鼓励创新。

创新包括体制创新、技术创新、管理创新。

① 在确定品质方针和品质目标时，应充分考虑创新的内容，以鼓励员工积极参与创新。

② 通过对产品品质和质量管理体系的检测、分析，为创新提供机会。

③ 在开展品质改进活动时，除了采取纠正措施和预防措施外，对具有根本改进性质的创新措施予以高度重视。

④ 开展技能竞赛，鼓励员工创新。

⑤ 提供创新所需的资源，包括给予表彰奖励等。

要点08：品质文件的管理

为了有效实施品质管理工作，企业必须准备各种品质文件（管理工具），并切实地将其运用到工作中。

1．品质文件的种类

常见的品质文件如表2-4所示。

表2-4　常见的品质文件

类型	具体内容
规格类	材料规格、零件规格、半成品规格、制品规格、使用机制装置规格、使用工具规格、使用量测器规格、使用辅助材料的规格、制图规格等
标准类	品质标准书、设计标准书、作业标准书、作业指导书、技术标准书、工程管理标准书、检查作业标准书等
规定类	组织规定、品质会议规定、技术会议规定、品质管理委员会规定、新制品委员会规定
手续类	品质异常处理单、研究管理手续、不良品处理手续、客户投诉处理手续、品质信息手续等
记录、报告等文件类	产品检验统计日报表、品质管理工程图、解析计划书、客户投诉受理单、客户投诉调查处理月报表等

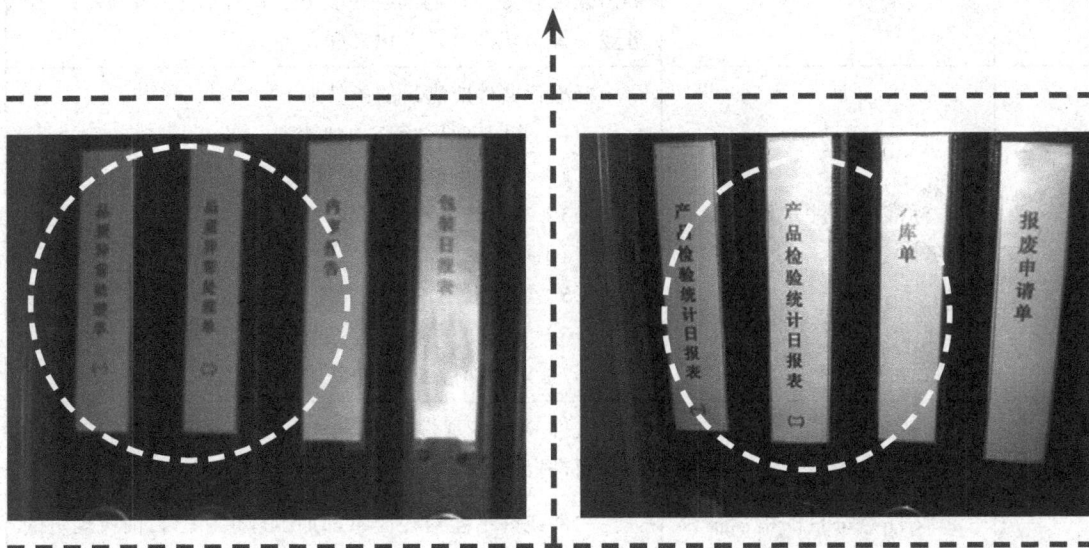

2．品质文件的特点

（1）责任与权限必须明确。

（2）适用范围必须明确。

（3）不增加工作量。

（4）不降低工作速度。

（5）能正确解决问题。

（6）简明扼要（最好能以流程图的形式来表示）。

（7）表单、文件的形式以及文件的发行运作方式、内容和传送路线必须明了。

（8）设定试行期间并找出试行期间的未完备点。

（9）可以经常更改。

（10）必须有判定异常的基准与针对特殊情况的规定。

3．品质文件配置注意事项

在进行品质文件配置时要注意的事项如表2-5所示。

表2-5　品质文件配置注意事项

序号	注意事项	要求
1	品质管理的所有阶段是否都具备标准化文件	品质的设计、作业、抽样、测定、异常值的判断、发生异常现象的原因的探究、去除异常因素等工程管理的步骤，及原料的购入、入库、保管、出库，生产计划的制订、检查，不良品的处理，成品的输送、销售、调查服务等由公司外至公司内的各种企划、设计、生产、供给、服务业务等一切都有标准化文件
2	标准化文件是否满足必要条件	标准化文件应满足的条件如下 （1）能明确具体行动的标准 （2）不会有任意裁断的情形 （3）有明确的解释标准 （4）切合实际 （5）能针对不良或突发情形作事先防范 （6）能提出对异常情况的处置方法 （7）以书面形式表示
3	文件是否合理并具客观性	文件具有客观性，并非只以过去的经验或主观来拟订，而是根据对以往资料的解析来制定
4	文件与每日的指示命令的关系如何	文件或许不能对任何事都加以规定，但目前所规定的部分必须以指示命令来表示，并且指令不能违反文件规定
5	如何进行例外处理、异常处理及变更时的处理	对这些情况的处置必须逐渐走向文件化才行
6	标准与企业的关系如何	标准必须是指示企业中的各部门具体行动的基准，即明确责任与权限的文件就是标准
7	规定是否简单易懂	以条文的方式记载，或以流程图来表示

（续表）

序号	注意事项	要求
8	是否对员工就规定、标准等文件的使用进行了培训	应对员工就文件的使用、执行进行培训
9	对规定、标准等文件的管理是否充分	规定、标准不可能从一开始就很完善，它会随着实际情况的发展有所变更，因此必须定期对其进行核查及修订
10	修订工作是否依照手续进行	应制定相关手续，并依此执行修订工作
11	新制品的品质标准与作业标准是否明确	应在新制品批量投产前制定品质标准与作业标准
12	关于方针管理、机能管理	应配置相关规定、手册
13	对标准化及规定化的效果是否进行调查	应定期、不定期地进行调查，并在相关文件中予以规定

要点09：品质教育

要做好品质管理工作，企业必须从源头上抓起，通过教育来提高每个员工的品质意识，让员工了解品质的重要性，从而在日常工作中能够高度重视产品品质。

企业中不同岗位的人员需要掌握的品质知识是不一样的，所以应针对不同岗位的人员施行不同内容和不同方法的品质教育。

1. 针对经营者的教育

经营者是指企业的高层管理人员。一般来说，经营者日常工作往往比较繁忙，因而针对经营者的教育手段主要有以下几种。

（1）短期的讲习、上课。

（2）提出意见书、报告书。

（3）参加企业内、外部的研讨会或演讲。

（4）参阅专为经营者而写的品质管理书籍。

2．针对一般管理人员的教育

一般管理人员是指企业的中层管理者，是企业各项管理工作的具体执行者。对一般管理人员的品质教育应当侧重于实用方面，如品质方针与目标的执行技巧、品质管理所使用的统计方法及概念、品质管理与企业生产效率之间的联系等。

3．针对一般作业人员的教育

针对现场一般作业人员的教育通常是通过规模较大的培训开展。具体培训内容包括以下几点。

（1）有关作业标准、作业指导书的知识。

（2）有关管制图的知识。

（3）有关品质与作业改善的方法等。

请注意

在教育一般作业人员时，应该注意尽量避免强迫他们接受太复杂的知识。这些人员主要以遵守作业标准、理解管制图为主，所以应该教导他们认识这些知识的重要性。

4．针对相关事务人员的教育

相关事务人员是指企划、成本、采购、仓库、劳务、销售等部门的人员，对他们的教育应侧重于其日常事务工作与品质管理之间的关系的联系，使其高度重视自身工作，通过改善自身工作来提升品质管理水平。

5．实施品质教育的注意事项

企业在实施品质教育时应注意以下事项，具体内容如图2-2所示。

1 教育的内容及侧重点因企业的实际情形不同而各有不同，必须针对厂长、技术人员、相关事务人员、现场作业人员来制订适当的教育计划

2 尽可能使所有职位的教育能同时进行

3 对教育者的培训要个别实施，尽量使教育方法标准化

4 品质教育的目的不仅是传授知识，还要使教育对象将其应用于实践，所以最好有效果追踪和评估措施

5 必须致力于技术与统计方法的综合运用，最好能就企业中的实际例子进行演习

图2-2　实施品质教育的注意事项

要点10：提升品质意识

在品质管理的过程中，每个员工都要努力提高品质意识，并使之形成一种良好的作业习惯，只有这样，才能最大程度地保证生产出合格品。

1．品质意识的要求

品质意识的具体要求如下。

（1）购入不好的材料，就难有好的成品。

（2）不依照标准的作业方法进行操作，不合格率就会增高。

（3）工作场所不清理，会造出更多的不合格品。

（4）平时不保养机器、工具、模具，就可能生产出不合格品。

（5）不合格品多，效率就低，生产奖金就会受影响。

（6）不合格品多，经常返修补货，交期有问题，就得经常加班。

2．提升品质意识的方法

（1）提出有关品质及品质管理的标语。

必须正式对企业内外提出一个品质口号或品质标语并加以宣传。

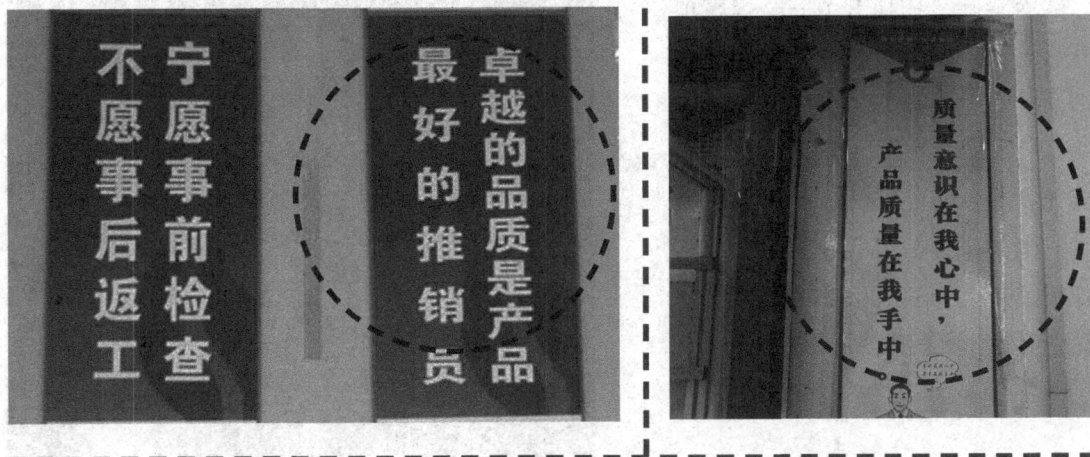

（2）发行内部刊物。

设置像企业报道或新闻那样的品质专栏，或发行品质特集等刊物。这些刊物要鼓励一般的作业人员也都自由投稿。

（3）分发图示资料。

除了定期的新闻刊物之外，企业还可分发附有插图或漫画的小册子。这些小册子可以在进行教育的时候分发，也可在企业入口的地方与安全小册子放在一起，让员工自由取阅。

（4）设置品质宣传专栏或公告栏。

通过设置宣传专栏或公告栏，刊登品质知识，让员工学习了解。

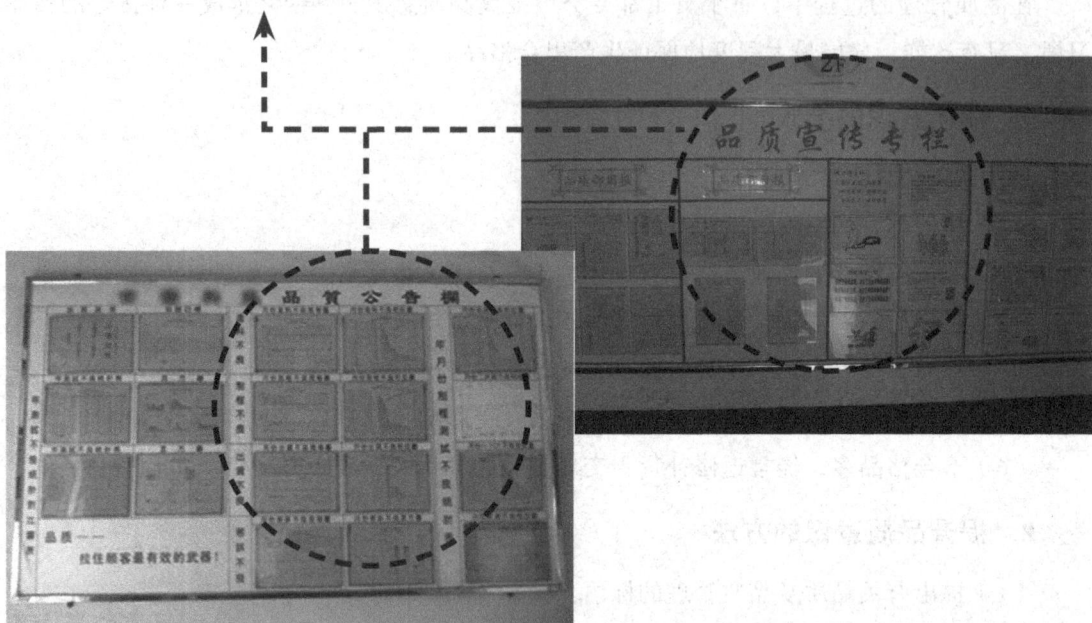

（5）广播。

企业除了广播有关安全等事项外，还要广播有关品质管理的标语与简单的注意事项。

（6）举办演讲会、发表会及其他相关会议。

通过举办演讲会、发表会及其他相关会议。可以很好地活跃气氛，让企业各级员工熟悉品质管理。

（7）举办品质管理实施的比赛汇报会。

接受过相关教育的生产现场负责人，必须就自己作业范围内的管理改善实绩举行比赛汇报会。这时应让他们提出自己在规定期间内所达成效果的报告，然后审查其效果，对业绩优良者进行奖励。

（8）召开班组建设工作交流会。

通过召开班组建设工作交流会，向员工宣传品质工作的重要性，并让他们互相交流经验。

通过学习本章内容，想必您已经掌握了不少学习心得，请仔细填写下来，以便继续巩固学习。如果您在学习中遇到了一些难点，也请如实写下来，方便今后重复学习，彻底解决这些难点。

同时本章列举了大量实景图片，与具体的文本内容互为参照和补充，方便您边学边用，请如实填写您的运用计划，以使工作与学习相结合。

我的学习心得：

1. _____
2. _____
3. _____
4. _____
5. _____

我的学习难点：

1. _____
2. _____
3. _____
4. _____
5. _____

我的运用计划：

1. _____
2. _____
3. _____
4. _____
5. _____

第3章

工厂供应商品质控制

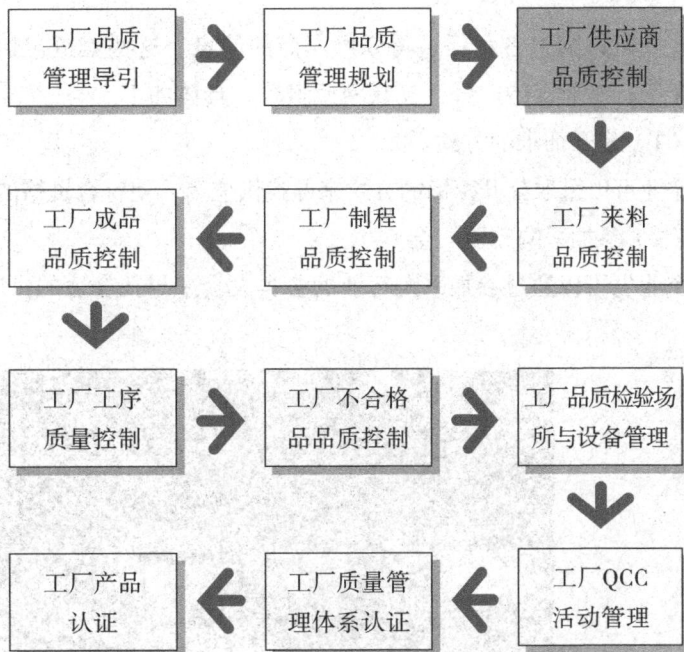

导视图

工厂品质管理导引	工厂品质管理规划	工厂供应商品质控制
工厂成品品质控制	工厂制程品质控制	工厂来料品质控制
工厂工序质量控制	工厂不合格品品质控制	工厂品质检验场所与设备管理
工厂产品认证	工厂质量管理体系认证	工厂QCC活动管理

供应商是企业所需各类物料的供应方，企业最终产品的品质往往取决于供应商所供物料的品质。因此，只有做好供应商的品质控制工作，才能从源头上控制企业产品的品质。

要点01：供应商的选择

供应商品质控制的第一步就是要选择合适的供应商。这主要通过供应商调查、实地验厂、产品品质审核等几个步骤实现。

1．供应商信息获取

企业可以通过各种渠道得到供应商的信息。这些渠道包括现有资料、供应商的主动问询和介绍、专业媒体广告、互联网搜索等，具体如下。

（1）公开征求的方式。

企业可以采取公开招标的方式来寻找供应商，使符合资格的厂商均有参与投标的机会。

（2）参加采购行业大会。

企业也可以通过参加采购行业的各类大会来寻找合适的供应商。

（3）阅读专业刊物。

企业可从各种专业性的报刊上获悉许多产品的供应商，也可以从"采购指南"、"工商名录"、"黄页"的电话分类广告中获得供应厂商的基本资料。

（4）联系行业协会或专业采购顾问企业。

企业可以与拟购产品的行业协会洽谈，让其提供会员厂商名录；此外也可联系专业的采购顾问企业，特别是采购来源稀少或取得不易的物品时，如精密的零件。

（5）利用搜索引擎。

首先通过百度、GOOGLE、搜狗等搜索引擎搜索相关信息，然后再与其进行联络，筛选出合适的供应商。

（6）浏览行业网站。

每个行业都有大量的行业专业网站，提供了大量的采供信息。因此可以根据自己所从事的行业，搜索相关的行业网站，如阿里巴巴采购频道等。

2．供应商品质调查

企业可以初步选定几家合适的供应商，然后对其进行品质调查。调查前，企业应预先编制如表3-1所示的调查表，作为调查工作的依据。

表3-1　供应商品质调查表

1	企业名称：
2	负责人或联系人姓名：
3	地址：
4	电话：
5	生产特点：□成批生产　□流水线大量生产　□单台生产
6	主要生产设备：□齐全、良好　□基本齐全、尚可　□不齐全
7	使用或依据的品质标准： a．国际标准名称/编号： b．国家标准名称/编号： c．行业标准名称/编号： d．企业标准名称/编号： e．其他：
8	工艺文件：□齐备　□有一部分　□没有
9	新产品开发能力：□能自行设计、开发新产品　□只能开发简单产品　□没有自行开发能力
10	职工培训情况：□经常、正规　□不经常
11	是否经过产品或体系认证：□是（指出具体内容）　　□否
12	供方企业负责人签名：

备注：以上资料请如实填写，本公司将派人至贵厂核实，此资料将作为评估"合格供应商"的依据。

3．供应商现场验厂

现场验厂是考察供应商品质的有效方法，其目的是为了验证供应商是否具有生产出优质产品的资质。

　　验厂主要分两部分：一是文件审阅，查看品质控制系统是否完善；二是现场查看，验证供应商的现场操作是否按照品质系统执行。

　　（1）验厂的步骤如下。

　　①去供应商现场验厂时必须先制订验厂计划，以对验厂工作进行全面规划。

　　②到现场时首先应要求供应商开一次验厂会议，供应商处所有与现场验厂有关的人员都必须参加。

　　③审核供应商品质管理体系。

　　④查看供应商的生产现场。

　　⑤与供应商开一次验厂总结会议。

　　（2）验厂查验内容如下。

①查验品质管理系统是否完善。

②查验产品制造过程是否受控。

③查验技术水平有多高。

④查验包装、出货是否妥当。

⑤查验客户投诉是如何处理的。

供应商验厂工作结束之后，应当出具供应商评估报告，对验厂的具体情况进行全面总结。评估报告的基本格式如表3-2所示。

表3-2　供应商评估报告

一、概况	
（1）厂名：	
（2）地址：	
（3）电话：	传真：
（4）联络人：	职称：
（5）主要产品：	
（6）可做到的精密度（即最少公差值）：	
（7）全部员工人数：	
（8）有没有委托其他工厂加工　　□有　□没有 　　加工种类：①＿＿＿＿＿　②＿＿＿＿＿　③＿＿＿＿＿	

二、品质管理系统（30分）	得分
（1）品管组织是否独立，人员配置是否适当（3分）	
（2）品管人员是否专职从事检验、测试工作（3分）	
（3）有无适当的检验场所（2分）	
（4）品管人员有无独立判断能力（2分）	
（5）进料检验是否有抽样计划或其他材料证明书（2分）	
（6）进料检验是否有作业指导书或样品（4分）	
（7）工程图（3分）	
（8）是否有制程检验（2分）	
（9）是否有最终检验（2分）	
（10）制程检验、最终检验是否有作业指导书（4分）	
（11）检验是否有完备的记录（3分）	

4．供应商产品评估

通常供应商会向企业提供一些样本产品让企业进行评估。对企业来说，要验证供应商的品质，必须认真做好对其产品质量的评估工作，这是供应商品质控制的关键。

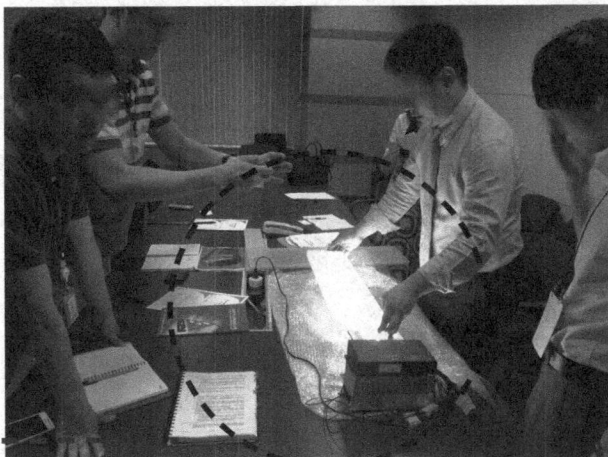

（1）供应商产品评估的目的如下。

①确认新产品是否能够满足要求。

②确认产品品质是否因为模具磨损、工程更改和环境变化等原因发生退化。

③确认产品经过企业使用之后生产出的成品是否满足客户的要求。

（2）成立产品评审组。

产品评审组由组长和组员组成，一般由来自品质部和工艺部的人员担当，具体的人数要根据被审产品的复杂程度决定。通常组长由品质部和工艺部经理等担任，组员由品质部或工艺部相关工程师、检验人员担任，必要时可邀请外部专家。

（3）评审实施。

①接到初始产品。

产品评审组在接到产品之前，应列出需要评估的特性目录。这个目录应考虑产品的所有重要元素和产品功能。

接到产品后，产品评审组应检查运输中发生的问题。这项工作完成之后，产品评审组就可以开始进行评估。产品评审组在评估的每一个步骤中，都要将评估结果准确记录下来。

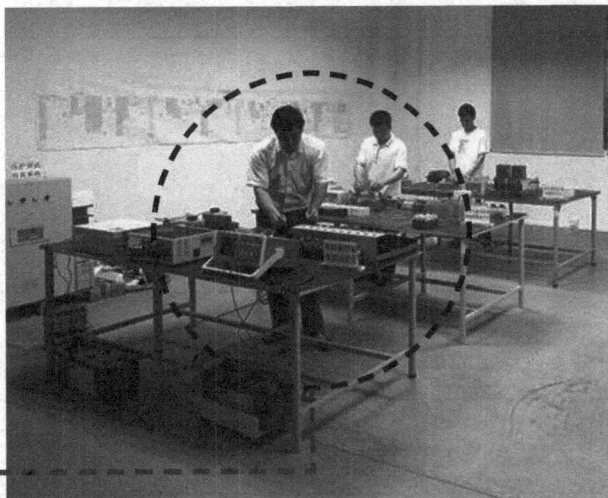

评估中如果发现供应商的产品存在不符合要求的情况，评审组可以要求供应商进行改进，然后对供应商改进后的产品进行评审。

②接到改进过的产品。

在接到改进过的产品之前，产品评审组应重新确定一份新的特性检查目录，通过严密的检查来保证这些改进没有影响原来的产品特性；应要求供应商写出一份对修正产品所必须进行的过程或程序变化的描述，这份描述提供了证明或修正内容，规程将被加到今后的评估要求中。

接收到改进的产品后，应再次检查包装或运输引起的问题，然后根据新的检查目录对产品进行评估。如果产品还没有满足要求的特性，则必须进行与上次相同的检查和商讨，以确定必要的改进措施；如果产品可以接受，应由采购部门将企业的认可传送给供应商。

（4）出具产品评审报告。

在产品评审完后，评审组长负责制定一份评审报告。评审报告的格式如表3-3所示。

表3-3　供应商产品评审报告

供应商名称：		抽样数量：			评审类别：		
产品名称：		产品规格：			评审结论：		
序号	评审项目	评审结果			评审事项说明	责任者	确认	备注
		认可	否决	其他				
评审要求事项：								
评审组：		评审组员：						
评审开始日期：			评审完成日期：					
备注：								

5. 选择供应商

经过以上步骤，企业基本上就能够了解一家供应商的具体品质状况。企业应多选择几家供应商进行现场验厂、产品评估，然后从中选择最合适的供应商。

要点02：与供应商签订品质保证协议

企业进行产品采购时，可以与供应商签订品质保证协议，以确保所采购产品的品质符合企业要求。

品质保证协议的作用主要在于：一方面通过品质保证协议对供应商提出品质保证要求；另一方面通过对供应商的适当控制保证采购产品的品质。

1. 签订品质保证协议的要点。

签订品质保证协议的要点主要有以下三个。

（1）与供应商达成明确的品质保证协议。

（2）品质保证协议中提出的品质保证要求应该得到供应商的认可。

（3）品质保证协议中提出的品质保证要求应充分考虑有效性、成本和风险等方面的因素。

2. 品质保证协议的主要内容。

品质保证协议的主要内容包括以下几项。

（1）品质要求。

①随发运的产品提交规定的检验、试验数据以及过程控制记录。

②供应商应在产品出厂前进行全检。

③由供应商实施企业规定的正式品质体系。

④由企业或第三方对供应商的品质体系进行评价。

⑤企业进行批次接收抽样检验与试验。

（2）保证责任。

品质保证协议中应约定，由供应商找实力雄厚的企业担保自己履行本协议所订明的一切规定，保证期间为由产品运抵后经验收起至保修期满为止。保证人应负责赔偿企业因供应商违约所蒙受的损失。

（3）解约方法。

在协议中应约定供应商不能保持进度或所供产品不符合规格要求时的解约办法，以保障企业的权益。

（4）其他附加条款。

视产品的性质与需要而增列。例如：定制发动机、继电器及变压器等类的产品，须于合同书中约定，出厂前供应商应会同企业技术人员实施各项性能试验，合格后方可交货。

以下是一份品质保证协议示例。

【参考范本】××有限公司供应商品质保证协议

××有限公司供应商品质保证协议

1. 目的

明确公司（简称为甲方）对供应商（简称为乙方）的品质要求，当供应商的产品不合格时，以此作为处理和索赔的依据。

2. 品质要求

2.1 乙方为甲方提供的产品，其性能必须符合甲方的"物料技术标准"或"外协件内控标准"。

2.2 乙方每次送货时，必须提供物资的合格证或自检报告等证明物资合格的物料。

2.3 乙方的产品包装必须满足甲方要求，包装必须注明生产日期、生产批号、有效期、重量等。

2.4 当甲方的客户需要到乙方进行验证时，乙方应给予安排并配合验证工作。

2.5 乙方必须保证百分之百的及时供货。

3. 不合格品的处理

3.1 经甲方验证不符合"物料技术标准"的物料或不符合"外协件内控标准"的外协件，乙方必须退货，并负担甲方的运输费及试验费。

3.2 甲方发现乙方物资不合格时，乙方应及时按甲方提供的信息进行整改，并在15天内向甲方提交整改措施报告，经甲方确认后才能再次送货。

备注：物料或外协件在使用过程中如出现品质问题，乙方不能推卸责任，并负担甲方全部损失。

甲方签字（盖章）：　　　　　　　　　乙方负责人签字（盖章）：

日期：　　　　　　　　　　　　　　　日期：

要点03：供应商品质后续监控

要确保供应商的品质，企业应对供应商进行后续监控，主要方式是向供应商处派员。

1．派员去供应商处常发生的问题

派员是指将企业的来料品质检验人员派往供应商处，直接在供应商处进行检验。派员可以减轻企业来料检验的压力。削减不合格率应从供应商开始，可以帮助企业实现零库存。但由于派员没有在本企业内部活动，企业无法监管，如果派员为了牟取私利而与供应商形成某种默契，可能给企业带来巨大的损失。

2．派员的条件

针对上述情况，派员要坚持以下条件。

（1）派员要经常更换，以防止其被供应商"收买"。

（2）经常对派员进行品质教育，强化其品质纪律意识。

（3）定期对其进行考核，以确认其工作绩效。

要点04：定期对供应商进行考核

企业要定期对所有供应商进行考核，以确认供应商的供货品质，并将考核结果作为是否继续与其保持合作的重要参考依据。考核结束后应出具考核报告，具体如下例所示。

【参考范本】××有限公司供应商定期考核报告

××有限公司供应商定期考核报告

考核时间：2013年7月1日至2013年9月2日

供应商	××厂	代号		020	联系人	张××
供应物料	零件（×××）					
供货质量	得分＝60分×（1-不合格批数÷送货总批数）					
	送检批数		不合格批数		得分	
	100次		2次		58.8分	
交付记录	得分＝20分×（1-延迟交付批数÷送货总批数）					
	交货批数		延迟交付批数		得分	
	100次		4次		19.2分	
纠正措施回复	得分＝4分×（1-未回复次数÷纠正措施发出总数）					
	纠正措施发出总数		纠正措施未回复次数		得分	
	10次		0		4分	

（续表）

供应物料	零件（×××）		
纠正措施有效性	得分＝4分×（1-重复发生次数÷纠正措施发出总数）		
	纠正措施发出总数	重复发生次数	得分
	10次	0	4分
样品送达及时性	满分2分		得分
			2分
价格水平	偏高1～3分；居中4～6分；偏低7～10分		得分
			4分
得分总计			92分

制表：　　　　　　　审核：　　　　　　　批准：

备注：

（1）考核项目包括品质、交期、价格、服务和其他方面。

（2）每月考核一次，每半年综合考核一次。

（3）考核等级划分：

①90.1～100分为A等供应商。

②80.1～90分为B等供应商。

③70.1～80分为C等供应商。

④60.1～70分为D等供应商。

⑤60分及以下为E等供应商。

结论：××厂为A等供应商。

要点05：实施供应商扶持

1．供应商扶持时机

对企业来说，通常在以下几种状况时应启动供应商扶持。

（1）为使企业产品走向更高端位置，计划在品质上要有较大的提升。

（2）企业在作策略转移地点时，也使成本下降。

（3）企业本身已有一批低价低品质的供应商，并且这些供应商都已有长期合作的强烈愿望和基本条件。

（4）当一批长期合作且合作关系较好的供应商在近一段时期内品质有大幅下降时。因为此时大部分原因都是供应商的管理体系出了问题，用通常的抱怨是不能解决根本问题的，如果通过扶持去改善其管理体系，会有积极的作用。

2．被扶持供应商应满足的条件

被扶持的供应商必须同时满足以下条件。

（1）企业需要该供应商的来料是长期大量或是潜在大量的。

（2）该企业本身品质不够好，在目前同类供应中的交货品质为中下。

（3）该供应商的价格水准等级较低，通常选用中下等级较为合适。如若要选最低等级的供应商，最好派出具有相关产品知识的专业人员作一个初步的诊断，因为最低等级的供应商有可能有一定的"作弊现象"。

（4）该供应商与企业的历史配合意愿程度很高。

（5）该供应商不能为家庭作坊形式，也不能是贸易商。

（6）今后的价格水准可以保持在一个相对较低的水准上。

3．供应商扶持程序

一般来说，供应商扶持要经过一定的程序，具体如图3-1所示。

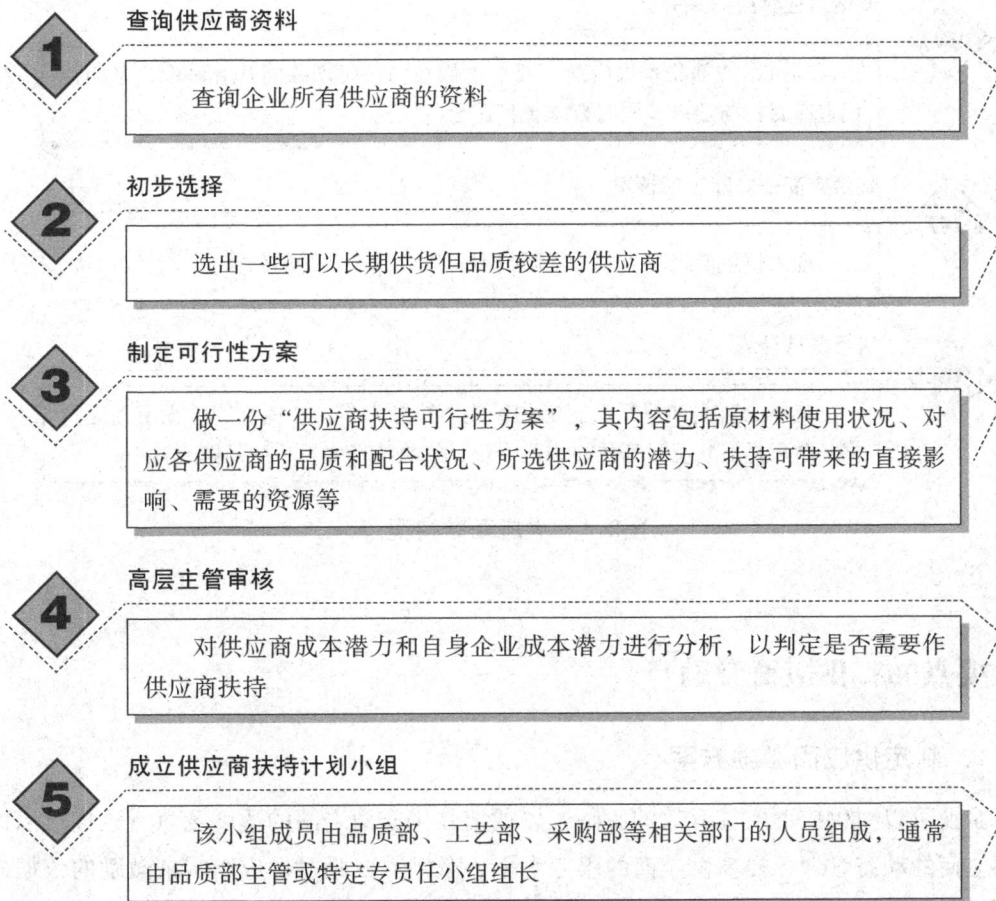

1　查询供应商资料

查询企业所有供应商的资料

2　初步选择

选出一些可以长期供货但品质较差的供应商

3　制定可行性方案

做一份"供应商扶持可行性方案"，其内容包括原材料使用状况、对应各供应商的品质和配合状况、所选供应商的潜力、扶持可带来的直接影响、需要的资源等

4　高层主管审核

对供应商成本潜力和自身企业成本潜力进行分析，以判定是否需要作供应商扶持

5　成立供应商扶持计划小组

该小组成员由品质部、工艺部、采购部等相关部门的人员组成，通常由品质部主管或特定专员任小组组长

6 小组会同其他品管和采购开会

探讨初步选定的供应商的背景及状况，判断所选定的供应商是否具有可扶持性及品质提升的潜力等

7 筛选供应商

确定最终需要扶持的供应商

8 制订具体扶持初步目标与计划

初步目标通常指供应商在供应商评分的各个项目的评分提升目标，其内容通常包括批次交货品质、品质管理体系、成本、效率、品质投诉或抱怨处理、品质回馈处理等，甚至还可能包括供应商交货价格的降低。计划通常包括时期与目标达成效果、采用的方式方法及工具、各供应商具体负责人，甚至还需要制定一个奖罚机制

9 邀请对应供应商来开会

通过采购部联系供应商，要求他们在同一时期共同开会讨论，并向他们宣布目标与要求，同时要求他们配合

10 到供应商处实际了解情况

深入供应商现场去了解实际情况，以此作为扶持的依据

11 执行扶持计划

具体去落实和执行已制定的供应商扶持方案，在执行的过程中，应根据各阶段进展状况召开扶持小组会议，解决执行中发生的问题

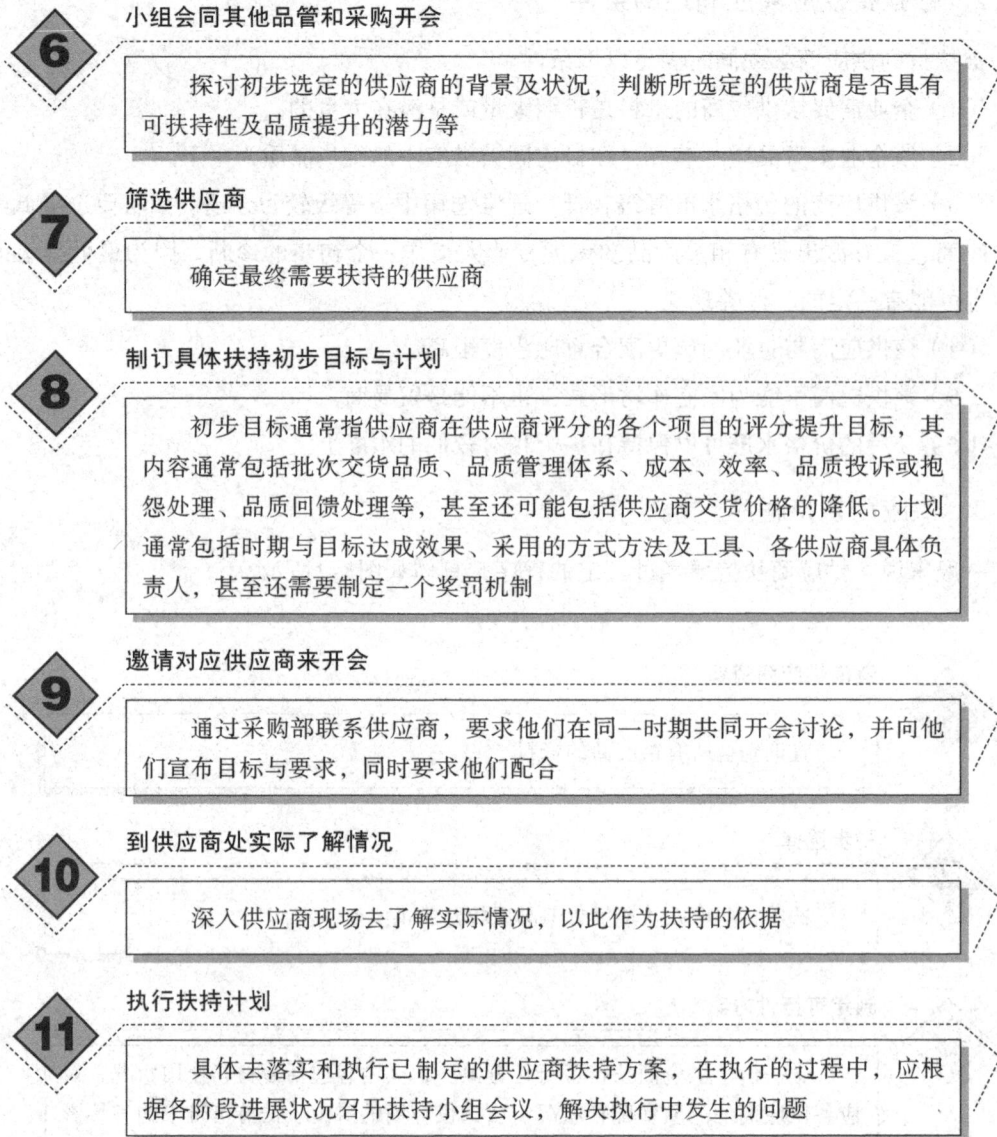

图3-1　供应商扶持程序

要点06：供应商激励

1．制定供应商激励方案

企业可以对供应商实施有效的激励，以便增强供应商之间的适度竞争。这样可以保持对供应商的动态管理，提高供应商的服务水平。激励方案是对供应商实施激励的依据，企业在制定供应商激励方案时需要考虑以下因素。

（1）供应商的供货能力，可以提供物品种类、数量。

（2）供应商所属行业的进入壁垒。

（3）供应商的需求，重点是现阶段供应商最迫切的需求。

（4）竞争对手的采购政策、采购规模。

（5）是否有替代品。

请注意

考虑各种不同因素的主要目的，是针对不同的供应商为其提供量身定做的激励方案，以达到良好的激励效果。

2．供应商激励的方式

按照实施激励的手段不同，可以把激励分为两大类：正激励和负激励。正激励是根据供应商的绩效考核结果，向供应商提供奖励性激励，目的是使供应商受到这样的激励后能够"百尺竿头，更进一步"；负激励则是对绩效考核较差的供应商提供惩罚性激励，目的是使其"痛定思痛"，或者将该供应商清除出去。

（1）正激励。

常见的正激励有以下七种表现形式。

①延长合作期限。把企业与供应商的合作期限延长，可以增强供应商业务的稳定性，降低其经营风险。

②增加合作份额。增加采购物品的数量，可以提高供应商的营业额，提高其获利能力。

③增加物品类别。增加合作的物品种类，可以使供应商一次性送货的成本降低。

④提升供应商级别。能够增强供应商的美誉度和市场影响力，增加其市场竞争力。

⑤书面表扬。能够增强供应商的美誉度和市场影响力。

⑥颁发证书或锦旗。向供应商颁发优秀合作证书或者锦旗，有助于提升其美誉度。

⑦现金或实物奖励。

（2）负激励。

常见的负激励也有七种表现形式。

①缩短合作期限。即单方面强行缩短合作期限。

②减少合作份额。

③减少采购物品的种类。

④业务扣款。

⑤降低供应商级别。

⑥依照法定程序对供应商提起诉讼。用法律手段解决争议或提出赔偿要求。

⑦列入黑名单。即将供应商列入黑名单，终止与其合作。

3．激励的时机

企业对供应商的激励一般在对供应商绩效进行一次或多次考核之后进行，以考核结论为实施依据。当然，在下列情况也可实施激励。

（1）市场上同类供应商的竞争较为激烈，而现有供应商的绩效不见提升时。

（2）供应商之间缺乏竞争，物品供应相对稳定时。

（3）供应商缺乏危机感时。

（4）供应商对企业利益缺乏高度关注时。

（5）供应商业绩有明显提高，对企业效益增长贡献显著时。

（6）供应商的行为对企业利益有损害时。

（7）按照合同规定，企业利益将受到影响时。

（8）出现经济纠纷时。

（9）需要提升供应商级别时。

（10）出现其他需要对供应商实施激励的情况。

需要特别注意的是，在对供应商实施负激励之前，要查看该供应商是否有款项尚未结清，是否存在法律上的风险，是否会对企业的生产经营造成重大影响，以避免因不适宜的激励给企业带来麻烦。

学习笔记

通过学习本章内容，想必您已经掌握了不少学习心得，请仔细填写下来，以便继续巩固学习。如果您在学习中遇到了一些难点，也请如实写下来，方便今后重复学习，彻底解决这些难点。

同时本章列举了大量实景图片，与具体的文本内容互为参照和补充，方便您边学边用，请如实填写您的运用计划，以使工作与学习相结合。

我的学习心得：

1. _____
2. _____
3. _____
4. _____
5. _____

我的学习难点：

1. _____
2. _____
3. _____
4. _____
5. _____

我的运用计划：

1. _____
2. _____
3. _____
4. _____
5. _____

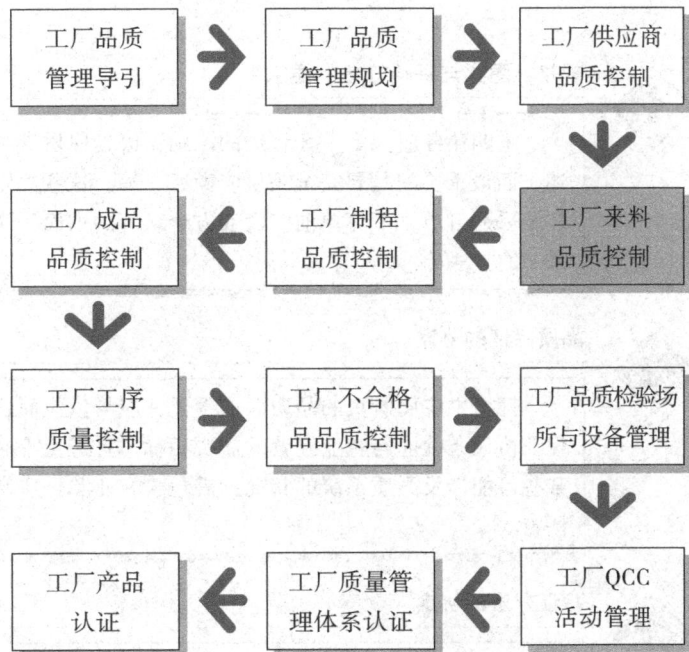

第4章

工厂来料品质控制

导视图

工厂品质管理导引 → 工厂品质管理规划 → 工厂供应商品质控制

工厂成品品质控制 ← 工厂制程品质控制 ← 工厂来料品质控制

工厂工序质量控制 → 工厂不合格品品质控制 → 工厂品质检验场所与设备管理

工厂产品认证 ← 工厂质量管理体系认证 ← 工厂QCC活动管理

关键指引

来料品质控制是企业产品品质控制的重要步骤。如果收到了不符合企业要求的物料，必然会给企业后续生产造成麻烦，因此，企业各级人员，尤其是品质部门的检验人员要严格控制来料品质。

要点01：物料品质控制标准的制定

企业应制定完善的物料品质控制标准，这样既有利于控制好来料的品质，又可以使品质纠纷得以避免或迅速解决。

物料品质控制标准至少应包含下列几项内容，具体如图4-1所示。

1 规格、图样与采购订单的要求

采购业务应拟定一套合适的法则，以确保供应物料的要求得以明确叙述，而最重要的是要完全为供应商所了解。这些法则可包含拟定规格、图样及采购订单，下订单前买卖双方会谈等的书面程序，以及其他适合物料采购的方法等

2 品质保证的协议

针对供应商所负的品质保证责任，应与供应商达成明确的协议。品质保证协议条款应与企业经营的需要相称，且避免不必要的成本支出。对于某些可能涉及品质系统的状况，需包含企业和供应商物料保证系统的定期评鉴

3 验证方法的协定

对于是否符合企业要求而查验的方法，应与供应商拟定一个明晰的协定。此协定也可涵盖为求进一步的物料改进而交换的测试资料。所达成的协定可将要求条件及检验、测试或抽样方法在解释上的困惑减至最少

4 解决物料纠纷的条款

与供应商拟定各种制度及程序，以解决品质纠纷。所订条款应包括例行性与非例行性事情的处理措施。最重要的一点是，企业和供应商针对影响品质的事情必须有改善沟通渠道的条款

5 接收检验计划与管理

应建立适当的方法以确保对接收的物料有适当的管制，以免不慎误用不合格物料。接收检验的执行程度应谨慎规划。有必要检验时，应首先考虑总体成本。如决定实施检验，必须仔细选择受检的特性项目。在物料到达前，也必须确定所需的工具、量规、仪表、装备器材，且要对其进行适当的校正，并确保有足够的训练有素的检验人员

6 接收品质记录

应保持适当的接收品质记录，确保以往的资料完备，这样就可以评核供应商的绩效与品质趋势

图4-1　物料品质控制标准

要点02：物料规格的设计

物料规格是描述物料各方面要求的图纸、样品、技术文件或它们的综合。它是供应商进行生产的依据或标准，也是企业的品质部门执行检验工作所依循的标准。

1．物料规格的内容

物料规格包括名称、外观（形状）、尺寸、物料成分、强度、精密度等各种品质（硬体）特性。

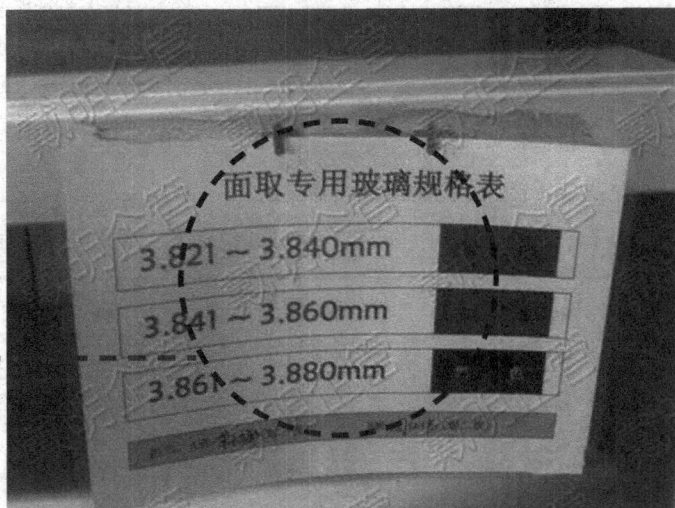

从技术层面看，规格可分为主要规格与次要规格两类。

（1）主要规格是指形式、吨位、性能、成分、用途、纯度、韧性、拉断力以及其他足以影响使用的规范。

（2）次要规格是指厂牌及形式等的补充说明、不参加比价的零件项目单位等。

物料主要规格的举例说明如表4-1所示。

请注意

物料规格除了常规的表示方式之外，有些还包括各种服务的特性，如服务效率、服务品质、服务方式、技术资料文件等。

表4-1　主要规格举例

项目	主要规格
煤、矿砂、石油、煤气、土石沙砾、粗盐	用途、成分、块粒大小
纺织、皮革、木材制品	股数、经纬纱数、物料加工方式、成品的单位重量、厚度、尺码大小、用途、色泽
非金属矿产品	比重、可燃性、闪光点、纯度、用途、加工方式、厚度、尺码大小、可塑性、颜色
化学品	成分、纯度、外表形状、重量、粉状粗细、等级、颜色、用途、生产方法、反应时间
基本金属	含碳量、合金的相对成分、形状、长度、厚度、内径、用途、加工方式、单位重量、拉力
一般金属制品	物料、用途、尺码大小、外形
机械设备	用途、产量、形式、操作方式、动力、吨位、功率、耗电量、主要部分的构造
仪器	用途、精密度、形式、操作方式、构造

2. 物料规格的表现方式

（1）工程图纸。

对于非通用零部件，企业常用工程图纸对其进行描述，如制造指导图。供应商将根据工程图纸去生产或进行一定程度的组装，品质部门则按工程图纸测量尺寸和进行其他方面的检验。

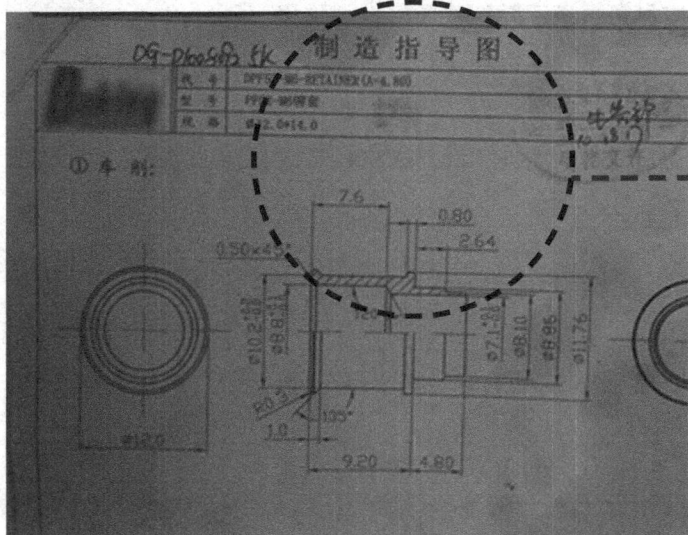

（2）技术文件。

技术文件常用于描述那些难以用图纸来描述或难以呈送样品（或样品不易保存）的物料。例如，化学药剂的规格就只适合用技术文件来界定。

（3）样品。

样品一般用于展示那些难以用文字、图片表示的物料或物料的某些特性。比如，塑胶件的外观标准就常需用样品配合工程图纸来加以规定。

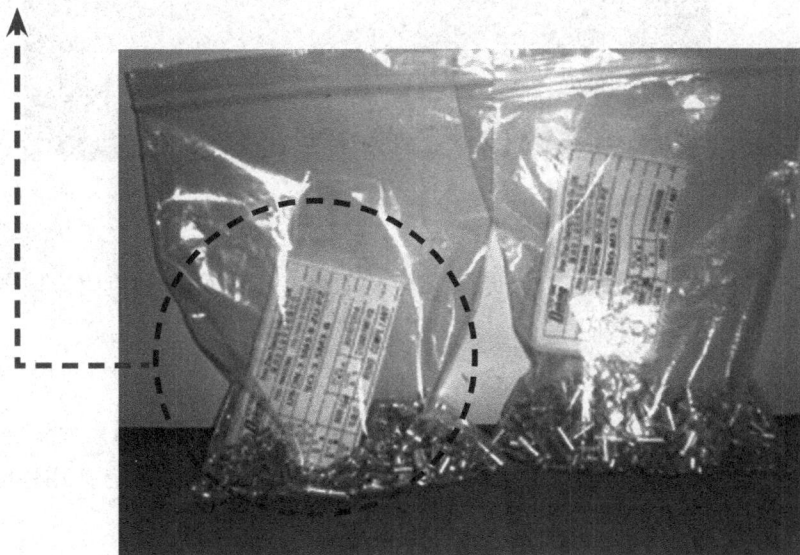

3．物料规格的设计要点

物料规格的设计虽是工程或技术人员的责任，但为了使所设计的规格符合采购要求，采购人员应对规格的设计加以留意并提供适当的建议。物料规格的设计要点如下。

（1）一般性物料应尽量采用国际性及通用性的规格。

（2）规格设计要力求新颖，并以适应新发明物料及制造方法为原则。

（3）物料规格须有合理的公差，以方便掌握制作品质和控制时效。

（4）主要规格应力求清晰与明确，次要规格应具有弹性，避免太过严苛。

4．物料规格的选用顺序

物料规格的选用是否适当，是能否做好物料品质控制工作的关键。

（1）国内规格选用顺序。

①国家标准。凡有国家标准可用者，原则上不应使用其他规格。

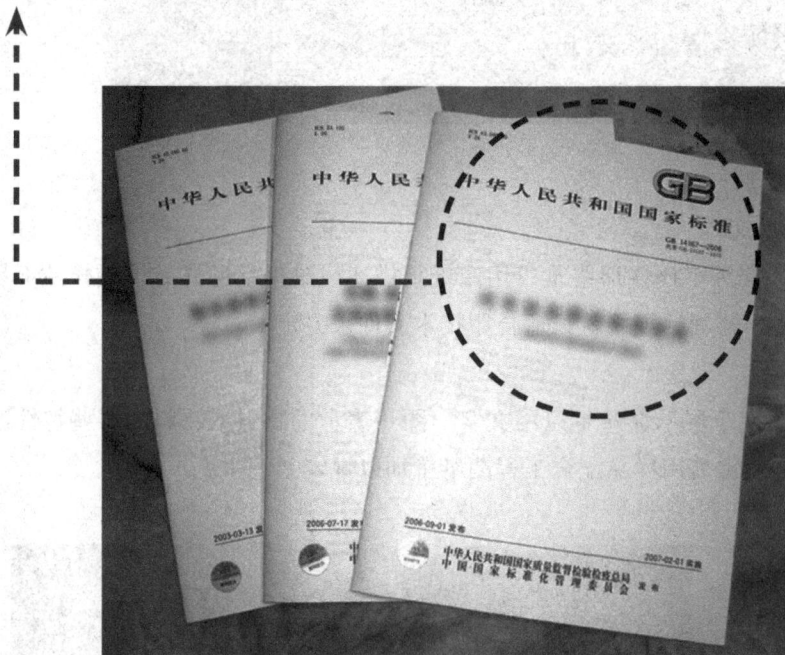

②各行业或协会制定的标准。如无国家标准可用时，则可考虑使用国内各行业或学会、协会、委员会所制定的标准。

（2）国外规格选用顺序。

①国际通用规范。凡是有国际通用规范可用者，不得使用其他规格。

②有通用性的其他国家规格。如无国际通用规范，则可考虑使用有通用性的其他国家的标准。

（3）补助规格的使用及限制如下。

①供应商设计规格。如企业本身没有能力设计规格时，可考虑由国内具有相应水准及检验能力的供应商代为设计规格。对于由供应商设计的规格，最好先委派专业人员审计后再行使用。

②蓝图、照片、说明书。这些仅能作为规格的辅助资料，不能单独作为采购的依据。

要点03：来料检验作业

为了保证外购物料的品质，专职检验人员应按照规定的检查内容、检查方法及检查数量进行严格的来料检验控制。

1. 来料检验的分类

来料检验是对外购物料进行品质验证，主要分为首件（批）样品检验和成批来料检验两类。

（1）首件（批）样品检验。

首件（批）样品检验是指企业对供应商提供的样品进行的鉴定性检验认可。供应商提供的样品必须有代表性，以便作为以后来料的比较基准。它通常适用于以下几种情况。

①供应商首次交货。

②供应商产品设计或结构有重大变化。

③供应商产品生产工艺有重大变化。

（2）成批来料检验。

成批来料检验是对供应商按购销合同或订单的规定持续性后续供货的正常检验。成批来料检验应根据供应商提供的品质证明文件实施核对性的检查。针对物料的不同情况，有以下两种检验方法。

①分类检验法。外购物料可按其品质特性、重要性和可能发生缺陷的严重性，分成A、B、C三类。A类是关键的，必须进行严格的全项检查；B类是重要的，应对必要的品质特性进行全检或抽检；C类是一般的，可以凭供货品质证明文件验收，或作少量项目的抽检。

②抽样检验法。对于正常的大批量来料，可根据双方商定的来料检验标准及抽样方案实行抽样检验。

2．来料检验的项目与方法

来料检验的项目与方法如表4-2所示。

表4-2　来料检验项目与方法

项目	方法
外观	用目视、手感、限度样品进行验证
尺寸	用卡尺、千分尺、塞规等量具进行验证
结构	用拉力器、扭力器、压力器等量具进行验证
特性	采用检测仪器和特定方法进行验证

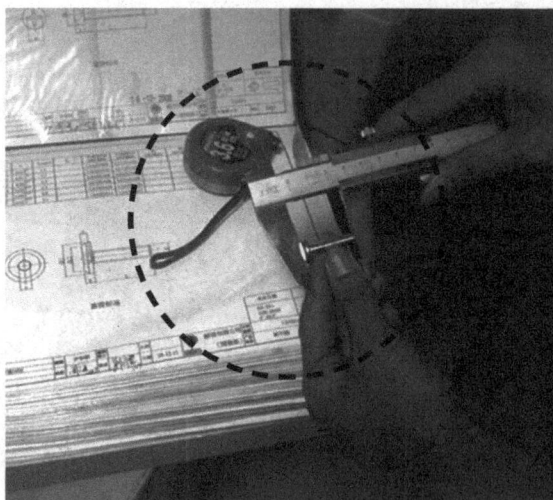

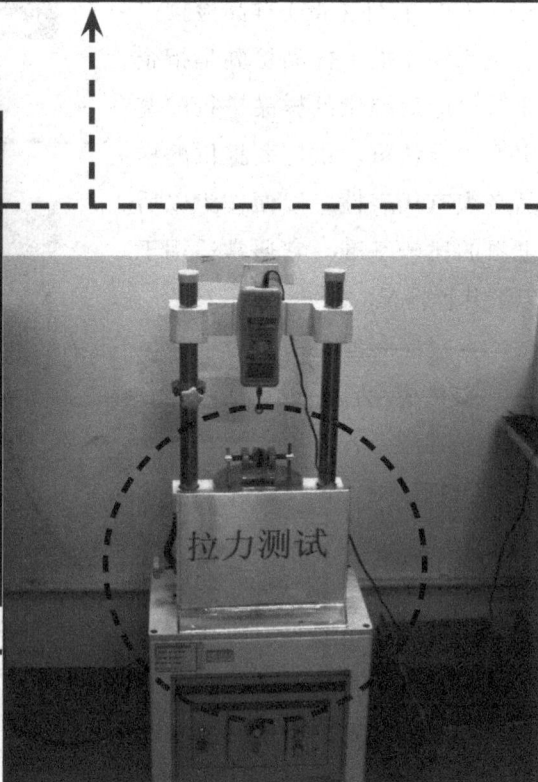

3．来料检验的方式

（1）全检方式。

适用于来货数量少、价值高、不允许有不合格物料或企业指定进行全检的物料。

（2）免检方式。

适用于大量低值辅助性物料，或经认定的免检厂来料，以及生产急用而特批免检的物料。对于后者，品质部门应跟进其在生产时的品质状况。

（3）抽样检验方式。

适用于平均数量较多、经常性使用的物料，一般企业均采用此种检验方式。根据其类型不同，抽样检验又可分为如图4-2所示的四种方式。

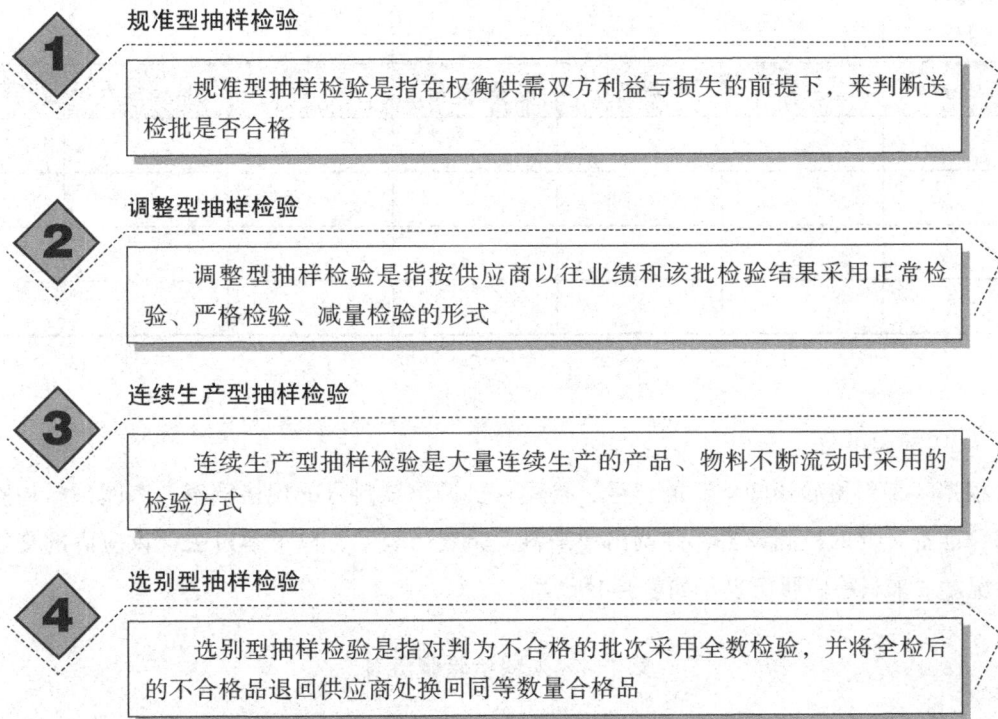

1 规准型抽样检验

规准型抽样检验是指在权衡供需双方利益与损失的前提下，来判断送检批是否合格

2 调整型抽样检验

调整型抽样检验是指按供应商以往业绩和该批检验结果采用正常检验、严格检验、减量检验的形式

3 连续生产型抽样检验

连续生产型抽样检验是大量连续生产的产品、物料不断流动时采用的检验方式

4 选别型抽样检验

选别型抽样检验是指对判为不合格的批次采用全数检验，并将全检后的不合格品退回供应商处换回同等数量合格品

图4-2　抽样检验方式

4．来料检验的控制程序

（1）检验策划。

品质部门编写来料检验指导书，对每项重要检验项目的检验方式和方法作出规定，其内容一般包括检验方法、检验工具、精度、抽样方法、统计方法、记录方式，注明可能需要提供的品质保证书、自检报告和验证方法、自检项目、检验样品名称和编号等。

（2）来料通知。

在接到来料通知时，检验人员必须检查"来料检验通知单"上填写的料号、品名、规格是否与实物相符，若不符合可拒绝接收，不能因为急需用料而影响检验的力度。"来料检验通知单"如表4-3所示。

请注意

采购部一定要与品质部门及时做好沟通工作，确保供应商送料到达后能够准时开展检验工作，避免等待。

表4-3　来料检验通知单

供应商：　　　　　　　　　　　　　　　　　　　　　　　　　日期：

通知单号码			被通知部门				
料号	品名	规格	检验项目	标准	检验结果	备注

主管：　　　　　　　　　　　　　　　　　　　　　　　检验员：

（3）检验准备。

根据"来料检验通知单"的料号，检验人员调出该料号的规格档案，查阅来料检验规范书，准备必要的检测设备，并调出"来料检验履历表"，以了解过去该供应商的交货品质情况。"来料检验履历表"如表4-4所示。

表4-4　来料检验履历表

料号：　　　　　　　　　　品名：　　　　　　　　　　供应商：

日期	单号	批量	抽样数	不合格数	判定结果	检验员	备注

审核：　　　　　　　　　　　　　　　　　　　　制表：

（4）执行检验。

检验人员在执行检验时，应注意以下几个事项。

① 必须在规定的检验区域内进行检验，如"待检区"。

② 评估供应商提供的重要特性值的控制图和过程能力测定值报告。

③ 抽取规定量的样品，抽样时必须注意随机和分层原理。

④ 检验完毕的抽样样品须归回原位。

⑤ 参考来料的规格图样或零件承认书以及标准品，正确使用检测仪器、工具进行检验。

（5）检验判定。

检验判定的依据是检验结果，若主要缺点与次要缺点均未达拒收数，则可将此批判为合格允收批，否则判为不合格拒收批，未经检验的物料也视为拒收批。

（6）填表验收。

在填表时须注意以下几项。

① 允收批：填写"物料入库单"，判为允收（"物料入库单"如表4-5所示）。

表4-5　物料入库单

仓库名称：　　　　　　　　　　　　　　　　　　　　日期：

物料编号	物料名称	型号	计量单位	数量	是否接收/特采	检验员	备注

②拒收批：填写"物料入库单"，判为拒收。

③特采批：填写"物料入库单"，判为特采。

④依判定结果对允收批、拒收批、特采批进行标识，注明"物料入库单"号码及检验日期，贴在物料的包装上。仓管人员应将允收批、特采批置于合格品区，将拒收批放置于不合格品区，以免误用。

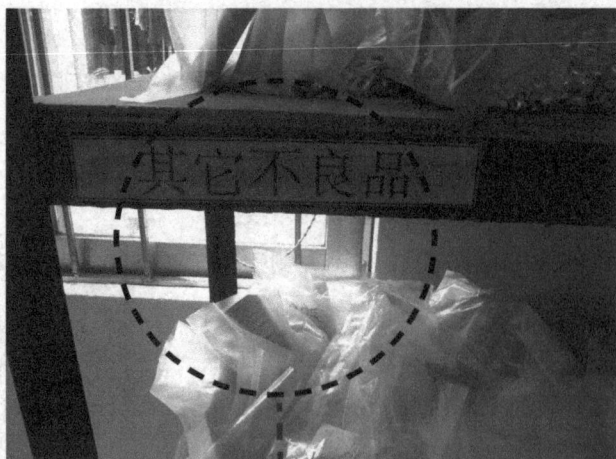

5. 来料检验要求

（1）检验用的样品应放入专门的样品储存室进行储存。

（2）检验过程中如需搬运物料，要注意轻拿轻放。

（3）来料检验必须按流程图进行。

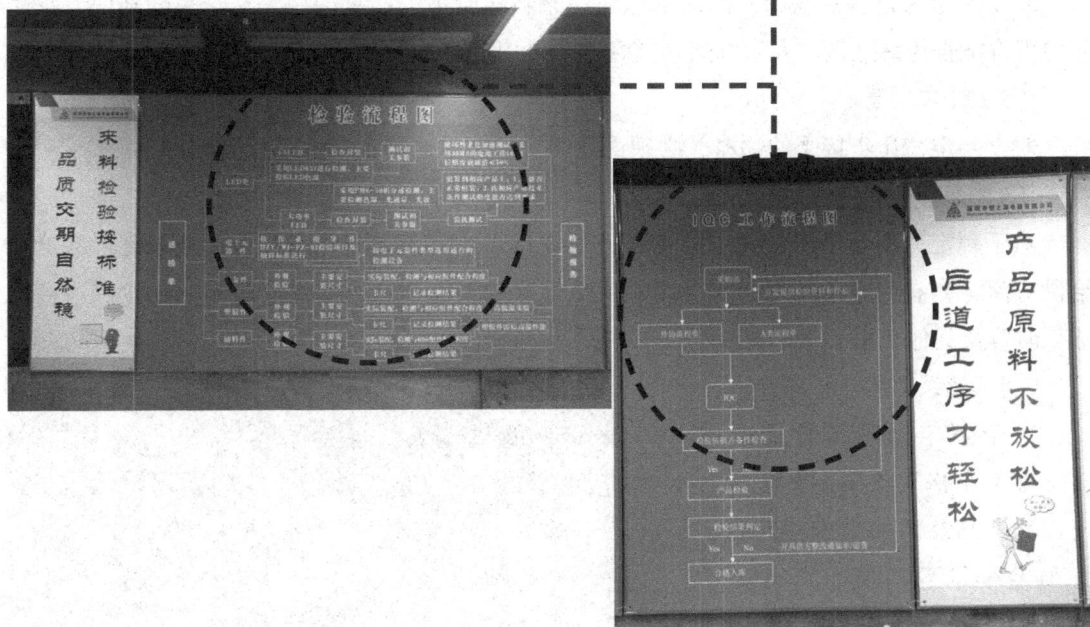

要点04：来料检验不合格处理

企业所采购的物料经检验后会存在很多不合格品，各级人员必须对其进行妥当处理。

1．按程序处理

来料检验人员如果在检验时发现不合格品，应填写"来料检验报告"，交品质部主管填写处理意见，最后交品质部经理复核处理意见。

2．贴不合格品标签

对于判定为不合格的物料，首先需在来料上贴不合格品标签，并在"来料检验报告"上填写检验结果反馈给收货部门，收货部门再将该批次来料摆放在不合格品区内。

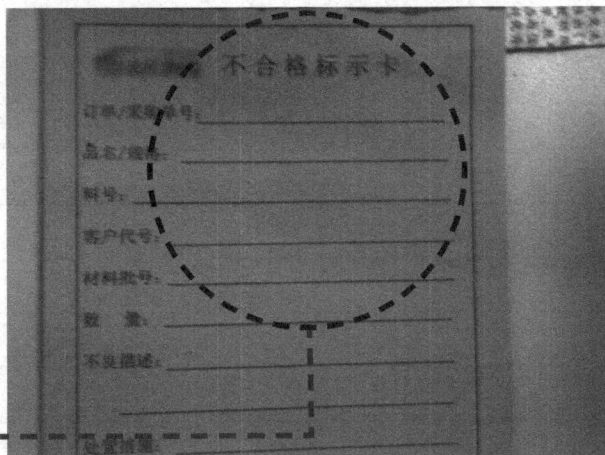

3. 不合格品的处理

（1）退货。

对于判定为退货的物料，品质部门将"来料检验报告"复印一份交给采购部门，采购部门再将报告传真至供应商，并通知其在限定的时间内取回退货。

（2）让步接受。

对于判定为让步接受的物料，必须由品质部经理签名确认后方可投入生产。

（3）不合格来料选用。

对于判定为不合格来料选用的物料，可安排供应商人员来筛选，将筛选不合格的退还给供应商。如有特急用的来料需要内部人员筛选的，必须先通知供应商，并扣除供应商筛选工时费及其他费用。

（4）降级使用。

对于判定为降级使用的物料，如不合格现象属于影响生产使用和产品品质的批量性问题，必须经技术部门试生产或品质部确认，并经品质部经理认可签名。

4. 来料合格率的统计

品质部门应每月对检验物料进行总结、分析，以将其作为月品质信息统计的重要参考资料。

在这一过程中可运用表4-6所示的表格。

表4-6　每月来料品质状况统计分析表

月份：　　　　　　　　　　　　　　　　　　　　第＿＿＿页　共＿＿＿页

供应商	物料名称	来料总批次数	合格批次	不合格批次	合格率	上月合格率	合格率变化	不合格要点

制作日期：　　　　　　　　　　　　　　　审核日期：

要点05：来料检验异常情况处理

来料经检验可能会出现品质异常的情形，企业要有完善的措施对其进行处理。来料检验品质异常可遵照下列要点进行处理。

1．填写异常报告

当品质部门判定某批次物料为拒收批，就需要填写"来料品质检验异常报告"，具体如表4-7所示。

表4-7　来料品质检验异常报告

料号		品名		供应厂商	
交货日期			交货数量		
检验通知单号		检验日期		检验员	
样本数量		不合格数量		不合格率	
来料异常描述					
□新料　　　　□新版　　　第___次来料 □无规格　　　□未承认　　　□无样品 □附样品_____件 □附检验记录 □同一异常已连续出现三次（含）以上 　　　　　　　　　　　　　品质检验员确认：					
序号	规格	问题描述	不合格数	主要缺点	次要缺点
简图					

2. 填写供应商异常处理联络单

"来料品质检验异常报告"开出后，品质部门还须填写"供应商异常处理联络单"，要求供应商在规定时间内提出改善对策，联络单如表4-8所示。而在日常工作中，企业应当设置品质异常联络看板，方便在发生品质异常时及时与相关方进行联络。

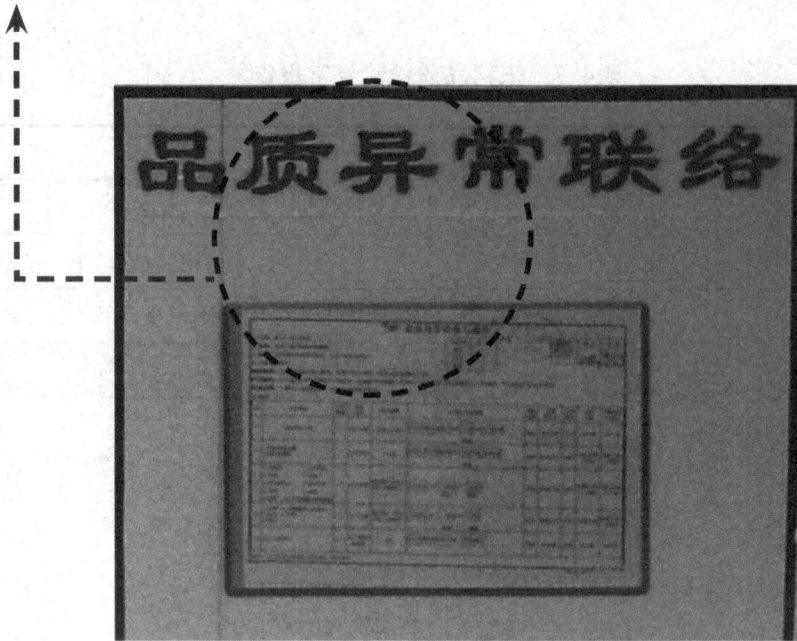

表4-8　供应商异常处理联络单

自：				至：	
电话：				E-mail：	
日期：				编号：	
请根据以下资料分析其不合格原因，并拟定预防纠正措施及改善计划期限。					
料号		品名		验收单号	
交货日期		数量		不合格率	
库存不合格品		制程在制品		库存合格品	
异常现象：					
IQC主管：				检验员：	

（续表）

异常原因分析（供应商填写）：		
	确认：	分析人：
预防纠正措施及改善期限（供应商填写） 暂时对策： 永久对策：		
	审核：	确认：
改善完成确认：		
	核准：	确认：

3．召开决议会议

生产部门依据用料需求状况，确定是否召开物料需求决议会议。生产部、技术部、采购部、品质部等部门参加会议并作出判定。

4．执行采购

采购部依据物料需求决议会议及特采会议会签结果执行采购。

要点06：物料特采控制

特采是指来料经检验其品质低于允许水准，品质部门虽提出"退货"的要求，但企业由于生产的原因而作出"特别采用"的决定。

1．特采的情形

可以特采和不能特采的一般情形如表4-9所示。

表4-9　特采的区分情形

可以特采的情况	不能特采的情况
（1）制造或生产的过程中很容易发现并排除的缺陷 （2）有轻微或次要缺陷，且不会对产品功能产生影响和不在产品表面位置 （3）有严重缺陷，对产品功能有重要影响，但可以通过重新全检或挑选后使用 （4）原材料计量值管制特性的CPK（制程能力）值比目标值小一点，且不影响产品的关键特性	（1）规格完全不符或送错来料 （2）有严重缺陷，且在后续工序及制程中不易发现 （3）新供应商来料，且其为本企业产品中的关键原料 （4）有一种以上主要缺陷在整批物料中普遍存在的来料 （5）同类型物料发生过被客户投诉的情况

2．特采的申请程序

特采的申请程序如图4-3所示。特采通过后要粘贴特采标签。

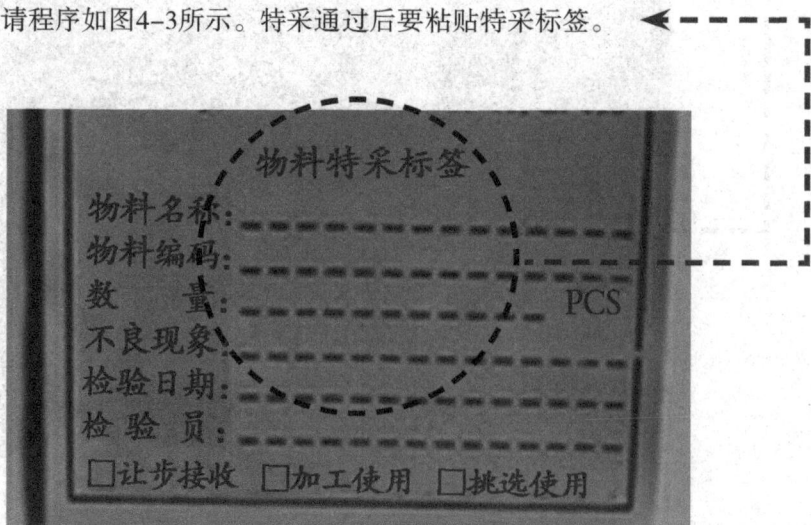

物料特采标签

物料名称：
物料编码：
数　量：＿＿ PCS
不良现象：
检验日期：
检验员：
□让步接收　□加工使用　□挑选使用

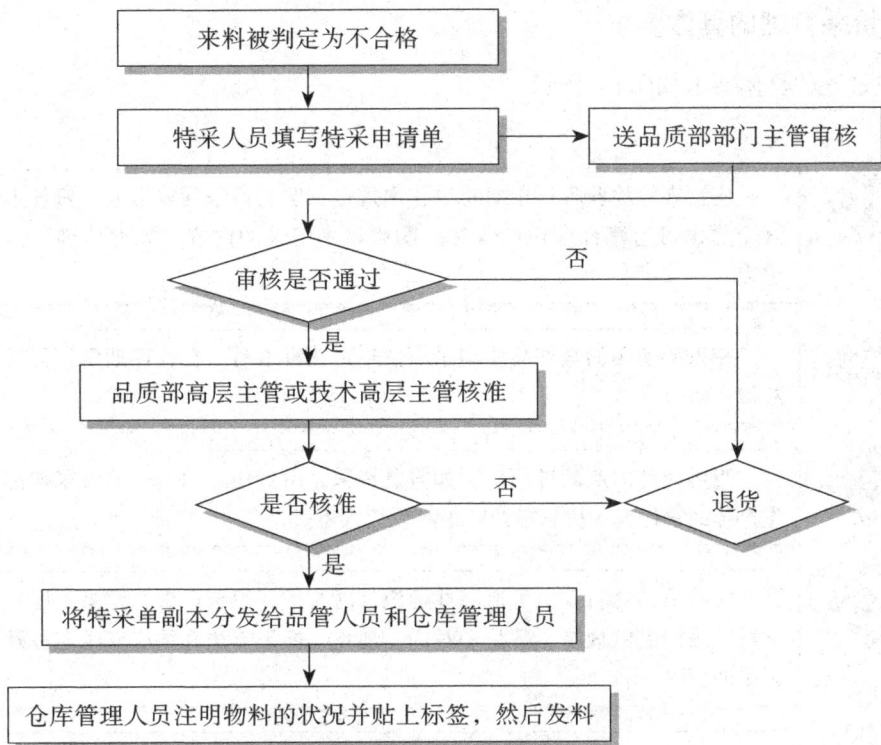

图4-3 特采的申请程序

特采申请人员在填写"特采申请单"时，最好加一个特采单号，以便于物料状况的追踪及品质分析，其编码可采用年加月再加流水号的形式，如"1307007"表示2013年7月第7批特采，这样便于统计特采的次数。"特采申请单"的样式如表4-10所示。

表4-10 特采申请单

特采单号		检验员		供应商	
物料编号		物料名称		型号	
特采原因及解决方案： 申请人签字：_____年___月___日					
审核意见： 审核人签字：_____年___月___日					
核准意见： 核准人签字：_____年___月___日					

4. 特采管理的具体要求

特采管理的具体要求如图4-4所示。

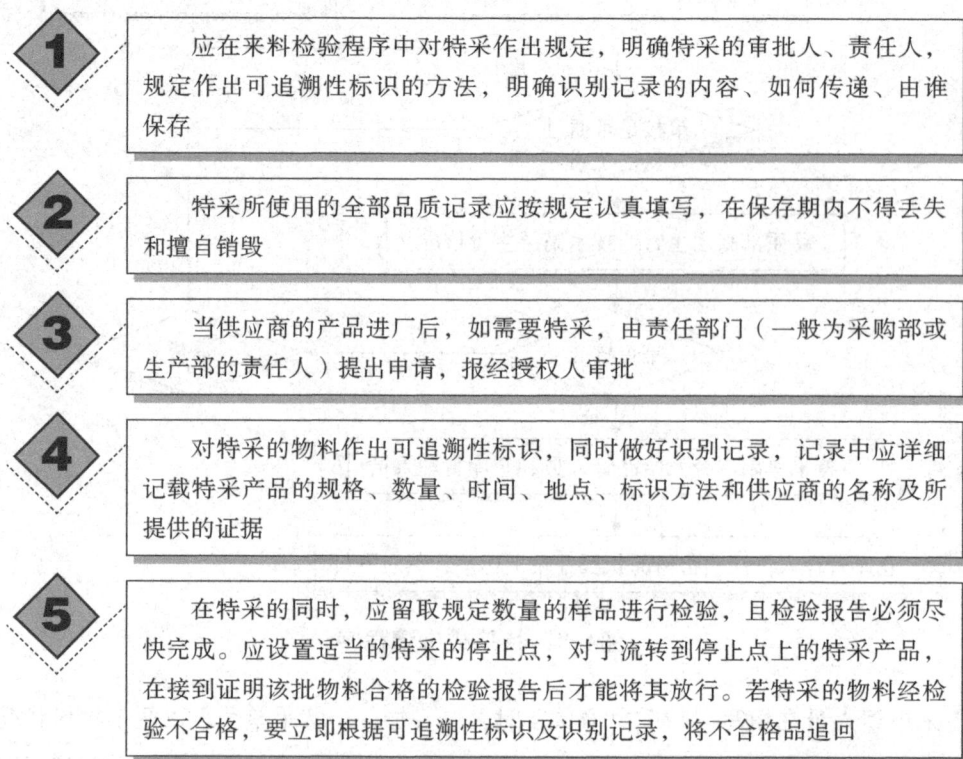

1 应在来料检验程序中对特采作出规定，明确特采的审批人、责任人，规定作出可追溯性标识的方法，明确识别记录的内容、如何传递、由谁保存

2 特采所使用的全部品质记录应按规定认真填写，在保存期内不得丢失和擅自销毁

3 当供应商的产品进厂后，如需要特采，由责任部门（一般为采购部或生产部的责任人）提出申请，报经授权人审批

4 对特采的物料作出可追溯性标识，同时做好识别记录，记录中应详细记载特采产品的规格、数量、时间、地点、标识方法和供应商的名称及所提供的证据

5 在特采的同时，应留取规定数量的样品进行检验，且检验报告必须尽快完成。应设置适当的特采的停止点，对于流转到停止点上的特采产品，在接到证明该批物料合格的检验报告后才能将其放行。若特采的物料经检验不合格，要立即根据可追溯性标识及识别记录，将不合格品追回

图4-4 特采管理的具体要求

要点07：来料品质投诉

来料品质投诉是指因供应商物料供应品质违反或未达到双方达成的协议要求，企业对供应商采取的相应的处理措施。

1. 投诉的提出

来料品质投诉通常是由品质部门提出，也可由采购部提出。对企业提出的投诉，供应商在正常状况下应作出回复。企业应设置客户信息反馈看板，及时记录其反馈信息。

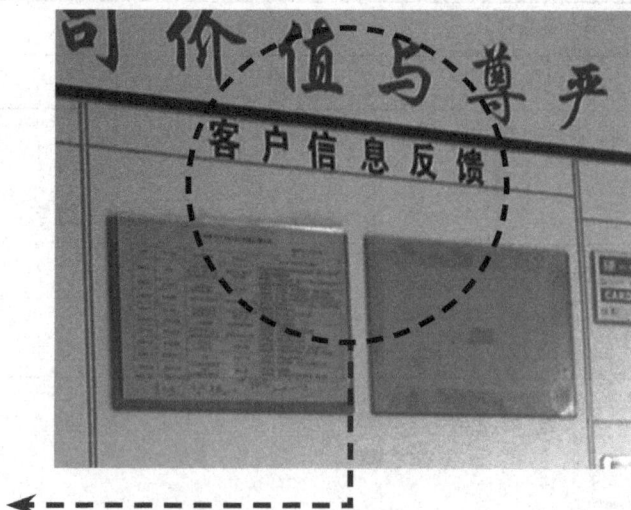

对于供应商回复的内容，要记录并保存下来，同时为了数据管理的方便，最好规范好记录格式。记录内容必须包括品质投诉单号、要求解决日期、实际解决日期、最后判定等。

2．投诉的划分与处理

投诉可分为普通级、紧急级、重大级，并分别赋予相应的权重，一般分别为1、2、3，以便为供应商绩效考核提供基本资料。

企业还需要在一定的时期内根据不同级别的投诉发生次数和重复次数对相关供应商采取一定的措施，一般可用3个月或6个月，甚至1年的时间作为一个时间段采取相应措施。

（1）普通级投诉的处理。

①单项发生1～2次。

同一项目投诉发生一次，限时改善，并严重警告。

同一项目投诉发生两次以上，降低供应级别，减少订单，限时改善后再做评估。

②单项发生3～5次。

同一项目投诉发生三次以上，暂时取消供应资格，重新评估后再做决定。

③单项发生五次以上，则暂时取消供应资格。

（2）紧急级投诉的处理。

①单项发生一次，降低供应级别，减少订单，限时改善后再做评估。

②单项发生两次，撤销已下订单，并停止下新订单。

（3）重大级投诉的处理。

撤销已下订单，并停止下新订单。

要点08：生产线上来料品质问题处理

线上物料的品质直接影响产品的品质，一旦出现问题必须及时处理。

1．特采批品质问题处理

（1）生产线上的人员发现的品质问题的处理。

对生产线上的人员发现的品质问题，根据部件能否拆分，可做以下两种处理。

①可以拆分的部件。可以拆分的部件，通常由作业人员发现有问题时拆出来，并用不同颜色的箱子或筐单独存放，再由现场主管定期收集好统一退还到仓库，或送到维修部门去维修。不能维修的部件最后由仓管人员通知采购人员退给供应商，但要特别注意在物料转移时标明物料的批号。

②不可拆分部件。如属不可拆分部件，则将其生产的整个半成品或成品用不同颜色的箱子或筐（如垃圾箱等）存放，作为废品退到仓库，再由仓库统一进行处理。

由于仓库的来料不止一个批次，因而需要对来料的不合格状况进行统计，统计时需要使用如表4-11所示的表格。

表4-11　线上来料不合格记录表

来料性质：特采

来料批号	检验批号	物料编号	生产日期	投量	不合格数量

（2）生产过程品质控制人员发现的品质问题的处理。

在生产过程品质控制中发现品质问题时，要认真分析和分辨出哪些是物料问题，哪些不是物料问题。生产过程品质控制人员对各种问题进行分析后还应作出判定，以确定是否需要返工或全检。

2．允收批品质问题处理

允收批即合格的物料，一般来说，在允收批中有品质问题往往是轻微缺陷，不会构成企业产品的严重缺陷。允收批发现品质问题时要填写如表4–12所示的不合格记录表。

表4-12　线上来料不合格记录表

来料性质：允收

来料批号	检验批号	物料编号	生产日期	投量	不合格数	不合格率
平均不合格率						

生产线上挑出来的物料一般是不用计算的，线上物料不合格率应是以PPM计算，并且以过程品质控制人员分析出来的结果为准。

计算线上物料不合格率的公式如下。

线上不合格率=（累计不合格数÷累计投量数）×100%

要点09：不用物料的封存

不用物料是指由于生产要素的制约或突变，本次生产活动结束后仍无法全部使用完毕的物料。呆料、旧料都可算作不用物料。

1. 不用物料的产生原因

（1）设计上的原因。

设计上的原因主要包括以下几点。

①设计失误。正式生产后才发现错误，重新设计后，原有的物料来不及处理掉，堆积在制造现场。

②设计变更。若是自然变更，可以混入使用的最好，但旧物料不可能完全能用，于是被积压下来。

（2）生产、销售计划上的原因。

生产、销售计划上的原因主要包括以下几点。

①计划变化快，一条生产线上什么都做。

②客户突然取消订单，生产、出货计划被迫紧急变更，处于生产线上的物料无处可去，形成积压。

③生产要素突生变故，生产能力波动巨大，一会多用，一会少用。比如设备发生故障，一时半会无法修复，预定物料无处可放；或某个物料消耗量偏离计划，而其他物料无法与之配套进行生产等。

（3）采购方面的原因。

采购方面的原因主要包括以下几点。

①没有严格按生产计划进行采购，绝大多数情况下是买多不买少。

②供应商没有严格控制实际包装数量，"合格证"上的记录与实数相差较大，扰乱了配套生产计划的实施。

2. 不用物料的负面影响

暂时不用的物料，不应该长时间摆放在生产工序上。它会分散现场管理力量，且有可能导致不合格品的产生。

（1）容易造成相互串用和丢失。

每一次机种切换，都会涉及生产要素再设置的问题。前一机种用剩的物料若不及时由各工序回收保管，作业人员就会把它摆放在自己认为不会出错的地方，有的还会画上只有自己才明白的标记。如果隔几天该作业人员因故缺席的话，顶位人员就有可能误用物料，尤其是外观上极其相似的物料，从而生产出一大堆不合格品。

（2）管理成本增大。

物料多一个分布地点，就等于多出一个物流环节，就多增加一分管理力量。

（3）浪费生产现场空间。

工序上的作业空间本身就很有限，如果不用物料都堆在现场的话，制造现场必定杂乱不堪，同时由于制造现场不恰当地担负起了仓管职能，反而妨碍了物流的畅顺。

3．不用物料的处理措施

（1）设置"暂时存放区"。

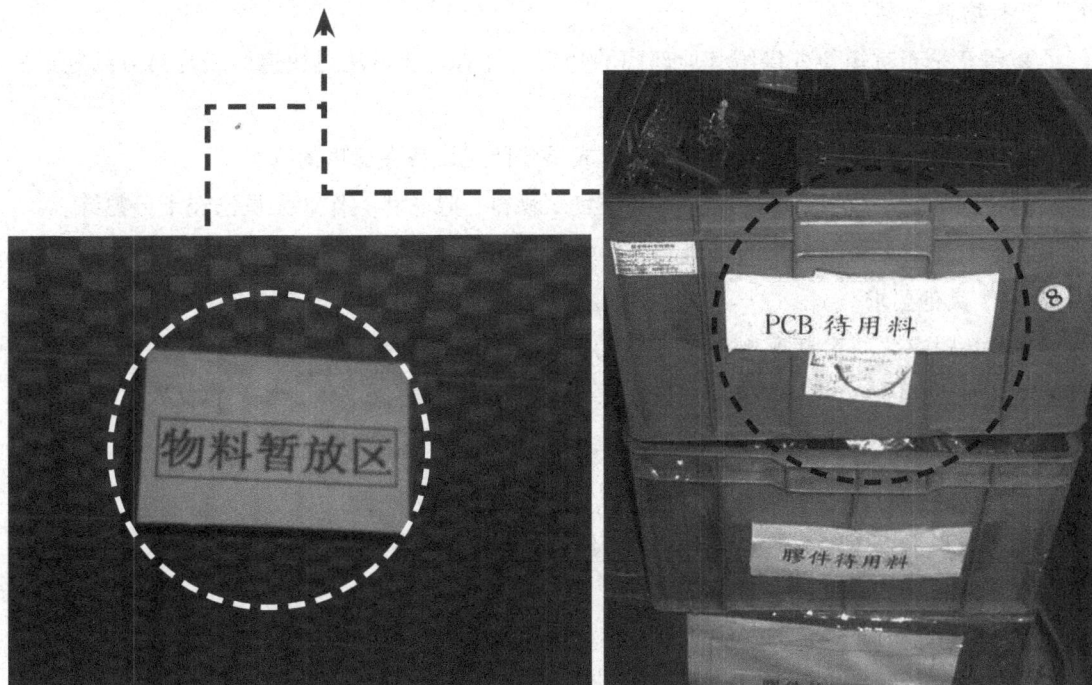

可以根据日程计划的安排按区域放置。首先，明确不同的日程计划。

①大日程计划是指为期数月至数年的计划，它包含了从产品设计到产品制造阶段这段时间。

②中日程计划是指关于制造日程的计划，时间多为一个月至数个月。

③小日程计划是指每个作业人员或机械从作业开始到结束的计划，时间从数日到数星期不等。

然后，再依据日程计划进行具体的放置操作。

①小日程计划需要用到的物料可以在暂时存放区摆放。

②虽然小日程计划里要用到，但是由于数量多、体积庞大或者保管条件复杂，这种物料应该退回物料仓库进行管理。

③不管是现场保管还是退回仓库，都必须保证物料品质不会有任何劣化。

④中日程或是大日程计划里才需要用到的物料应该退回仓库进行管理。

（2）机种切换前物料全部"清场"。

从第一个生产工序开始，回收所有剩下的物料，包括合格品和不合格品。点清数量后，放入原先的包装袋（盒）中，用标贴纸加以注明，然后拿到"暂时存放区"摆放。若不合格品不能及时清退，合格品与不合格品要分开包装，不合格品还得多加一道标识。

物料"清场"要注意以下事项。

①要特别留意修理工序上的备用剩余物料，如不仔细追问，修理人员不会主动"上缴"这些物料。

②留意是否有短暂外借给其他部门的物料。如有，要设法尽快追回或与对方约定返还日期。

③注意有无跌落在地面上的小物料，或是停留在设备夹缝里的物料。

④在旧物料"清场"的同时，不要派发新物料，除非相关作业人员已经十分熟练。

⑤如有残留在机器内部的物料，必须将其取出。

（3）其他要求。

需要暂时存放的物料要遵守"先来先用、状态良好、数量精确"三原则。

①用原包装盒（袋、箱）再封存起来。如果原先包装盒（袋、箱）破损，可以用保鲜薄膜或自封胶袋处理。总之，要采取防潮、防虫、防尘等措施。

②要留意物料有无保质期限要求，若有，则要考虑有无暂存的必要。

③如有可能，机种切换后，前一机种的不合格品要立即清退给前工序。

④暂时存放的各种标识要显眼。

⑤下次生产时，要优先使用"暂时存放区"里的物料。

⑥封存后的物料也要定时巡查一下，以防不测。

要点10：仓库温度、湿度控制

仓库的温度、湿度是影响物料质量变化的主要因素，因而对于库区温度、湿度的控制调节是一项非常重要的日常工作。

为了保证仓储物料的品质完好，创造适宜物料储存的环境，就要把握好下面两个原则：当库内温湿度适宜物料储存时，就要设法防止库外气候对库内物料产生不利影响；当库内温湿度不适宜物料储存时，就要及时采取有效措施调节库内的温湿度。企业可以使用温湿度计对库区温湿度进行实时监控。

1. 密封调控法

密封就是把物料尽可能严密地封闭起来，减少外界不良气候对其产生的影响，以达到安全保管的目的。采用密封方法，要和通风、吸潮结合运用，如运用得当，可以收到防潮、防霉、防热、防融化、防干裂、防冻、防锈蚀、防虫等多方面的效果。密封保管应注意以下事项。

（1）密封前要检查物料品质、仓库的温度和含水量是否正常，如发现生霉、生虫、发热、水浸等现象就不能进行密封。

（2）密封的时间要根据物料的性能和气候情况来决定。怕潮、怕融化、怕霉的物料，应选择在相对湿度较低的时节进行密封。

（3）常用的密封物料有塑料薄膜、防潮纸、油毡纸、芦席等。密封物料必须干燥、清洁、无异味。

（4）体积较小的物品，可以使用塑胶盒进行密封储存。

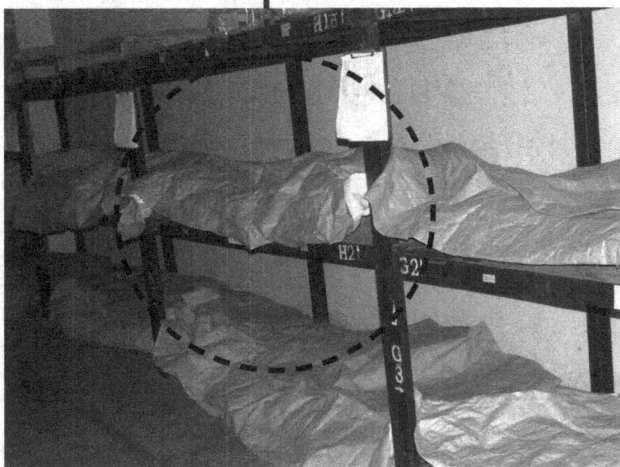

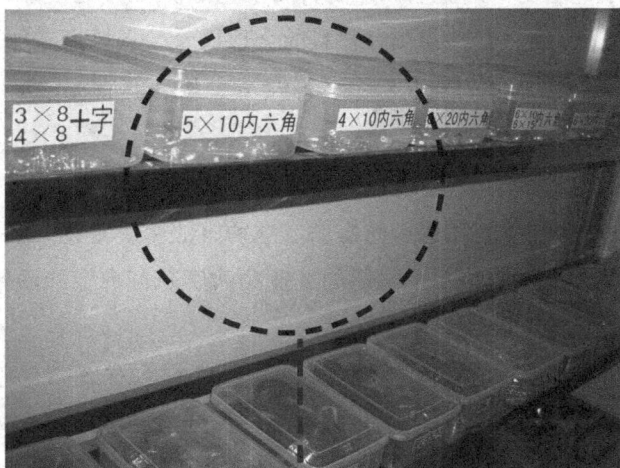

2. 通风调控法

它是根据空气自然流动的规律，有计划地使库内外空气互相流通交换，以达到调节库内空气温湿度的目的。

（1）一般情况下，库内外温度差距越大，空气流动就越快。若库外有风，则更能加速库内外空气的对流，但风力不能过大，不超过5级时效果较好。

（2）正确地进行通风，不仅可以调节与改善库内的温湿度，还能及时地散发物料及包装物内的多余水分。按通风目的的不同，可分为利用通风降温（或增温）和利用通风散潮两种。

（3）必须注意通风的季节和时间，如秋冬季节通风的效果就较为理想。虽说夏季不宜采用通风降温，但有时会遇到有利的通风天气，也可采取数小时通风的办法进行降温。

3.吸潮调控法

在梅雨季节或阴雨天，当库内湿度过高不适宜物料保管，而库外湿度也过大不宜进行通风散潮时，可以在密封库内用吸潮的办法降低库内湿度。常用的吸潮方法有下面两种。

（1）使用吸湿剂。吸湿剂可以有效地吸收空气中的水汽，以达到除湿的效果。常用的吸湿剂有氧化钙（生石灰）、氯化钙、硅酸等。

（2）进行机械吸潮。这是仓库普遍使用的吸潮方法，即把库内的潮湿空气通过抽风机吸入吸湿机冷却器内，使它凝结为水排出。吸湿机一般适宜储存棉布、针棉织品、贵重百货、医药、仪器、电工器材和烟糖类的仓库使用。

4.物料的霉腐防治

一些特殊的物料如药品原料、食品原料等容易发生霉变，储存该类物品时需要预先采取一些防治措施以保证物料品质完好。

（1）加强对储存物料的合理保管，具体措施如下。

①加强每批物料的入库检查，检查其有无水渍和霉腐现象、包装是否损坏受潮、内部有无发热现象等。

②针对物料的不同性质，将其分类储存保管。

（2）利用药剂防霉腐。这种方法主要是将一些防霉腐的化学药剂加到物品上。防霉腐药剂的种类很多，常用的工业品防腐药剂有亚氯酸钠、水杨酰苯胺、多聚甲醛等。

此外，由于多数霉腐微生物只有在有氧条件下才能正常繁殖，所以，也可以采用氮气或二氧化碳气体全部或大部分取代储存环境空气的办法，使微生物不能生存，从而达到防霉腐的效果。这种方法常用于工业品仓库。

> **请注意**
>
> 仓库的温度、湿度调控与霉变防治是一项重要的日常工作，工作人员必须依照相应程序严格执行。

学习笔记

　　通过学习本章内容，想必您已经掌握了不少学习心得，请仔细填写下来，以便继续巩固学习。如果您在学习中遇到了一些难点，也请如实写下来，方便今后重复学习，彻底解决这些难点。

　　同时本章列举了大量实景图片，与具体的文本内容互为参照和补充，方便您边学边用，请如实填写您的运用计划，以使工作与学习相结合。

我的学习心得：

1. _____
2. _____
3. _____
4. _____
5. _____

我的学习难点：

1. _____
2. _____
3. _____
4. _____
5. _____

我的运用计划：

1. _____
2. _____
3. _____
4. _____
5. _____

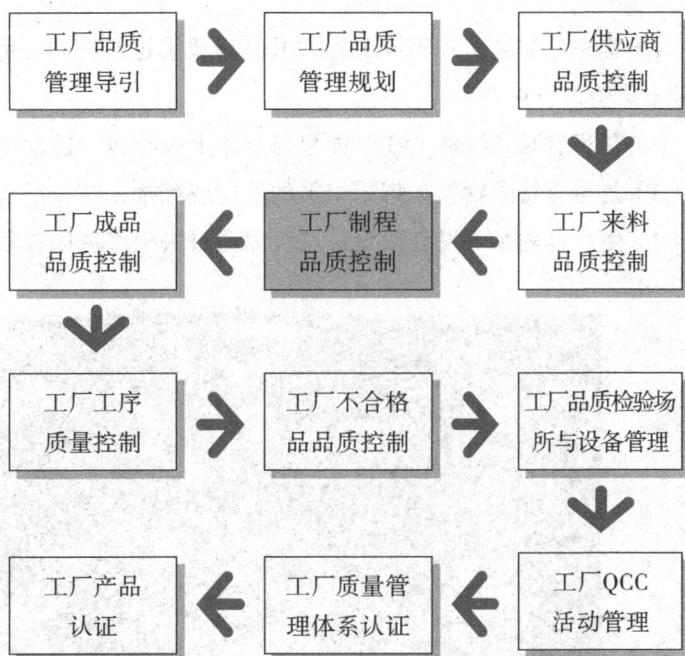

第5章

工厂制程品质控制

导视图

工厂品质管理导引 → 工厂品质管理规划 → 工厂供应商品质控制 →

工厂成品品质控制 ← 工厂制程品质控制 ← 工厂来料品质控制

工厂工序质量控制 → 工厂不合格品品质控制 → 工厂品质检验场所与设备管理 →

工厂产品认证 ← 工厂质量管理体系认证 ← 工厂QCC活动管理

制程品质控制是指在物料进入生产现场到最终产出成品的整个过程的品质控制工作。这一过程决定着产品的最终品质，因此，品质检验人员必须严格做好该过程的检验工作，确保品质控制工作的顺利实施。

要点01：制程品质检验前的准备

制程品质检验是品质控制工作的重要内容。制程品质检验人员在生产物料上线前，要根据生产计划表了解当日的产品，事先做好相应的准备工作。

1．了解产品信息

（1）客户品质要求。不同的客户其品质要求也会不同，因此检验人员需要去现场生产主管处拿取生产订单查看。

（2）是否有紧急物料上线。如果是紧急上线物料，检验需要更加严格。

（3）是否有特采物料。特采物料的检验应严格一些。

（4）生产计划是否发生改变。这可以通过去生产现场查看生产计划表来实现。

（5）是否有设计变更。若有设计变更，则检验标准会不一样，此时需要同技术部联系。

（6）是否有发生客户投诉的产品。要严格注意客户投诉点，将其作为检验的重点。

（7）是否有上次生产出现过品质异常的产品。对上次生产出现过品质异常的地方要多加关注。

2．了解品质控制点

品质控制点是影响产品品质的关键控制点，检验人员要提前了解品质控制点，以便在开展检验工作时予以特别注意。

3．进行人员、检验设备的准备

不同产品所需的检验设备不同，但一般性的检验设备应当完整配备，如功率分析仪等。

不同的企业检验人员安排也不同，可以参考如下例所示的配置。

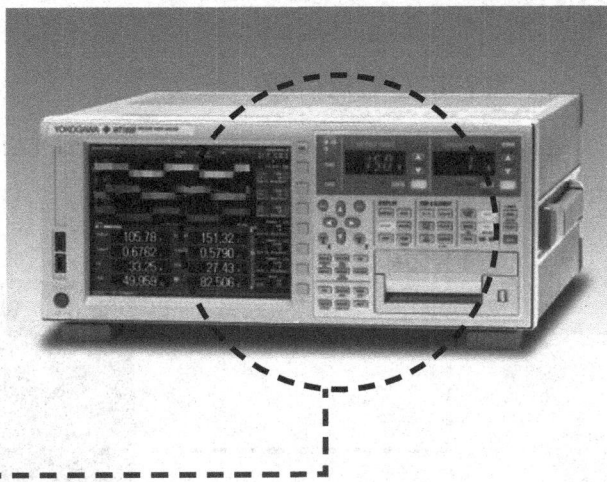

【参考范本】××有限公司机加车间检验人员配备表

××有限公司机加车间检验人员配备表

时间＼巡检员	赵××	钱××	孙××	李××	张××
星期一	机加A组	机加C组	机加D组	机加E组	机加F组
星期二	机加C组	机加D组	机加E组	机加F组	机加A组
星期三	机加D组	机加E组	机加F组	机加A组	机加C组
星期四	机加E组	机加F组	机加A组	机加C组	机加D组
星期五	机加F组	机加A组	机加C组	机加D组	机加E组
终检员	赵××		钱××		孙××
终检组长：孙××	李××		王××		孙××
总负责：吴××	车间品质主管：杨××				

要点02：首件检验

首件检验是为了尽早发现生产过程中影响产品品质的因素，防止产品成批报废。首件是指每个生产班次加工的第一个工件，或加工过程中因换人、换料、换岗以及换工装、调整设备等改变工序条件后加工的第一个工件。对于大批量生产，"首件"往往是指一定数量的样品工件。

1. 首件检验的执行者

首件检验一般采用"三检制"的办法，即先由作业人员自检，再由班组长复检，最后由品质部检验人员专检。

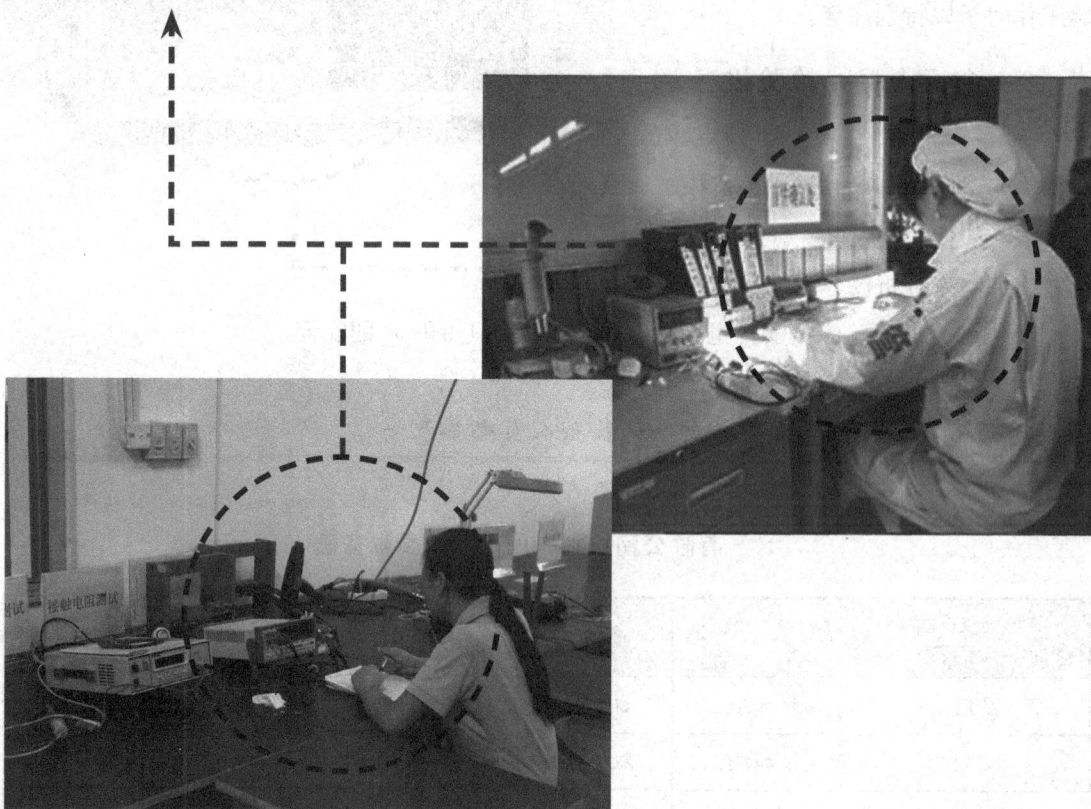

2. 首件检验的条件

（1）符合下列条件的产品才可以进行首件检验。

①有经正式批准的图样、技术条件、工艺规程。

②具有符合工艺规程规定的工装、量具，并经检定合格。

（2）下列情况经首件检验合格后方能继续生产。

①每个班开始时。

②每个作业人员每道工序第一件加工后。

③生产中更换作业人员。

④生产中更换或重调工装、机床设备。

⑤更改、调整工艺。

3．首件检验的主要项目

（1）图号与工作单是否符合。

（2）物料、毛坯或半成品和工作任务单是否相符。

（3）物料、毛坯的表面处理和安装定位是否相符。

（4）配方配料是否符合规定要求。

（5）首件产品加工出来后的实际品质特征是否符合图纸或技术文件所规定的要求。

> **请注意**
>
> 　首件检验必须严格按程序进行，首件未经检验合格，不能继续加工或作业，否则很容易影响后道工序，进而产生不合格品。

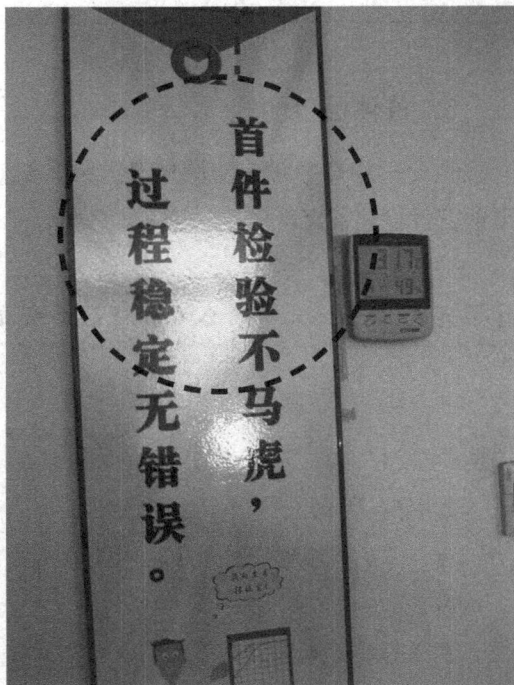

4．首件检验的要求

进行产品首件检验时，必须注意以下事项。

（1）企业要在首件检验现场悬挂宣传板，提醒检验人员注重首件检验工作。

（2）首件检验需由作业人员办理交验手续，经首件检验合格的零件、产品，要在交验单上签字盖章，并做好首件检验的记录。

（3）不执行首件检验盲目生产、不听劝告者，检验人员有权拒绝验收其产品，由此而造成的废品由直接责任者负责，视情节轻重程度赔偿废品损失。

（4）首件检验不合格，需查明原因，采取措施排除故障后重新进行首件检验。

（5）首件检验合格后，作业人员在生产过程中还要勤看、勤量、勤检查，检验人员需要加强巡回检验，预防不合格品产生。

（6）对于重要零部件的关键工序和尺寸，企业应建立品质控制点，加强首件检验，增加巡回抽检的次数。

（7）检验人员应按规定在检验合格的首件上作出标识，并保留到该批产品完工。

（8）首件检验必须及时，以免造成不必要的浪费。首件检验后要保留必要的记录，填写"首件检验记录表"，具体如表5-1所示。

表5-1　首件检验记录表

制造单位		产品编号		产品名称		日期	
首件类型	□新产品　□新订单				制造命令号码		
首件数量					制造责任人		
品管检验判定				主管：　　　　　　　　　检验：			
开发检验判定				主管：　　　　　　　　　检验：			
结论							

5. 首件检验的规范

企业一般都会对首件检验工作作出相应的规定，以规范首件检验活动。以下是一个简要的首件检验规定范例，供读者参考。

【参考范本】××有限公司首件检验规定

××有限公司首件检验规定

第1条　目的
为确保生产品质，避免出现批量性品质问题，特制定本规定。

第2条　适用范围
本公司各制造单位均应在生产加工过程中依本规定执行首件检验。

第3条　首件检验规定

3.1　定义
本规定所称的首件是指制造单位加工生产的产品，经自我调试确认合乎要求后，拟进行批量生产前的第一个（台）产品（半成品、成品）。

3.2 首件检验时机

3.2.1 新产品第一次量产时的首件产品。

3.2.2 每一个制造命令（订单）开始生产的首件产品。

3.3 新产品首件检验

3.3.1 检验流程。

（1）制造单位依工艺流程加工或调试，并进行自检。

（2）制程品质控制人员在制造单位加工调试时，应调出各相关检验依据文件或样品，并从旁协助，同时就外观等易于判定的特性予以确认。

（3）制造单位认定生产的产品合乎要求时，将该首件交制程品质控制人员进一步检验。

（4）制程品质控制人员依据检验文件、规范对首件进行全面的检验，如判定不合格，应向制造单位提出，并要求改善，直到判定合格为止。

（5）制程品质控制判定合格，或判定不合格但属设计问题或制造单位无法改善的问题时，由制程品质控制人员填写"首件检验报告"一式三联，呈主管审核。

（6）经品质主管审核的"首件检验报告"及首件产品由制程品质控制人员直接送往开发部门，交具体开发该产品的技术人员进行检验。

（7）开发部技术人员检验后，作出合格或不合格的判定，并填入"首件检验报告"中。

（8）开发部、品质部均判定合格后，"首件检验报告"一联由品质部保留，一联由开发部保留，一联转制造部，制造单位可以正式批量生产。

（9）开发部、品质部判定不合格时，如属制造单位原因，应由制造单位改善、调试，直到合格为止；如属设计原因，应停止生产，由开发部负责拟出对策加以改善后，方可恢复生产，并需重新作首件确认。

3.3.2 注意事项

（1）某些品质特性的判定无法在短时间内得出结论（如寿命试验等），这些特性在新产品试制时应进行检测，在首件检验时可先不检验这些项目。

（2）品质部应在量产开始后依规范随机抽样，就此进行检验，发现问题应及时反馈。

（3）某些检验需要不止一个产品时，可要求制造单位生产足量的"首件"。

（4）首件检验应讲究时效，以避免制造单位停工时间太长。

（5）应将合格的首件产品作为样品交由品质部保存。

3.4 订单首件检验

3.4.1 检验流程

（1）参照新产品的首件检验流程进行。

（2）因不属新产品，在客户没有技术修改变更的情况下，只要品质部判定合格后即可生产，不必送开发部检验。

3.4.2 注意事项

（1）是否进行长期性试验（如寿命试验）由品质部根据具体产品状况确定。

（2）应将新产品的首件留存样品与各订单（制造命令）的首件进行比较确认。

第4条　附件

（略）

要点03：巡回检验

巡回检验是指检验人员在生产现场按一定的时间间隔对制造工序进行巡回抽查，并对其生产条件进行监督、检验。

1．巡回检验的内容

巡回检验以抽查产品为主。而对生产线的巡检，以检查影响产品品质的生产因素为主，具体内容包括以下几方面。

（1）当作业人员有变化时，对新到岗人员的教育培训有无及时实施。

（2）设备、工具、工装、计量器具是否处于正常状态，有无定期对其进行检查、校正、保养。

（3）物料和零部件在工序中的摆放、搬送及拿取方法是否正确，是否会造成物料不合格。

（4）不合格品有无明显标识并放置在规定区域。

（5）工艺文件（作业指导书之类）能否正确指导生产，工艺文件是否齐全并被严格执行。

（6）产品的标识和记录能否保证可追溯性。

（7）生产环境是否满足产品生产的需求，有无产品、物料散落在地面上。

（8）对生产过程中发现的问题是否采取了改善措施。

（9）员工能否胜任工作。

（10）生产因素变换时（换活、修机、换模、换料），是否按要求通知检验人员到场验证。

2．巡回检验的要求

（1）检验人员首先应当检查自己是否佩戴了身份标志牌，如未佩戴，应及时戴上。

（2）检验人员应按照检验指导书规定的频次和数量进行检验，并做好记录。

（3）工序品质控制点是巡回检验的重点，检验人员应把检验结果标记在"巡回检验登记表"上，具体如表5-2所示。

表5-2　巡回检验登记表

日期：____年____月____日　　　　　　　　　　编号：

日期	产品及零件号	工序号	生产班组	作业人员	抽查数	图样要求	实测结果	检验员

3. 发现问题的处理

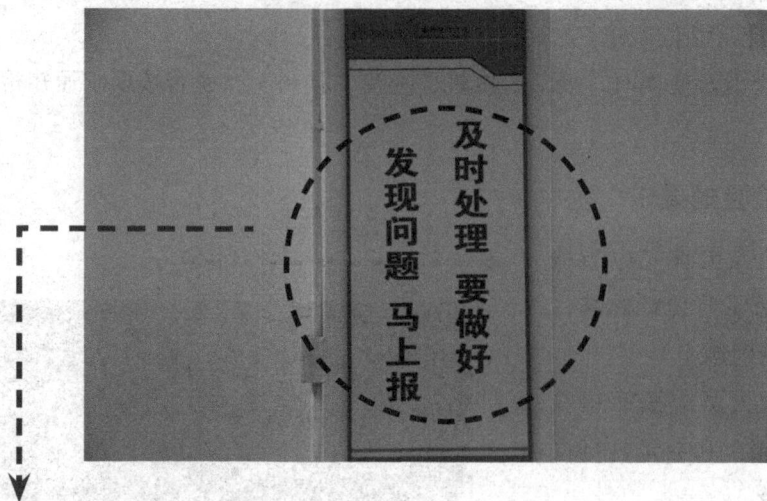

及时处理 要做好

发现问题 马上报

检验人员在巡检中发现问题时，应及时指导作业人员或联系有关人员加以纠正。问题严重时，要及时报告上级，并向有关部门发出"纠正/预防措施要求单"，要求其改进。要求单如表5-3所示。

表5-3 纠正/预防措施要求单

发文部门：   收文部门：

日期：   地点：

问题类别：
□来料异常　□制程异常　□不符合　□其他
现时状态：
问题描述： 　　　　　　　　　　　　　经办：　　　　　　　审核：
原因分析： 　　　　　　　　　　　　　经办：　　　　　　　审核：
纠正/预防措施 　　　　　　　　　　　　　经办：　　　　　　　审核：

要点04：末件检验

末件检验主要是为下批生产做好生产技术方面的准备，保证下批生产时能有较好的生产技术状态。

1．末件检验的适用范围

末件检验主要是指在批量加工完成后对加工的最后一件或几件产品进行检验验证。

2．检验人员及要求

末件检验应由检验人员和作业人员共同进行，检验合格后，双方应在"末件检验记录表"上签字，并把记录表和末件实物（大件可只要检验记录）拴在工装上，记录表如表5-4所示。

表5-4 末件检验记录表

产品号		工序号		日期	
产品名称		产品规格			
作业流程	检验项目	检验要求		检验方法	检验结果
综合判定					

3. 异常情况的处理

末件检验完毕后，就意味着该项产品的制程检验工作全部结束，这时必须做好检验记录工作，将检验经过记录在"制程检验记录表"中。

对于在检验中发现的异常情况，要填制表格并留存。"过程异常报告表"如表5-5所示。

表5-5　过程异常报告表

编号：　　　　　　　　　　　　　　　　　　　　　　　日期：

收文部门			收文签认		
发文部门		发文者		主管确认	
要求反馈时间			实际反馈时间		
异常情况（发文填）：					
原因分析： □设计缺陷 □规格、标准缺陷 □制程及作业缺陷 □机器缺陷 □模具、夹具缺陷 □检查判定缺陷			具体说明：		

（续表）

应急对策： 预定完成时间：	
再发防止措施： 预定完成时间：	
发文部门改善效果追踪： 追踪责任者： 日期： 主管确认： 日期： 经理认可： 日期：	
说明	（1）本单在生产进程中发生重大事故时使用 （2）可以由制造部门或生产部门填单 （3）相关部门要做好防范工作，防止异常再发生

要点05：半成品品质控制

抓好半成品的品质控制工作，也是品质管理活动的重点，这对提高关键工序一次合格率和保证最终成品的品质是非常重要的。

1．半成品的定义

半成品是指经过一定生产过程并已检验合格交付半成品仓库保管，但尚未制造完工成为产成品仍需进一步加工的中间产品。它不包括从一个生产车间转给另一个生产车间继续加工的自制半成品和不能单独计算成本的自制半成品。

半成品在各行业有不同名称，如机电行业称零部件、电子行业称元器件、轻化工行业则称半成品或在制品等。

2．半成品的制程控制

（1）控制点的设置。

控制点主要根据该半成品的不稳定因素设计。

①该产品以前生产有异常，有较多的不良品的记录。

②使用的生产设备不稳定。

③工装夹具、模具有不良情况。

④得到来料检验人员对不良物料的信息反馈。

⑤新员工操作。

⑥新产品、新材料、新设备的投入。

（2）制程检验的作业要点。

①首件检验的确认。在每款产品、每台机器正式生产前，制程检验人员要确认作业员送检的首件产品，并将检验结果记录于相关表格中。

②生产资料的核对。在每款产品、每台机器正式生产时，制程检验人员应对领用的物料、设备状态、使用的工模具、作业指导书的版本进行核对。

③巡检规定。制程检验人员在进行巡检时，要不间断地按机台、工位逐次巡检，在生产高峰期，应保证每1～1.5小时巡检一次。特殊时期，可向部门申请人力援助，以保证巡检密度。巡检时可参照产品品质检验标准对各项内容进行检验，检验标准如表5-6所示。

表5-6　产品品质检验标准

检验项目	检验方法或标准
外观检测	目视、手感及参照生产样品验证
尺寸	运用量具检测
功能特性	可用检测仪器进行验证，必要时取样给QE工程师做试验
机器运行参数	将实际参数与"产品工艺指导单"上的数据对比
产品物料摆放	检验产品、物料、边角废料、不合格品是否摆放在规定的区域

（续表）

检验项目	检验方法或标准
环境	检验环境是否清洁，是否有产品、物料散落在地面上
员工作业方法	员工是否按规定制度操作机器，更换产品生产时是否通知PQC到场验证（包括修机、修模、换料）
其他	检验物料、产品、机器标识状态是否正确

（3）制程检验人员在每次检验后，要将检验结果如实记录在"半成品巡检记录表"上，具体如表5-7所示。

表5-7　半成品巡检记录表

产品编号：　　　　品名规格：　　　　部门/机号：　　　　员工/工号：

日期	时间	用料名称			颜色	抽查数量	检查内容记录	通过是/否	其他
		物料1	物料2	物料3					

检验员：　　　　审核：　　　　批核：　　　　生产部：

3．半成品的品质检验

（1）验证点的设置。

制程检验是对生产过程作出的品质巡回检验，属于一种阶段性检验。而最终/完工检验主要是针对完工产品的品质验证，以确定该批产品可否流入下一道工序，属于定点检验，所以其控制点一般在工序终点。

①仓库出料的检验。

②半成品入仓的检验。

③新工艺、新材料投入的批量生产。

④其他特殊工序点。

（2）完工检验的检验项目与验证方法。

完工检验除重复制程检验对产品的外观、尺寸、用料的品质验证外，还应特别注意以下几方面的验证。

①结构性验证：按工艺图及品质标准验证。

②功能性试装：保证产品在装配阶段不受影响。

③特性验证。

④装箱数量准确性检查。

（3）品质异常的反馈与处理。

品质异常的反馈与处理可分为以下两种情况。

①可判定情况。自己可判定时，填制"完工检验问题报告"（见表5-8）。根据不合格程度，对不合格批产品作出返工、重检、退料、挑选、报废等处理决定。

表5-8　完工检验问题报告

产品名称		编号		工单编号		机号	
生产部门				抽检时间			
抽检数量				不合格品数量			
不合格描述：							
生产部回复：							

填写：　　　　　　　　　　　　　　审核：

②不可判定情况。对此种不合格品，可请求上级予以判定，并按判定意见予以标示，监督相关部门对其进行隔离存放。

（4）验货记录。

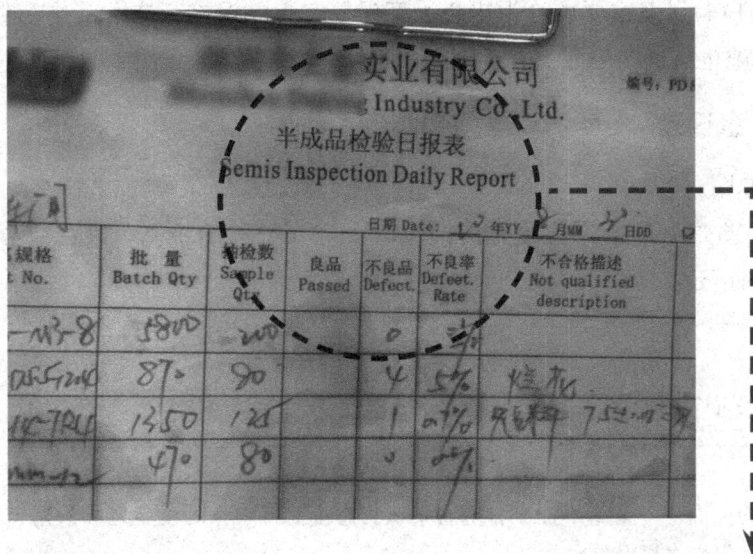

检验人员应做好检验记录，根据当班的验货结果，填制"半成品抽查日报表"（见表5-9），由被检部门签认后，一联交品质部存档，另一联交被检部门保存。

表5-9 半成品抽查日报表

报告编号：

生产部门/班组：   机号/组长：   班次：   日期：

生产单编号	产品编号	产品名称	产品规格	颜色	生产单数量	生产时间	生产数量	样本数	次品分类			判定结果				缺陷描述
									CR	MAJ	MIN	P	H	S	R	

　备注：CR=严重 MAJ=主要 MIN=次要 P=合格 H=冻结 S=拣用/工厂加工 R=退货。

要点06：检验误差防范

检验人员的检验误差主要可分为粗心大意误差、程序误差、技术误差、明知故犯误差四类，其防范措施也从这四个方面着手制定。

1. 粗心大意误差

（1）产生原因。

粗心大意误差是一种由于检验人员的粗心大意而引起的误差。其产生原因主要有两个，具体如图5-1所示。

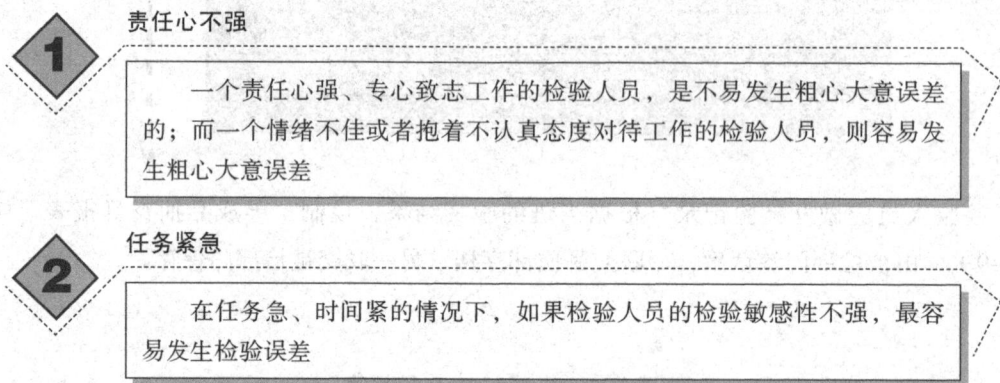

1 责任心不强

一个责任心强、专心致志工作的检验人员，是不易发生粗心大意误差的；而一个情绪不佳或者抱着不认真态度对待工作的检验人员，则容易发生粗心大意误差

2 任务紧急

在任务急、时间紧的情况下，如果检验人员的检验敏感性不强，最容易发生检验误差

图5-1 粗心大意误差的产生原因

（2）误差防范措施。

误差防范措施有如下几条。

①加强宣传，设置宣传物，提高检验人员对品质的关注，如"铸造辉煌，唯有品质"。

铸造辉煌 唯有质量

②采用确保不出差错的检验方法，具体如图5-2所示。

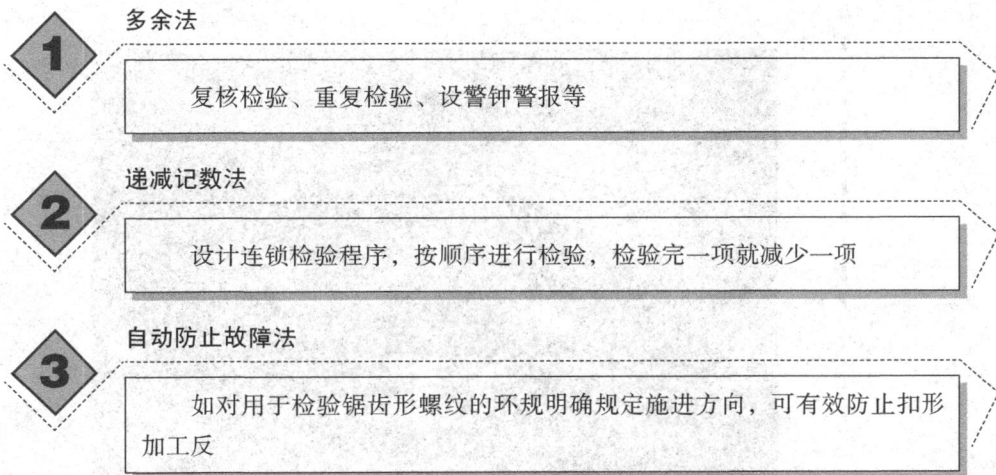

1 多余法

复核检验、重复检验、设警钟警报等

2 递减记数法

设计连锁检验程序，按顺序进行检验，检验完一项就减少一项

3 自动防止故障法

如对用于检验锯齿形螺纹的环规明确规定施进方向，可有效防止扣形加工反

图5-2 粗心大意误差防范法

③将检验内容简化。如可设置挡板将他人所负责检验的那些项目遮住，使自己能集中精力检验自己负责的项目；对于形状复杂、检验品质特性多的零件，可将需检验的品质特性进行编组，分别由两个或两个以上检验人员各检其中一组，这样由繁化简，能防止检验误差发生。

③建立标准样品，采用比较法进行检验。如把经过认真加工检验合格的首件作为标准件，或把国外的先进产品或零件拿来进行对比检验等。

④采用自动化检验。对于大批量的重复检验，若采用自动化检验装置，只要装置正常稳定，就不会发生粗心大意误差。

⑤采用样板检验。如模具检验，通常都是先制造一套若干块样板，用来检验模具的尺寸、形状和位置，通过与样板的对比，可以轻易地看出差错。

⑥进行覆盖检验。例如采用画有指导线或公差线的透明纸，检验人员判断零件尺寸大小或位置时，由于有了指导线而大大简化了检验程序，因而也就减少了检验误差。

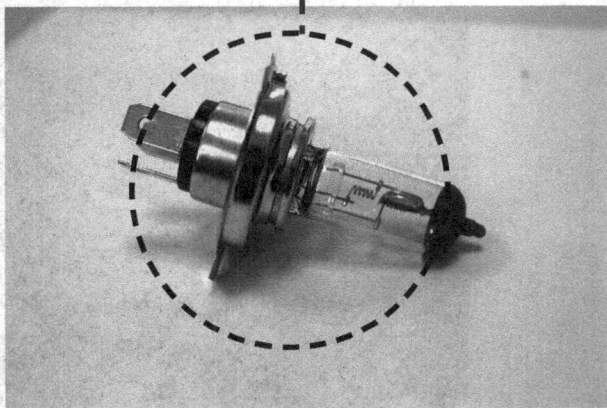

⑦采用感觉放大器。如可采用放大镜、扩音器以及其他检测放大仪器来提高感觉器官敏感性，从而提高检验人员察觉品质特性缺陷的能力。

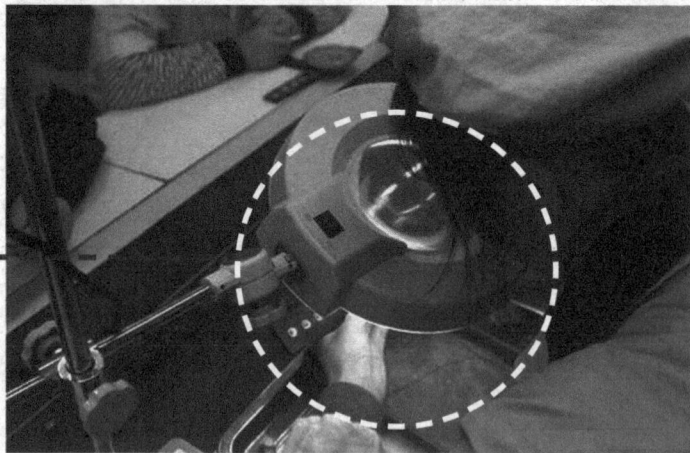

2. 程序性误差防范

程序性误差是指因生产不均衡，在制程/工序检验点或完工检验点混乱地堆放着待检产品和检验过的产品，或由于标识不清，发生已检与未检、合格与不合格产品混淆的错误。

可以通过明确鉴别标志和严格调运手续而使这类误差减少，如采用分区堆放、涂色堆放或标志堆放等方式。

3. 技术误差防范

技术误差是指检验人员缺乏检验技能而造成的误差。

（1）产生原因。

检验人员的技能低下有以下几个原因。

①缺乏技术知识，如看不懂工艺流程图等。

②检验技术不熟练，如不会使用内径百分表测量内孔、不会使用三针测量螺纹中径等。

③检验人员有生理缺陷，如视力异常导致看不准量具读数等。

（2）技术误差的防范措施。

技术误差的防范措施有以下几条。

①选择符合检验岗位要求的人员来做检验人员。

②对检验人员进行岗位培训，不断提高其技术业务水平，使之能胜任检验工作。培训可采取多种形式，如课堂讲课、讲座等。

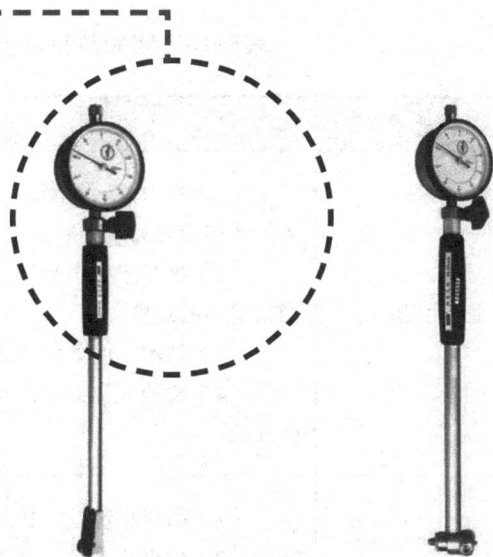

③总结、推广优秀检验人员的工作经验和技巧，对检验人员所出现的错检、漏检及时分析原因，使之吸取教训，引以为戒。

④对于有生理缺陷不宜做检验工作的人，重新调配岗位，使其从事其他适当工作。

⑤对检验人员进行应知、应会考核及漏检（错检）率考核，向合格者发放证书，做到持证上岗。

4．明知故犯误差防范

（1）产生原因及表现形式。

明知故犯误差产生原因及表现形式如表5-10所示。

表5-10　明知故犯误差的原因及表现形式

引起原因	表现形式
管理引起	（1）在产量、品质、成本等各项指标发生矛盾时，容易只关注产量而不能严格遵守品质标准，犯下明知故犯的错误 （2）靠月末突击来完成任务，检验人员压力较大，容易造成检验人员敷衍了事的现象 （3）技术文件不统一，容易导致各工序之间产生扯皮现象 （4）检验人员提出的正确意见和要求得不到支持时，限于条件只好勉强放行
检验人员引起	（1）品质意识差，私自放宽标准 （2）怕得罪人，不敢坚持原则 （3）责任心差，工作中漫不经心，怕脏怕累，马虎草率 （4）缺乏检验知识，不懂装懂

（2）防范措施。

明知故犯误差的防范措施主要有以下几条。

①建立品质保证体系，明确各级人员的品质职责和权限。

②管理者以身作则，从管理上消除引起明知故犯误差的弊端。

③选用经过培训教育并办事公道、能坚持品质原则、能胜任检验工作的人员来从事检验工作。

④明确规定检验人员的职责、权限及奖惩办法。

⑤进行复核检验和定期审核。

> **请注意**
>
> 在品质检验过程中，检验误差是经常发生的，必须根据产生误差的原因有针对性地采取防范措施。

要点07：检验工作监督抽查

为了预防和杜绝品质检验人员错检、漏检的发生，高层管理者应当对检验人员的工作进行监督抽查。

1．抽查人员

厂长或分管生产技术的副厂长，总工程师或分管产品品质的品质部门经理、主管，全质办主任、副主任，质保工程师、质保技术员或业务部人员等，均有对检验人员的工作品质进行抽查的权力。

以上人员实施抽查时可以邀请有技术、有经验的员工或专家作为助手或顾问。

2．抽查对象

抽查对象为品质检验部门所属的检验人员及有关室、站的理化分析、试验人员或计量检测人员。

3．抽查范围

对检验人员进行监督抽查的范围如图5-3所示。

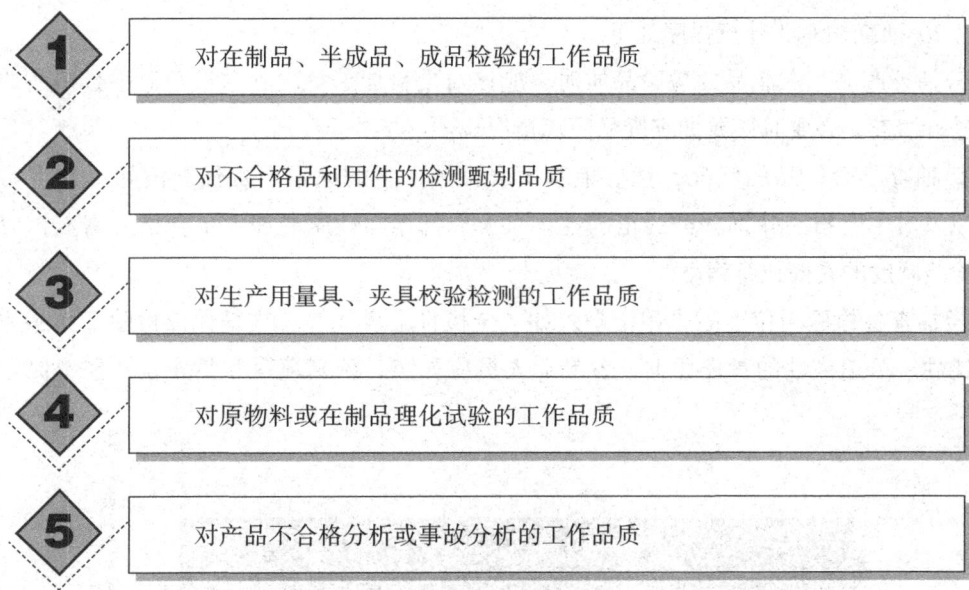

1	对在制品、半成品、成品检验的工作品质
2	对不合格品利用件的检测甄别品质
3	对生产用量具、夹具校验检测的工作品质
4	对原物料或在制品理化试验的工作品质
5	对产品不合格分析或事故分析的工作品质

图5-3　抽查范围

4．抽查程序

（1）抽查的一般程序如下。

①在现场以口头或书面通知被抽查者。

②抽查检验人员所使用的量具、仪器、设备、制剂、标液、工作规范及原始记录的正确性。

③抽查检验人员检验后的产品，看其是否符合相关品质检验标准。

④必要时，抽查人员亲自复核检测，甚至可以委托外部机构仲裁检测。如前后结果正常时，应记录在案，并及时通知被抽查者；如果抽查结果前后不一致或存在明显的工作品质问题，应督促被抽查者及有关部门分析查找原因，明确责任。

⑤及时收集整理抽查反馈信息，列入专档，提供给人力资源部作为对检验人员进行绩效考核的参考。

（2）抽查的专业补充程序如下。

①抽查产品、在制品的检验品质时，应该对投料加工批次、数量及对不合格品的处理结果进行抽查，必要时还要抽查废品隔离情况。

②抽查不合格品的状况，然后追查不合格品产生的原因、责任和消除不合格品的措施，以及对不合格品甄别分类的正确性。对于成批相同性质的加工不合格的情况，应追究首件检验制度的贯彻执行程度。

③抽查各检验岗位上的原始记录，如"全检日报表"等，这是保证检验工作品质抽查的可比性、可追溯性的责任凭证，各专业人员应如实、认真填写和签署，并妥善保存，以备查用。

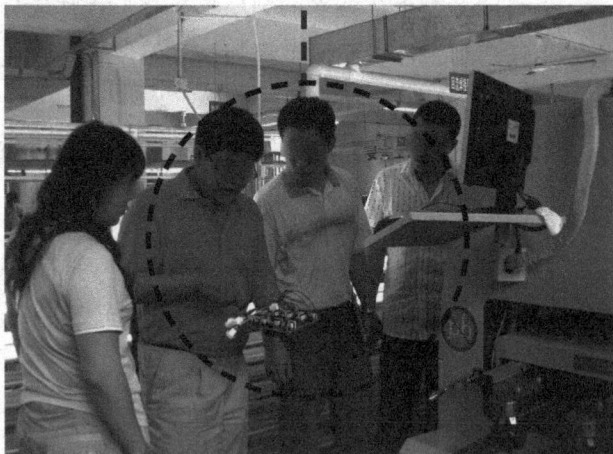

学习笔记

通过学习本章内容，想必您已经掌握了不少学习心得，请仔细填写下来，以便继续巩固学习。如果您在学习中遇到了一些难点，也请如实写下来，方便今后重复学习，彻底解决这些难点。

同时本章列举了大量实景图片，与具体的文本内容互为参照和补充，方便您边学边用，请如实填写您的运用计划，以使工作与学习相结合。

我的学习心得：

1. _____
2. _____
3. _____
4. _____
5. _____

我的学习难点：

1. _____
2. _____
3. _____
4. _____
5. _____

我的运用计划：

1. _____
2. _____
3. _____
4. _____
5. _____

第6章

工厂成品品质控制

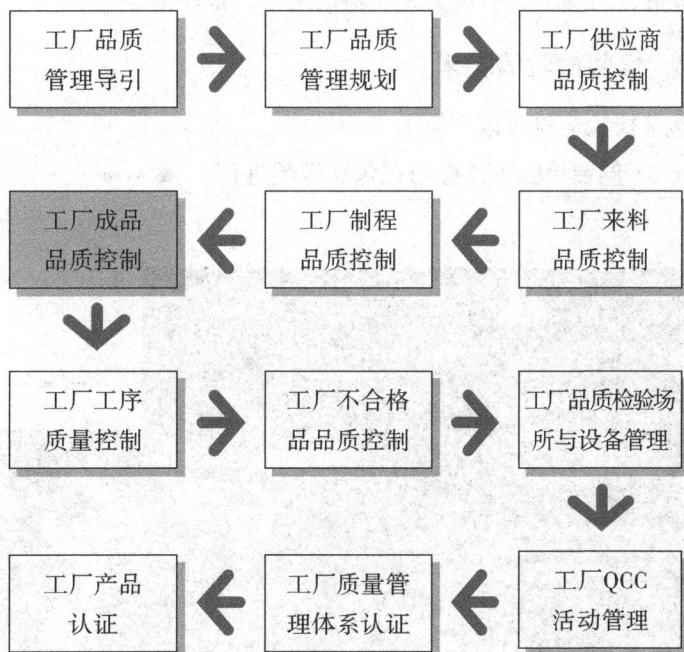

导视图

工厂品质管理导引	→	工厂品质管理规划	→	工厂供应商品质控制
工厂成品品质控制	←	工厂制程品质控制	←	工厂来料品质控制
工厂工序质量控制	→	工厂不合格品品质控制	→	工厂品质检验场所与设备管理
工厂产品认证	←	工厂质量管理体系认证	←	工厂QCC活动管理

成品是企业对各类物料进行加工后产生的产品，企业各级人员都应当严格做好成品的品质控制工作，确保其能够满足客户的需求。

要点01：成品包装检验

成品包装检验是成品品质控制的一项重要内容，是成品入库前的必经步骤。

1. 包装检验的项目

包装检验的项目包括包装材料、包装方法、包装外观、标志（起吊重心、防潮、防振动、放置方向等）、随机文件、随机附件、备件等。

2. 包装检验的要求

包装检验应符合以下要求。

（1）包装检验工作应当在包装区域进行。

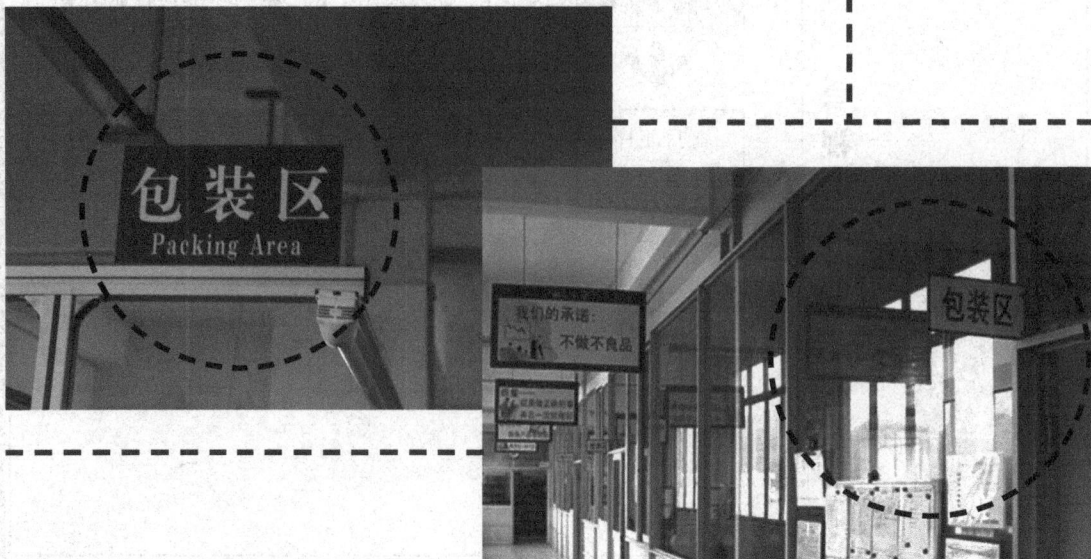

（2）检查包装材料是否正确，包装箱是否牢靠并符合规定要求。

（3）包装前是否按文件要求对产品进行了油封、油漆、润滑（必要时）及外观的检验。

（4）成品合格证书（或标志）的编号与包装箱编号是否相符。

（5）包装箱上用户名称、地址、邮编及防雨、堆放等标识是否正确。 ◀╌╌┐

（6）按装箱清单核对产品说明书、产品合格证书、附件、备件工具。

要点02：成品入库检验

成品在入库前一定要进行检验，以确保入库品的质量符合企业要求。

1. 检验项目

（1）成品功能。

（2）成品外观。

（3）成品结构。

（4）成品尺寸（安装尺寸、连接尺寸）。

（5）包装及包装物。

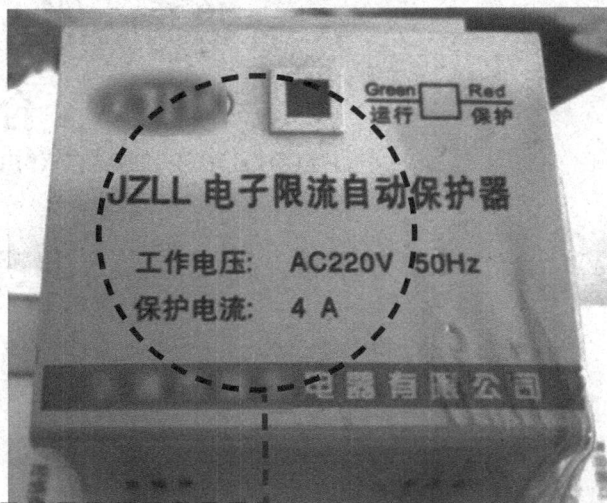

（6）其他易于检验的性能。

2. 检验要求

（1）按照成品标准、检验作业指导书规定的入库验收项目，逐条逐项进行检验，检验工作可参照"成品入库工作流程"进行。

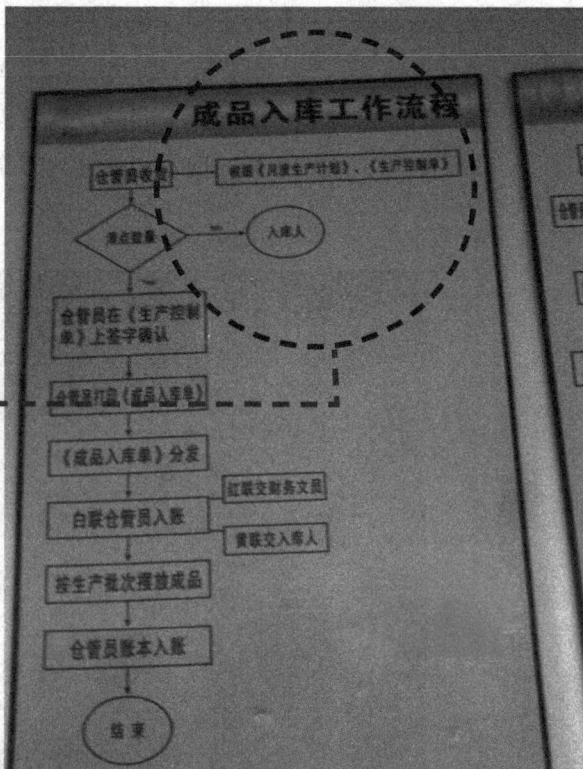

（2）对于随成品供应的附件、备件，应纳入成品验收检验的范围并认真进行检验。

（3）对于成品的包装物与包装质量，应纳入成品验收检验的范围并认真进行检验。

（4）对于成品的合格证（或其他质量证明文件）、随机技术文件，应纳入成品验收的范围进行核对与验收。

（5）成品检验的记录应齐全、准确。

3．检验方法

检验方法应事先规定好，具体方法如下。

（1）数量≤50件时，一般采用全检方式，合格品入库，不合格品退回车间返工。

（2）数量≥51件时，一般采用抽样检验。抽样检验方案如表6-1所示。

表6-1　成品入库抽样检验方案

批量范围（N）	样本大小（n）	判断标准			
		严重不合格品		轻微不合格品	
		Ac	Re	Ac	Re
51～150	20	0	1	1	2
151～500	50	1	2	3	4
501～1200	80	2	3	5	6
1201～3200	125	3	4	7	8
3201～10000	200	5	6	10	11
10001～35000	315	7	8	14	15
35001～150000	500	10	11	21	22

①设批量为N，当$51 \leqslant N \leqslant 150$时，规定样本量$n=20$。

规定判断标准：严重不合格：$(Ac, Re) = (0, 1)$

　　　　　　　轻微不合格：$(Ac, Re) = (1, 2)$

②$N \geqslant 151$时，采用正常检查一次抽样方案（GB/T2828.1–2003），几个主要要素如下。

检查水平：$IL = II$

合格质量水平：严重不合格/$AQL = 1.0$

　　　　　　　轻微不合格/$AQL = 2.5$

4．检验流程

（1）核对待检品。

生产部门将待检品送至成品检验区，检验人员核对入库单与待检品的料号及品名是否相符。

（2）调出成品检验标准。

依成品入库单的料号、品名，调出该产品的检验标准，并准备好必要的设备，按测试程序进行检验。

（3）执行检验。

以每一包装作为一检验批进行抽检，尤其要注意检验其成品标签是否正确张贴。

（4）允收批处理。

检验人员依照检验标准检验后，在允收批上粘贴"允收标签"，并在查检表上填写检验结果。检验人员核对允收数量及品名后，在入库单的品管栏签名或盖章。

（5）拒收处理。

拒收处理应注意以下几个事项。

①检验人员依检验标准检验后，检验批达退货标准时，检验人员即拒收该批，并在该批粘贴"最终检验拒收标签"标识。

②检验人员填写"最终检验抽验不合格品分析表"，随拒收批产品退回生产部门。生产部门收到退货批后，应对退货批进行全检处理，并将不合格原因及改善方式填写在分析表内。分析表如表6-2所示。

表6-2　最终检验抽验不合格品分析表

To:

产品编号		产品名称		产品规格	
检验日期		检验员		原测试者	
不合格现象			回复期限		

（续表）

分析说明： 制造部分析： 制造部：		
责任单位：　□制造部　　□生技部　　□其他 生技部：		
责任单位对策： 责任单位主管：		
返工结果： 制造部主管：		
对策确认： 结案继续追踪检验员：		
分发：　□制造部　　□生技部　　□其他		

③生产部门应先判断不合格原因是否为人为原因，若属人为原因应立即维修或重新生成，若不属人为原因，转由技术部门分析，并由责任部门拟定改善对策。维修应在维修区进行。

④责任部门填妥对策并将不合格品分析表送回检验人员，由检验人员确认改善对策能否有效执行后，生产部门方可进行返工等处理。

⑤检验人员对已处理的退货品进行重新检验。

⑥如检验裁决为允收，则检验人员将"最终检验拒收标签"改为"最终检验允收标签"。若检验裁决为拒收，则维持前述拒收批处理方式。

> **请注意**
>
> 在产品入库前，必须对其包装、功能等进行仔细检验，并做好记录以备核查。

要点03：成品出货检验

出货检验是将仓库中的产品送交客户前所进行的检验，是为了确保送到客户手中的产品没有不合格品。

1. 出货检验的内容

出货检验的内容与入库检验有相似之处，具体内容如图6-1所示。

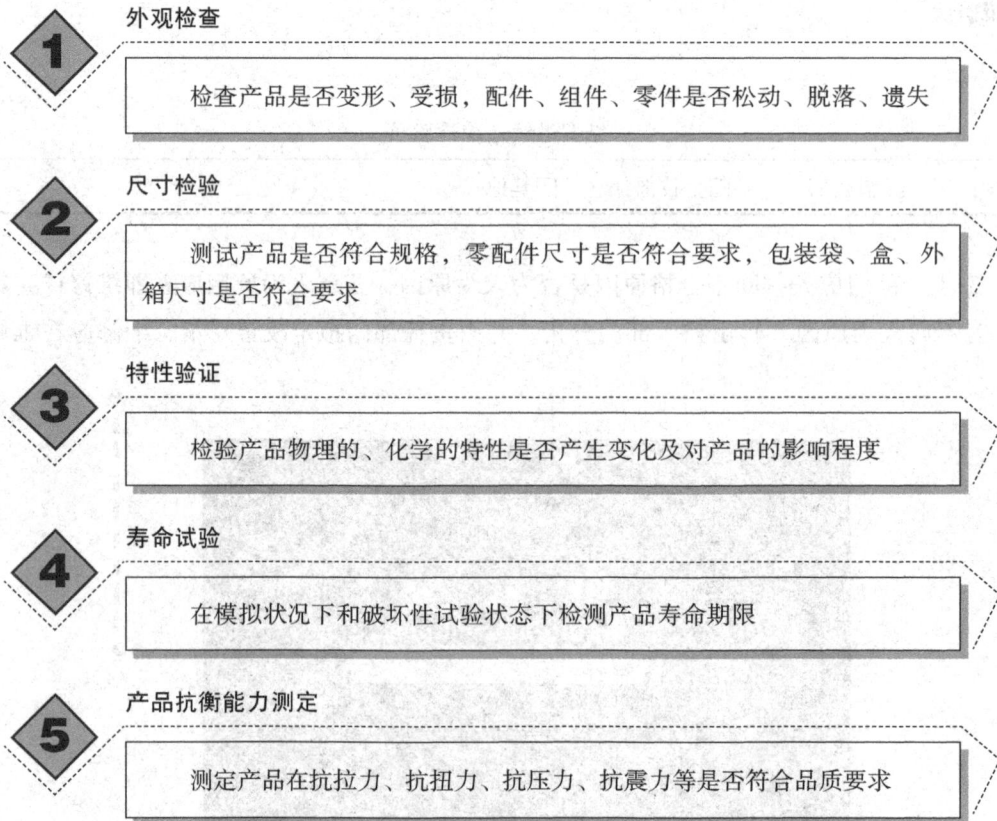

1 外观检查

检查产品是否变形、受损，配件、组件、零件是否松动、脱落、遗失

2 尺寸检验

测试产品是否符合规格，零配件尺寸是否符合要求，包装袋、盒、外箱尺寸是否符合要求

3 特性验证

检验产品物理的、化学的特性是否产生变化及对产品的影响程度

4 寿命试验

在模拟状况下和破坏性试验状态下检测产品寿命期限

5 产品抗衡能力测定

测定产品在抗拉力、抗扭力、抗压力、抗震力等是否符合品质要求

6 产品包装和标识的检查

（1）检查产品的包装方式、包装数量、包装材料等是否符合要求
（2）检查标识纸的粘贴位置、书写内容是否规范
（3）检查纸箱外包装是否有品检"PASSED"印章

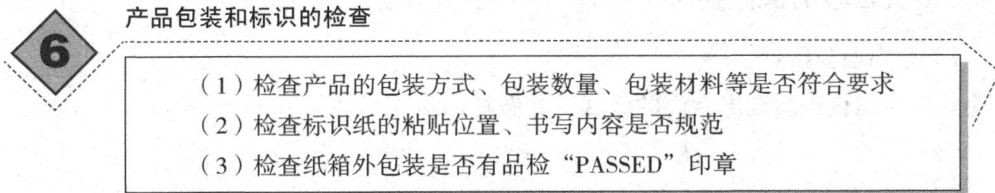

图6-1　出货检验的内容

2．出货检验的适用情形

如果产品在入库前已经进行了严格的检验，一般无需进行出货检验。但以下情形需要进行出货检验。

（1）仓库储存环境（如温度、湿度）对产品有影响时，则需进行出货检验。

（2）对保质期有要求的行业，如食品业，必须进行出货检验。

3．出货检验的程序

出货检验的一般程序如图6-2所示。

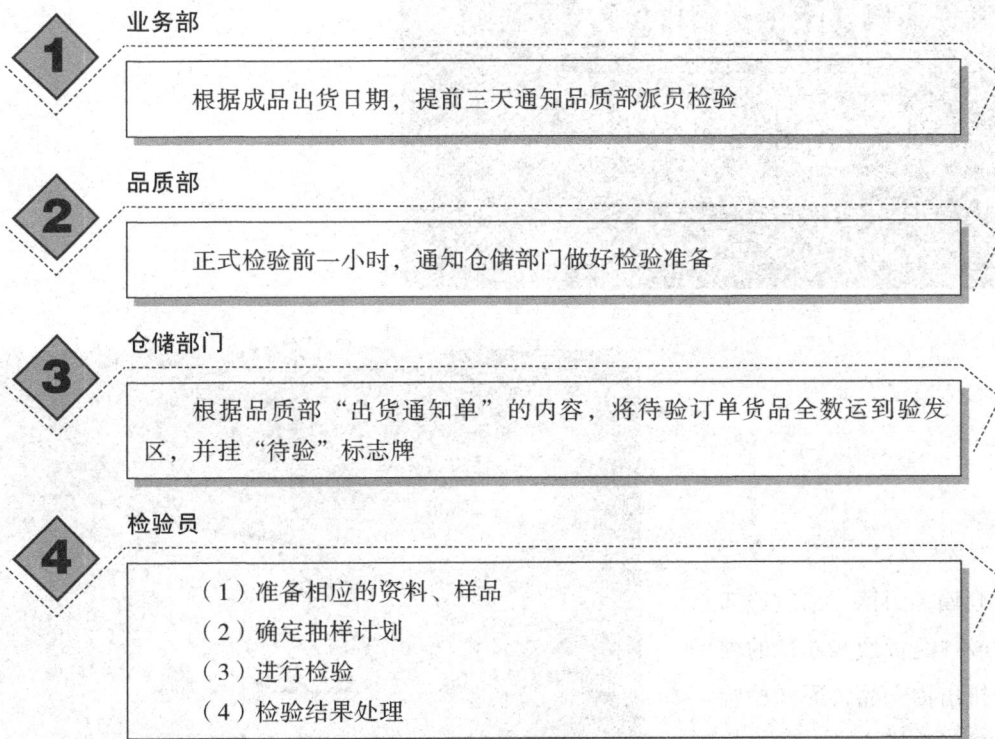

1 业务部

根据成品出货日期，提前三天通知品质部派员检验

2 品质部

正式检验前一小时，通知仓储部门做好检验准备

3 仓储部门

根据品质部"出货通知单"的内容，将待验订单货品全数运到验发区，并挂"待验"标志牌

4 检验员

（1）准备相应的资料、样品
（2）确定抽样计划
（3）进行检验
（4）检验结果处理

图6-2　出货检验的程序

4. 出货检验的操作要点

（1）划出检验区域。

企业应为出货检验划出专门的区域，并做好标示。

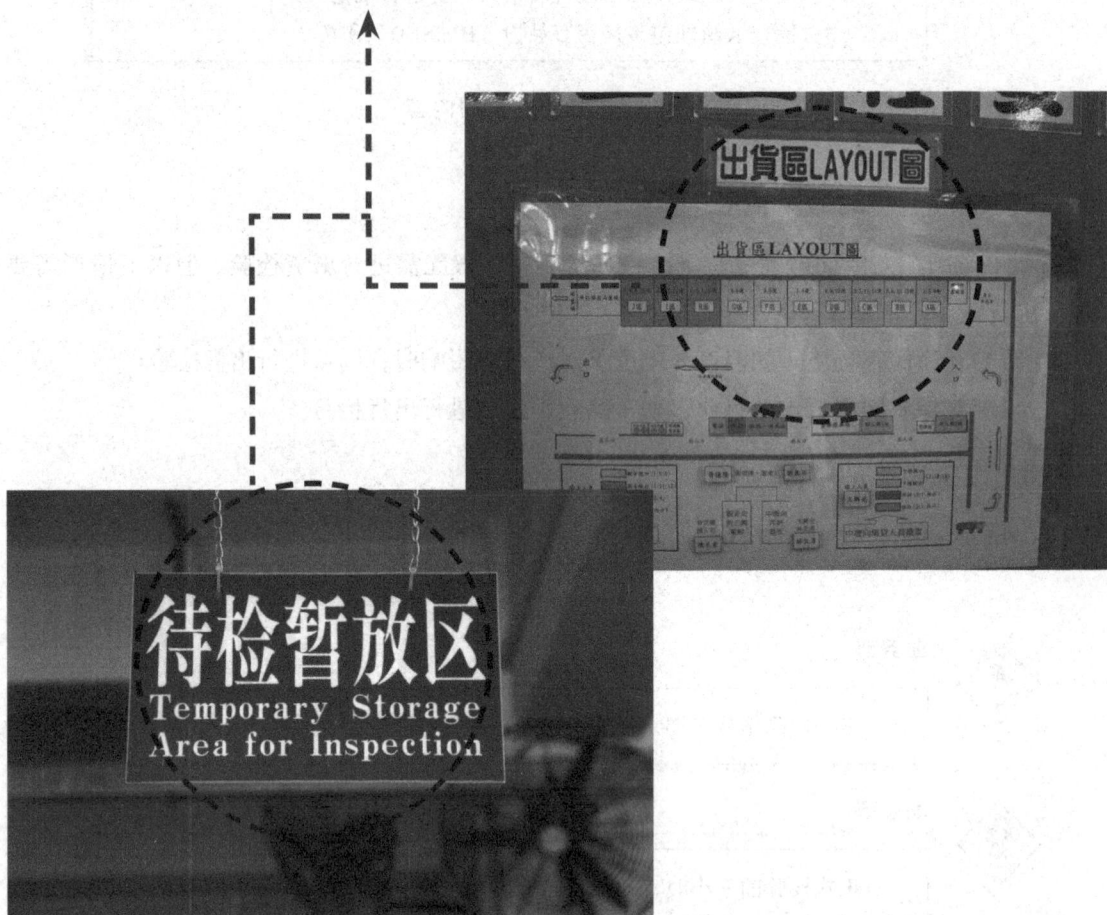

（2）安排检验。

仓储部门依"出货通知单"或"提货通知单"的内容安排出货产品，通知检验人员进行出货检验。"出货通知单"如表6-3所示。

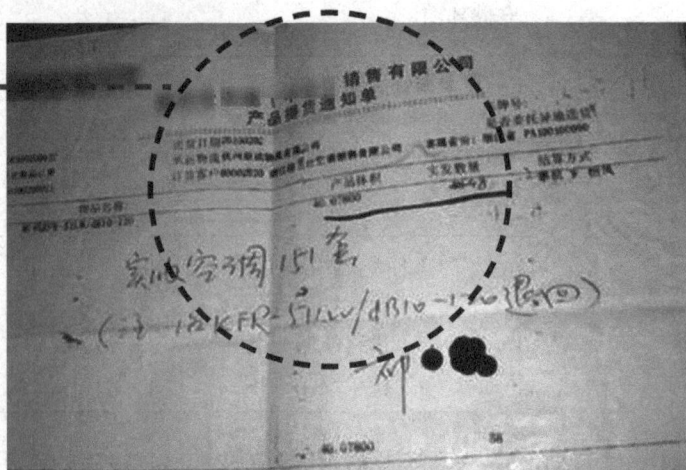

表6-3　出货通知单

□样品编号：
□成品日期：

成品出货日期：		
成品名称：	数量：	
包装情形：		
批示：	收货厂商：	
	地址：	

（3）不合格品的判定。

检验人员应根据产品品质检验标准判定抽检中出现的不合格品数量，对无法判定的产品，可填写"品质抽查报告"连同不合格样品交品质主管判定。检验人员根据最终判定结果确定不合格品处理意见。"品质抽查报告"如表6-4所示。

表6-4　品质抽查报告

日期：

产品编号		产品名称		产品型号		数量	
检验项目		检验结果			判定		
异常描述：							
检验员：							

（4）检验结果的判定与标识。

检验人员根据不合格品的确认结果，判定该批产品是否允收。

①对允收产品，在其外箱逐一盖"PASSED"之类的印章，并通知仓储部办理入库。

② 对拒收产品，检验人员应给其贴上"不合格"标签，挂"待处理"牌。仓储部门不得擅自移动此类产品。

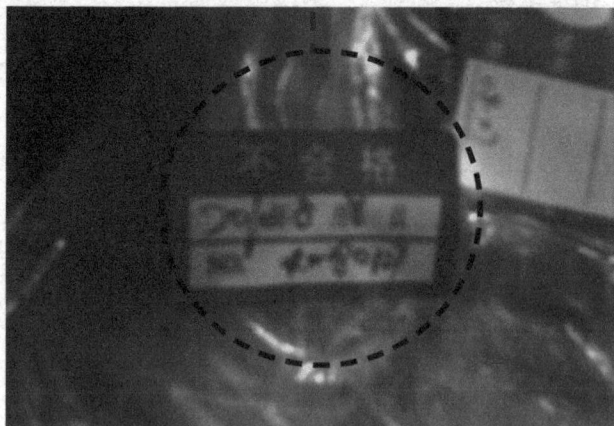

（5）产品的补救和返工、返修、报废。

品质部门根据检验结果确定送检批产品的允收情况，并书面通知生产部门进行补救、返工、返修直至报废等处理。

（6）检验记录。

① 检验人员检验记录。

检验人员在完成所有检验后，应及时填制"成品出货检验报告"（见表6-5）或"出货检验记录表"（见表6-6），交品质主管签批，并将此期间产生的所有表单一起交品质部存档，检验人员只保留工作日志。

表6-5 成品出货检验报告

客户		订单号		产品名称		产品编号		产品型号	
出货数量		出货箱数		检查数		生产拉			
问题描述		轻微		严重		极严重			
备注：									

	AQL	ACC	REJ	FOUND	核对箱唛是否正确	正唛：□正确 □错误
致命缺陷						
主要缺陷						侧唛：□正确 □错误
次要缺陷						
结果判定：□合格接受 □不合格拒收						
检验员：		核准：		日期：		

表6-6 出货检验记录表

客户	品名	型号	出货数量	出货箱数	检验箱数	检验项目					不良状况说明
						外观	尺寸	性能	唛头	包装	
总计						确认：					
						检验员：					

②客户检验员检验。

如有客户要求进行自行检验时，由品质部派员陪同，检验程序同检验人员检验一样，但要使用"客户检验记录单"（如表6-7所示），检验完成后，由陪同的检验人员将"客户检验记录单"（一式两份）交品质主管签名，一份由品质部门自行保存，另一份交客户检验员。

表6-7 客户检验记录单

客户名称：		客户型号：		本厂型号：		检查数量：	
检查项目	标准	方法		检查结果		不合格描述	
				合格	不合格		

（7）检验结果统计。

检验工作结束后，检验人员应对检验中发生的不合格状况进行统计，制作统计清单，以全面掌握库存不合格品的现状。

　　通过学习本章内容，想必您已经掌握了不少学习心得，请仔细填写下来，以便继续巩固学习。如果您在学习中遇到了一些难点，也请如实写下来，方便今后重复学习，彻底解决这些难点。

　　同时本章列举了大量实景图片，与具体的文本内容互为参照和补充，方便您边学边用，请如实填写您的运用计划，以使工作与学习相结合。

我的学习心得：

1. _____
2. _____
3. _____
4. _____
5. _____

我的学习难点：

1. _____
2. _____
3. _____
4. _____
5. _____

我的运用计划：

1. _____
2. _____
3. _____
4. _____
5. _____

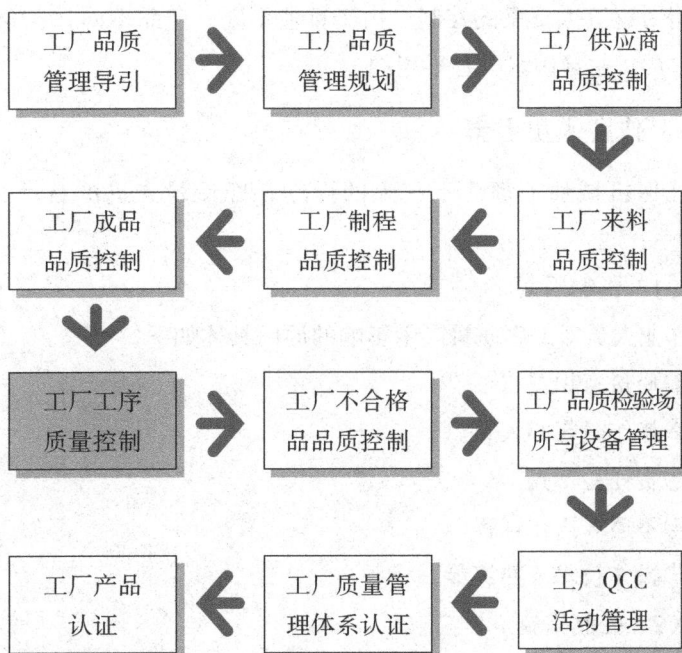

第7章

工厂工序质量控制

导视图

工厂品质管理导引 → 工厂品质管理规划 → 工厂供应商品质控制

工厂成品品质控制 ← 工厂制程品质控制 ← 工厂来料品质控制

工厂工序质量控制 → 工厂不合格品品质控制 → 工厂品质检验场所与设备管理

工厂产品认证 ← 工厂质量管理体系认证 ← 工厂QCC活动管理

工序是产品制造过程的基本环节，一般包括加工、检验、搬运、入库四个环节。工序质量控制就是为了把工序质量的波动限制在要求界限内所进行的质量控制工作。工序的质量控制直接关系着企业最终产品的质量。

要点01：工序质量影响因素控制

影响工序质量的因素主要有：Man（作业人员）、Machine（机器设备）、Material（材料）、Method（工艺方法）、Environment（环境），简称4M1E。对工序质量的控制，事实上就是对这五大要素的控制。由于行业不同、产品不同，各企业的工序条件也不一样，因而工序的"主导因素"各不相同。

1．作业人员因素

任何机械加工都离不开人的操作，即使最先进的自动化设备，也需要人去操作和控制。

（1）影响因素。

作业人员对工序质量产生影响的原因具体如下。

①质量意识差。

②操作时粗心大意。

③责任心不强。

④不遵守操作规程。

⑤操作技术不熟练等。

（2）控制措施。

企业针对作业人员失误的预防和控制措施如下。

①进行岗位技术培训，使作业人员熟悉并严格遵守操作规程。

②加强自检和首检工作。

③加强质量意识教育，提高员工的责任心，并建立质量责任制。

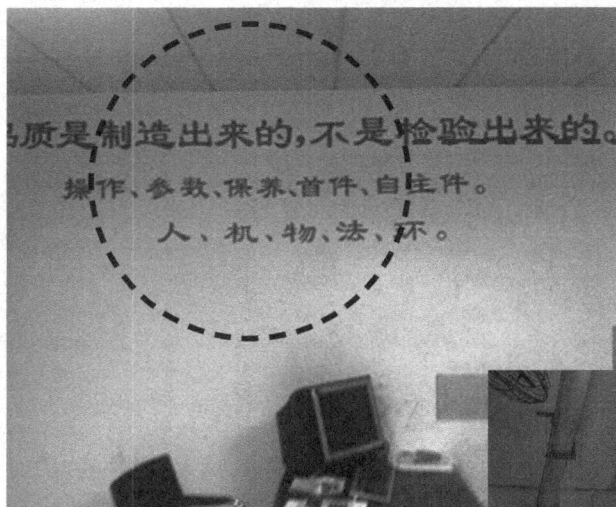

④采用先进的自动工艺方法，减少对作业人员的依赖。

⑤广泛开展质量管理小组活动，促使作业人员自我提高和自我改进。

2．机器设备因素

（1）影响因素。

运行正常的机器设备是保证工序生产出符合质量要求的产品的主要条件之一。

机器设备的精确度、稳定性和性能可靠性，配合件的间隙，定位装置的准确可靠性以及故障、老化等都会直接影响工序质量特性的波动幅度。

（2）控制措施。

控制机器设备质量波动的措施具体如下。

①加强设备维护保养，使设备保持整齐、清洁；定期检测设备的关键精度和性能项目，建立设备日点检制度。

②采用首件检验，核实工艺装备定位安装的准确性。

③尽量采用定位装置的自动显示系统。

3. 加工材料因素

（1）影响因素。

①加工材料质量不佳。

②加工材料质量不匹配。

（2）控制措施。

采取的主要控制措施有加强材料的检验、提高材料的精度、合理安排材料加工工序等。

4. 工艺方法因素

（1）影响因素。

制定的工艺方法、选择的工艺参数和工艺装备等的正确合理性、贯彻执行工艺方法的严格程度等，都会对工序质量产生影响。

（2）控制措施。

①制定正确、合理、先进的工艺方法，并绘制工艺流程图。

②优化工艺参数，保证加工质量，提高生产效率。

③保持工艺装备精度，做好维修工作并进行周期检定，加强对刀具的保管。

④对关键工序采用控制图管理。

⑤严格督促员工遵守工艺纪律，对操作规程的执行情况进行检查和监督。

5. 环境因素

环境是指生产现场的温度、湿度、震动、噪声、照明、室内净化和现场污染程度等。由于生产产品的工序

请注意

工序的质量控制直接影响到产品的质量，要针对不同的因素采取不同的控制措施。

不同，所需环境条件也不相同，应根据工序要求选择相适应的环境条件。

要点02：工序管理

工序管理就是运用各种方法对某一工作流程的具体过程进行控制，以缩短整个流程的用工时间并减少成本、提高效率。

1. 工序管理的内容

（1）规定产品质量标准及有关完成方法的各项规程，并明确各道工序的管理负责人及管理项目。

（2）通过培训，使员工能够运用符合标准的操作方法。

（3）将生产的结果画在控制图上，检查工序的稳定状态。

（4）发现异常时，围绕问题开展质量管理小组活动，采取有效措施防止异常再次出现。

2. 工序管理的步骤

（1）制订计划。

为了生产出符合质量设计和质量规格的产品，必须制订相关计划，明确用什么样的材料、什么样的设备、什么样的方法和条件进行生产。

（2）认真贯彻操作规程。

工序管理的重点就在于督促作业人员忠实地执行操作规程，按规定进行操作。在"三定"（定人、定机、定工种）的基础上，实行"三按"（按标准、按图纸、按工艺）生产，严格执行工艺纪律，对违纪人员要严肃处理，对作业人员这个"主导因素"重点加以控制，确保工序质量。

操作规程

（3）检查操作规程的贯彻情况、操作方法和作业效果。

工序中使质量变动的原因多与4M1E有关，其中影响较大的，应在操作规程中明确其产生的条件。

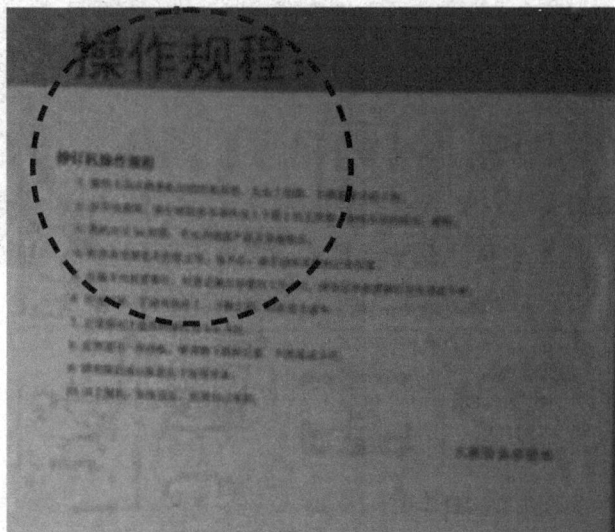

在检查操作方法等是否正确的同时，还要在工序各处检查操作的结果，也就是检查质量管理的项目或管理特性值，以达到早期发现异常的目的。

在生产中实行"三检制"（自检、互检、专检），检查工序必要的操作，将质量状况记录在控制图上，这样才能保持工序的稳定状态。

3．工序异常的应对措施

当发现工序异常时，不仅要对工序或产品尽早进行处理，还要查出工序异常的原因，采取措施防止异常再次出现。对异常情况进行处理时，应考虑到以下几点。

（1）是否还应继续生产。

（2）异常的原因在何处，如何及早发现并排除异常。

（3）对发生异常后生产的产品，如何做好检查、分选、修理等善后工作。

（4）应该采取哪些措施防止异常状况再次出现。

上述前两项是针对工序的，第三项是针对产品的，可是，只采取第一至第三项的措施是避免不了异常再次发生的，这就需要进一步查找原因，采取防止异常重复出现的措施。

> **请注意**
>
> 有些解决工序异常的措施不是生产部门能独自实施的，需要工艺、设备、工具、生产、检验、质量管理等有关部门予以配合。

4．工序管理的具体做法

在工序管理中，经常会用到控制图对其进行管理。

（1）步骤。

用控制图进行工序管理的一般步骤如下。

①确定控制图的特性值。

②选定控制图，确定抽样及测定方法。

③收集某一时期的数据，制作分析用控制图。一方面注意分层、分群，另一方面检查工序是否处于受控状态。如有必要，还要运用专业技术、假设检验、参数估计、相关统计方法等进行工序分析。如有控制界限以外之点，要查明波动原因，使控制图标准化。

④当已确定标准时，用各个数据做成直方图。与标准比较后，如果不能达到标准，应采取提高工序能力的措施，并重新收集数据制作直方图。

⑤控制图基本上能反映控制状态，直方图又能达到标准要求，应把分析用的控制图的控制界限线延长，使它成为工序控制用的控制图的控制界限线。

⑥将以后加工的工件特性值数据点在图上。

⑦画在图上的点，如有出界的，应立刻查明原因，切实采取措施。

经过以上的步骤，可以使工序处于受控状态，稳定地生产出合格产品。

（2）检查控制图。

对工序控制用的控制图要每年、每半年或每季度进行一次检查。检查内容包括以下几项。

①用它管理什么样的工作。

②特性值是否合适。

③去除异常、调节、检查三者之间有无混乱不清。

④控制图使用的控制标准是否合适。

⑤异常出现的情况有无变化。

⑥采取处理措施的标准是否合适，有无改善的必要，处理结果是否良好。

⑦现在使用的控制图的种类、控制界限、分解方法、取样间隔以及测定方法等是否都合适。

⑧这个控制图是否还可继续使用。

⑨工序能力有无变化。

⑩操作规程修订得是否合适。

要点03：工序质量检验

工序质量检验是指在生产现场通过作业人员的自检、检验人员的专检，同时根据数据分析工序质量状况，及时采取措施，以防止不合格品的产生。

1. 工序质量检验的形式

工序质量检验通常有三种形式：首件检验、巡回检验、工序末检验。

（1）首件检验。

首件检验是在生产开始时或工序因素调整后（换人、换料、换岗、换工装、调整设备等）对制造的第一件或前几件产品进行的检验，目的是尽早发现生产过程中影响产品质量的系统因素，防止产品成批报废。进行首件检验时要填写"关键工序首件检验记录表"，具体如表7-1所示。

表7-1 关键工序首件检验记录表

编号：

订单号	产品号	零件号	工序号	数量	日期

（续表）

图示尺寸		实测结果			
		自检结果	结论	专检结果	结论

自检人：_____ 年___月___日　　　　检验员：_____ 年___月___日

（2）巡回检验。

巡回检验是指检验人员在生产现场按一定的时间间隔对有关工序的产品和生产条件进行监督检验。它不仅要抽检产品，还要检查影响产品质量的生产因素（4M1E：人、机、料、方法、环境）。巡回检验以抽查产品为主，而对生产线的巡回检验应以检查影响产品质量的生产因素为主。

（3）工序末检验。

工序末检验是在全部加工活动结束后进行的检验。其主要目的是验证前面各工序的检验是否准确，检验结果是否符合要求，即对前面所有的检验数据进行复核。

2．工序质量检验的要点

（1）产品缺陷分级。

进行产品缺陷分级能够为工序质量检验工作提供判断标准。根据严重程度，产品缺陷可分致命缺陷、重大缺陷、轻微缺陷三级，分级方法如表7-2所示。

表7-2　产品缺陷分级表

缺陷等级	对安全的影响	对精度、性能的影响	对可靠性的影响	对外观的影响	对企业信誉的影响
致命缺陷	对使用、维修和保管产品的人有致命的危险	特别严重	易产生重大故障，严重影响产品的正常使用	特别严重	特别严重
重大缺陷	易使产品出现严重故障	较大	较大	较大	较大
轻微缺陷	轻微或几乎没有	轻微或几乎没有	轻微或几乎没有	轻微或几乎没有	轻微或几乎没有

（2）编制检验作业指导书（卡）。

检验作业指导书（卡）是具体规定工序质量检验操作要求的技术文件，其目的是为主要产品及其零部件和关键作业过程的检验活动提供具体的操作指导。

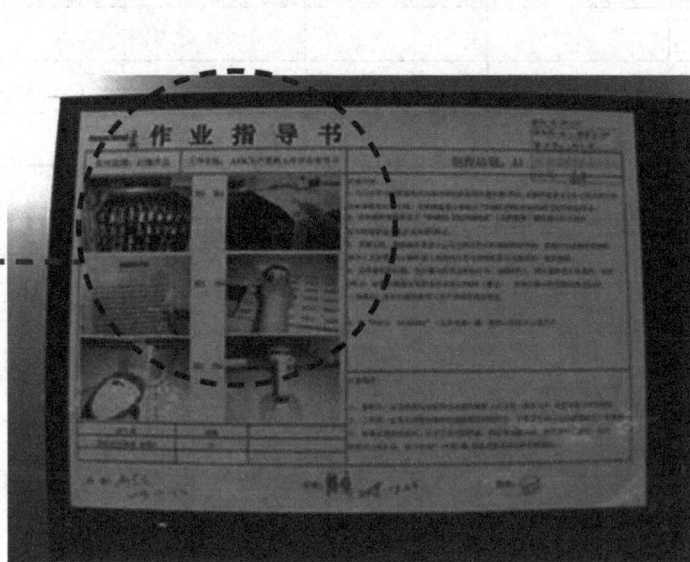

检验部门按工艺要求和缺陷等级编制检验作业指导书（卡），指导书（卡）形式多样（如加工和组装工序等），其内容一般包括检验对象、质量特性值、检验方法、检测手段、检验判定、记录和报告以及其他说明等。

其中，检验方法主要有化验、测量、试验、功能检查等，检验类别分为全数检验和抽样检验。"工序质量检验作业指导书"的样式如表7-3所示。

表7-3　工序质量检验作业指导书

设备型号	指导书编号		加工部位	工具编号	工具名称	进刀量（mm）	次数	转速（r/min）	切削速度（m/min）	进给量（mm/min或mm/r）	换工具条件	准备时间
设备名称	工序号											换刀时间
夹具编号	零件编号	工序名称										单件工时

（续表）

设备型号		指导书编号		加工部位	工具编号	工具名称	进刀量（mm）	次数	转速（r/min）	切削速度（m/min）	进给量（mm/min 或 mm/r）	换工具条件	准备时间
夹具名称	零件名称	加工部位											班产定额（件）
简图：	特别要求事项：												切削液

工序质量控制点表

序号	项目	内容	代号	检查项目	加工精度		测量工具		测量频次			重要度	管理手段
					最佳调整尺寸	工艺要求	名称	编号	自检	首检	巡回检验		
													（ ）

注：（1）检查频次　　（2）重要度
全：百分之百检查　　a：关键
1/N：N件检一件　　b：重要
N/D：日（班）检N件　　c：一般
N/M：月检N件
（3）管理手段　　（4）首检
a：控制图　　A：开始工作时
b：计量用表　　B：磨换刀具时
c：记录用表　　C：调修机床工装
d：不用记录　　D：换工序时

审批　　组长　　编制

（3）具体检验作业。

①作业人员按操作指导书（卡）自检、自记。对首件必须及时检查，并在生产中按规定抽样、检验、标记，及时剔除不合格品，并将其隔离存放。检验结果记入"工序质量检验记录表"中，具体如表7-4所示。

表7-4　工序质量检验记录表

零件号		工序号		车间		操作者	
零件名称		工序名称		班组		检验员	

（续表）

序号	首检			自检				专检				
	时间	项目要求	检测结果	复检	自检结果	自检数量	不合格品现象及原因	时间	抽检	抽检数量	不合格品数	签章

②检验人员对作业人员自检的首件必须进行复检，并按检验作业指导书（卡）的规定进行巡回检验，将结果记入检验记录表并签章。

③检验人员应对文明生产、工艺纪律等规范的执行情况进行监督。

（4）检验后的处理。

检验人员或检验部门将检测结果与有关检验标准进行比较判断，对不合格品及时提出处理意见。

要点04：工序质量信息控制

工序质量信息是开展工序质量控制工作的主要依据，通过对工序质量信息进行管理，可以使信息的收集、整理、传递、处理工作变得准确及时。

1．工序质量信息的来源

（1）作业人员自检得到的结果及发现的质量问题。

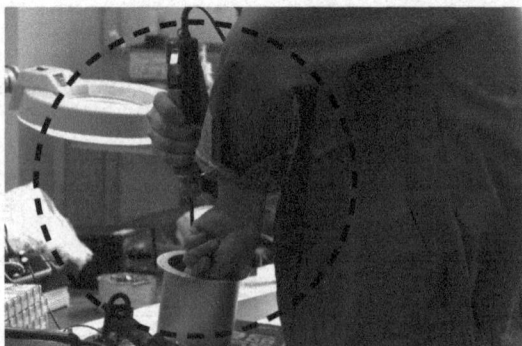

（2）检验人员在生产过程中得到的检验结果及发现的质量问题。

（3）下道工序、其他工段、车间及使用者等反映的质量信息。

（4）其他人员（工艺人员、班组长、车间主任等）掌握的质量信息。

请注意

工序质量信息的来源非常广泛，相关人员必须做好信息的收集工作，这对有效地进行工序质量控制具有非常重要的作用。

2．工序质量信息的处理

（1）日常信息处理。

将每日、每月、每季的质量信息按时进行整理、分析和处理，并填入相应的反馈表中。反馈表的样式如表7-5所示。

表7-5　质量信息反馈表

反馈部门		制表		反馈表编号	
		审核			
反馈部门要求	序号	反馈内容	要求效果	责任部门	要求时间
品质部门意见				质量计划调度通知编号	
责任部门意见			签字：		

（2）突发信息处理。

对突发性质量信息应及时进行分析、处理，并填写相应表格，具体如表7-6所示。

表7-6　突发信息处理反馈表

反馈部门		制表		反馈表编号	
		审核			
突发事件描述					
		发现人：			
紧急处理对策					
		签字：			
责任部门意见					
		签字：			

（3）品质部应填写反馈汇总表和反馈登记台账，随时掌握质量信息，做好协调、分析、处理、监督工作。质量问题反馈汇总表和质量信息反馈登记台账如表7-7和表7-8所示。

表7-7　质量问题反馈汇总表

序号	反馈部门	反馈项目及内容	项目要求	要求完成时间
1				
2				
3				
4				
5				
…				
品质部	信息处理	制表	___年__月__日	质量计划调度通知编号
	检验员	审核	___年__月__日	
接受单位		收表人	___年__月__日	反馈表编号

表7-8 质量信息反馈登记台账

序号	反馈部门	反馈时间	信息内容及要求	要求解决时间	责任部门	接收人签字	信息处理结果及返回时间	调度处理	
								调度单号	措施计划号

要点05：工序质量控制点管理

工序质量控制点是指为了使工序处于良好的受控状态以保证达到规定的产品质量要求，在制造现场采取特殊的管理措施和方法进行重点控制的质量特性、关键部位、薄弱环节以及影响因素等。

1. 工序质量控制点的设置

（1）工序质量控制点的对象。

工序质量控制点的设置即确定质量控制点的对象，这个对象一般为以下两种。

① 一道工序加工出来的产品或零件的某一项特性值，如性能、精度、粗糙度、硬度等。

② 一道工序的关键特性或重要的工艺条件，如铸造中的铁水温度，造型中的型砂透气性、水分等，机械加工中的尺寸精度、形状精度和位置精度等。

（2）设置工序质量控制点。

设置工序质量控制点一般应

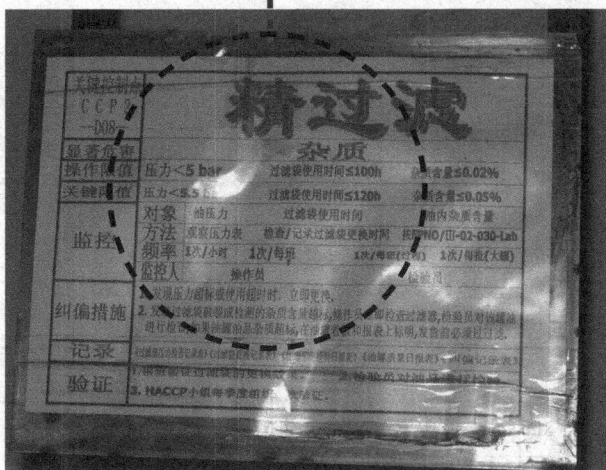

遵循以下原则。

①选择对产品的性能、精度、寿命、可靠性和安全性等有直接影响的关键项目和关键部位。

②选择工艺上有特殊要求，对下道工序加工、装配有重大影响的项目。

③选择质量信息反馈中发现的不合格品较多的项目或部位。

2．工序质量控制点的管理要求

（1）对于设计、工艺要求的关键、重要项目，必须长期进行重点控制。

（2）对于因工序质量的不稳定、用户反馈情况所建立的控制点，经技术改进、加强管理后，若其得到了控制，保证了质量特性要求，控制点可以撤销，转入正常的管理范畴。

3．确定与实施质量控制点管理

（1）由工艺部门组织有关车间的作业人员、技术人员、品质检验人员等进行工序分析，找出影响工序质量的各项因素，编制时要做好记录，要将分析的经过记录在"工序质量分析表"中，具体如表7-9所示。

表7-9　工序质量分析表

工序分析用纸（A）Na1									
略图：					图号				
					品名				
					材质：		每台个数：		
					制作台数：		制作个数：		
					调查者：				
					调查时间：				
个数	距离一次 距离×次数 总距离	时间一次 时间×次数 总时间	工序 符号	工序	作业者	机械设备	测量器具	容器放置 方法	改善要 点、其他

（2）通过分析，从影响工序质量的各项因素中找出对工序影响最关键的几个因素，将其列为工序质量控制点。

（3）由工艺部门负责设计、绘制各工序质量控制点的"作业指导书"，明确该控制点的特性、质量要求、检查方式、测量工具等。

（4）由工艺部门对工序质量控制点进行汇总与统计，编制"工序质量控制点明细表"，具体如表7-10所示。

表7-10 工序质量控制点明细表

产品名称：　　　　　　　　　　　　　　设备：

序号	零件号及名称	工序号	控制点编号	控制点名称	技术要求	检测方式	检测工具	检验频次	质量特性分级			管理手段
									A	B	C	
1												
2												
3												
4												
5												
...												

（5）由工艺部门制定"工序质量控制点管理办法"及"工序管理制度"等，以方便对工序质量控制点进行规范化管理。

以下为某公司的质量控制点管理办法示例，供读者参考。

【参考范本】××有限公司质量控制点管理办法

××有限公司质量控制点管理办法

1. 目的

本办法规定了质量控制点的分类、设点条件和程序以及质量控制点的信息处理、审核评价和奖惩。

2. 质量控制点分类

2.1 以质量特性值设的质量控制点，适合批量生产。

2.2 以设备设的质量控制点，适合单件设备加工。

2.3 以工序设的质量控制点，适合热加工和热处理等。

3. 管理组织

质量控制点管理归口部门为工艺处、锻冶处。各分厂设兼职质量管理员负责控制点的管理。

4. 质量控制点的设置

凡符合下列条件之一者，应设置质量控制点。

（1）根据质量特性重要度分级，对A级的质量特性必须设置控制点，而且是永久的。

（2）工艺上有特殊要求，或对下道工序有较大影响者。

（3）质量不够稳定，加工中发现的不合格品较多的工序和部位。

（4）质量反馈发现的对用户有重大影响的产品和项目。

5. 建立质量控制点的程序

5.1 确定质量控制点，编制质量控制点明细表。

5.1.1 设计部门和工艺部门组织有关人员根据产品质量特性进行质量特性分级。

5.1.2 工艺部门牵头组织有关单位，根据质量特性分级建立质量控制点，编制工序控制点明细表。

5.2 编制质量控制点有关文件。

5.2.1 工艺部门负责绘制质量控制点流程图，组织分厂有关人员进行工序分析，找出影响控制点质量特性的主要因素，编制工艺质量分析表。

5.2.2 以上所列文件由主管工艺部门领导审查。

5.2.3 工艺部门将已经审查批准的工艺文件分发有关部门。

5.3 设备、工具、计量等部门负责根据工序质量分析表中与本部门有关的主导性要素编制设备周期点检卡、工装周检卡和计量仪器周检卡，并制定管理办法。

6. 工序质量控制点的信息与处理

6.1 工序质量控制点的有关质量信息，由分厂质管员负责收集、整理、反馈。

6.2 有关设备、工具、供应等部门的质量信息，反馈到各主管部门，并同时上报工艺部门。

7. 质量控制点审核评价

7.1 每季对各质量控制点活动情况进行审核评价。

7.2 质量控制点的审核，以建点前后质量状况和工序能力指数大小为主要依据。

7.3 审核质量控制点各种文件是否完备，能否正确地指导质量控制点活动的开展。

7.4 能否正确运用各种质量管理工具。

7.5 调查工序能力指数，是否真正满足产品质量要求。

7.6 工序能力验证结合评审每季度进行一次。

8. 考核与奖惩

8.1 考核标准如下表所示。

工序质量控制点考核标准

控制点类型 项目	优秀控制点	合格控制点	不合格控制点
工艺贯彻率	100%	100%	低于100%
一次交验合格率	高于该工序规定1%	达到该工序规定	低于该工序规定
工艺纪律考核分数 （以生产班组工艺纪律细则为依据）	96分以上	90～96分	低于90分
控制文件、原始记录	齐全、正确	正确，1～2项记录欠完善	3项及以上的原始记录不完善
质量审核评价	合格	合格	不合格

8.2 考核办法。

8.2.1 工艺处每旬检查一次，有原始记录及考核分数。

8.2.2 工艺处每月汇总计算各项指标完成情况（平均值），并向质管处反馈。

8.2.3 全年有10个月达优秀控制点或合格控制点标准，则该控制点可评为优秀控制点或合格控制点，否则为不合格控制点。

8.3 奖惩办法。

8.3.1 年度考核被授予优秀控制点，奖金不少于100元。

8.3.2 月度考核为不合格控制点，对该控制点罚款50元，并在经济责任制考核时扣单位2分；年度考核为不合格控制点，对该控制点罚款100元，同时控制点组长不得评为优秀员工。

9. 检查本标准

由工艺处负责组织检查，检查结果报主管领导，质管处和企管处。

（6）由工艺部门与生产部门、品质部门等相关部门进行沟通交流，或对其进行教育培训，使其熟知各工序质量控制点，以方便其开展生产、质量检验工作。

要点06：工序改善

工序改善就是指提高产品质量和产品合格率，减少不合格品，使工序能力得以进一步提高的活动。

1．工序改善的对象

工序改善的对象根据其特征一般分为两类，具体内容如表7-11所示。

表7-11　工序改善的对象

类型	内容	特点
偶发性的质量缺陷	系统性因素造成的质量突然恶化需要采取措施加以消除，从而防止同一缺陷再次发生，使工序处于可控制状态	对产品质量的影响大，产生的原因明显，易于采取措施予以消除
经常性的质量缺陷	长期性因素引起的质量变化，会使工序质量长期处于不利的状态，因而需要采取另一些措施来改变现状，使之达到新水平	对产品质量的影响不明显，产生的原因复杂且不易被人发觉，但长时间下去就会影响企业的经济效益

2．工序改善的步骤

（1）调查并分析工序现状。

了解工序现状是开展工序改善工作的前提，因此改善人员首先要对工序现状进行调查与分析。调查分析的内容主要是与该工序及其产品有关的各类数据，调查的方法包括查检表、散布图等，通过调查分析能够掌握产品质量特性与生产工序之间的因果关系。

（2）找出工序问题点。

经过调查与分析之后，可以找出导致产品质量不合格的工序，或对产品质量有较大影响的工序，将其设为问题点。

（3）制定与实施改善方案。

相关人员应对发现的问题点进行研究讨论，找出其产生的主要原因，并制定改善方案。方案中应确定从事改善工作的人员及其分工，并确定改善的期限，制定改善用的临时标准，然后按照改善方案开展改善工作。

（4）确认改善效果。

①对改善效果进行检查。

②如断定有效果，就把临时标准改为正式标准，以此管理工序。

③如果效果不够理想，就再进行调查分析并再采取措施，如此反复进行。

（5）提出改善报告。

改善责任人要针对改善效果提出正式报告书，并将它作为技术档案保存。在报告书中，要说明改善的目的、改善的结果、责任人、期限、调查分析方法、取得效果的技术经济分析和对策以及今后需进一步改进的问题等，具体样式如表7-12所示。

表7-12　工序改善报告书

工序号		改善期限		责任人	
工序现状与问题：					
改善目的：					
改善的结果：					
改善的分析方法：					
效果的技术经济分析及对策：					
还需进一步改进的问题：					

3．工序改善时的注意事项

（1）检查数据的真实性。

不正确的数据，即使用高精度的分析方法，所得的结果也是无用的，有时甚至会带来弊病。因此，改善人员需要通过检查抽样方法和测定方法等来验证数据的真实性。

（2）开展改进提案活动。

企业应通过改进提案活动，鼓励员工自发觉工序中存在的问题，并就其进行提案。企业可以设置专门的改进提案看板进行管理。

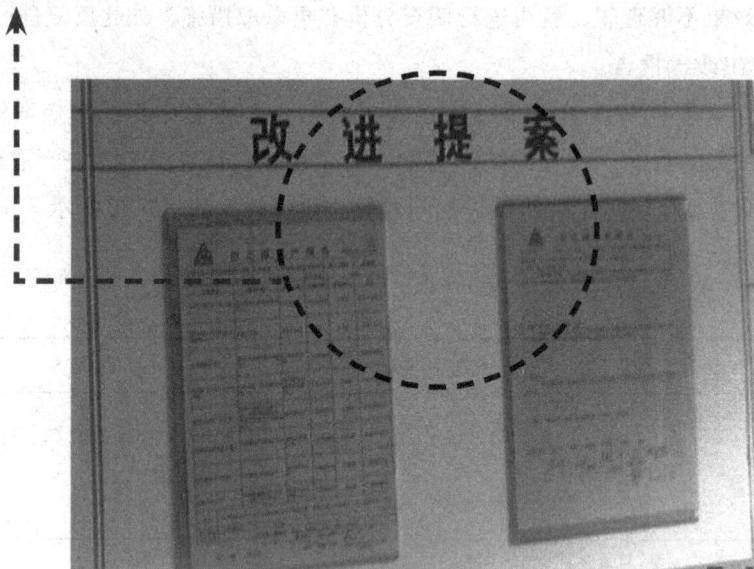

（3）要充分理解分析方法。

各种分析方法各有其特有的运用前提条件和运用范围，不要搞错计算步骤，以免影响对结果的分析。为此，改善人员必须充分理解分析方法，这样才能有效地将其运用到工作中。

（4）当得出与过去经验不同的结论时，应检查以下几项内容。

①采用的分析方法是否正确？

②计算有无差错？

③找到的问题点是否准确？

④对结论的理解是否错误等？

（5）改善结论采用通俗易懂的日常用语进行表达。

学习笔记

通过学习本章内容，想必您已经掌握了不少学习心得，请仔细填写下来，以便继续巩固学习。如果您在学习中遇到了一些难点，也请如实写下来，方便今后重复学习，彻底解决这些难点。

同时本章列举了大量实景图片，与具体的文本内容互为参照和补充，方便您边学边用，请如实填写您的运用计划，以使工作与学习相结合。

我的学习心得：

1. ＿＿＿＿＿＿＿＿＿＿＿＿＿＿＿＿＿＿＿＿＿＿＿
2. ＿＿＿＿＿＿＿＿＿＿＿＿＿＿＿＿＿＿＿＿＿＿＿
3. ＿＿＿＿＿＿＿＿＿＿＿＿＿＿＿＿＿＿＿＿＿＿＿
4. ＿＿＿＿＿＿＿＿＿＿＿＿＿＿＿＿＿＿＿＿＿＿＿
5. ＿＿＿＿＿＿＿＿＿＿＿＿＿＿＿＿＿＿＿＿＿＿＿

我的学习难点：

1. ＿＿＿＿＿＿＿＿＿＿＿＿＿＿＿＿＿＿＿＿＿＿＿
2. ＿＿＿＿＿＿＿＿＿＿＿＿＿＿＿＿＿＿＿＿＿＿＿
3. ＿＿＿＿＿＿＿＿＿＿＿＿＿＿＿＿＿＿＿＿＿＿＿
4. ＿＿＿＿＿＿＿＿＿＿＿＿＿＿＿＿＿＿＿＿＿＿＿
5. ＿＿＿＿＿＿＿＿＿＿＿＿＿＿＿＿＿＿＿＿＿＿＿

我的运用计划：

1. ＿＿＿＿＿＿＿＿＿＿＿＿＿＿＿＿＿＿＿＿＿＿＿
2. ＿＿＿＿＿＿＿＿＿＿＿＿＿＿＿＿＿＿＿＿＿＿＿
3. ＿＿＿＿＿＿＿＿＿＿＿＿＿＿＿＿＿＿＿＿＿＿＿
4. ＿＿＿＿＿＿＿＿＿＿＿＿＿＿＿＿＿＿＿＿＿＿＿
5. ＿＿＿＿＿＿＿＿＿＿＿＿＿＿＿＿＿＿＿＿＿＿＿

第8章

工厂不合格品品质控制

导视图

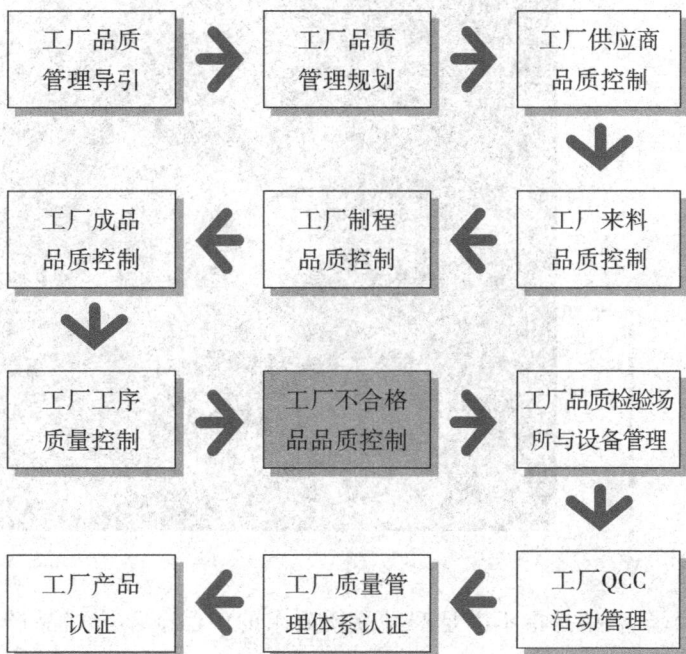

不合格品是企业的"负资产"，会导致企业的人力、物力遭到极大浪费。企业各级人员都应当采取措施做好不合格品的日常管理工作，预防不合格品的产生，以尽量避免或减少损失。

要点01：不合格品的产生原因

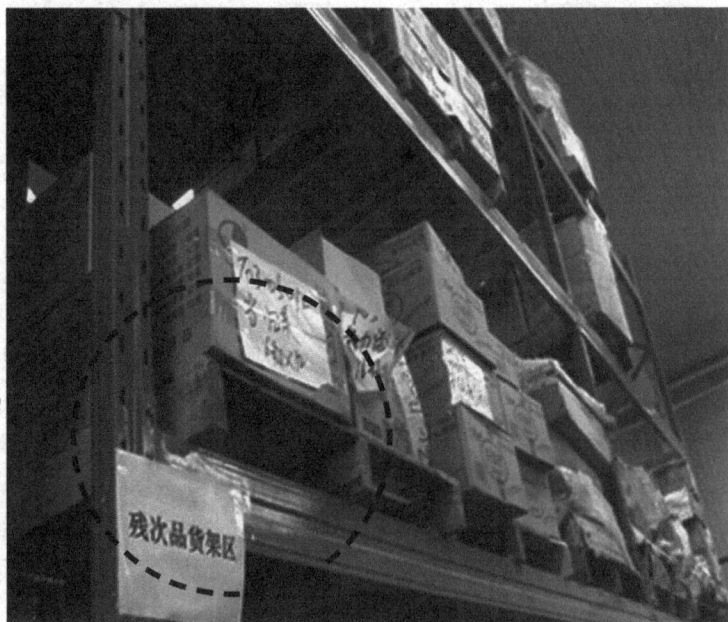

不合格品是指不满足产品品质要求的产品。不合格品产生的原因主要集中在产品设计、工序管制状态等方面，具体如表8-1所示。

表8-1 不合格品的产生原因

原因	具体示例
产品开发和设计方面	（1）产品制作方法不明确 （2）图样和图纸绘制不清晰、标码不准确 （3）产品设计尺寸与生产用零配件、装配公差不一致 （4）对废弃图样的管理不力，造成生产中误用废旧图纸
机器与设备方面	（1）机器安装与设计不当 （2）机器设备长时间无校验 （3）刀具、模具、工具品质不良 （4）量具、检测设备精确度不够 （5）温度、湿度及其他环境条件对设备造成不良影响 （6）设备加工能力不足 （7）机器、设备的维修和保养不当
材料与配件方面	（1）使用未经检验的材料或配件 （2）错误地使用材料或配件 （3）材料、配件的品质变异 （4）使用让步接收的材料或配件 （5）使用事先未经精确验证的替代材料
生产作业方面	（1）片面追求产量而忽视品质 （2）操作员未经培训便上岗 （3）未制定生产作业指导书 （4）对生产工序的控制不力 （5）员工缺乏自主的品质管理意识
品质检验与控制方面	（1）未制订产品品质计划 （2）试验设备超过校准期限 （3）品质规程、方法、应对措施不完善 （4）没有形成有效的品质控制体系 （5）高层管理者的品质意识不够 （6）品质标准不准确或不完善

要点02：不合格品的常规控制措施

1. 提前预防

控制不合格品的关键在于预防。对不合格品的控制要坚持"预防为主，检验为辅"的原则，将不合格品控制在产品形成的过程中。

企业可以制定不合格品控制办法。办法应规定不合格品的标示、隔离、评审、处理措施和记录方法，并以书面文件的形式通知相关部门，以防止误用不合格品。

2. 控制措施

（1）鼓励生产人员提高技能。

企业应鼓励生产人员提高技能，从源头上杜绝不合格品的产生。

（2）明确检验人员的职责。

检验人员职责主要有以下两点。

① 按产品图样和加工工艺文件等的规定检验产品，正确判别产品是否合格。

② 对不合格品作出识别标记，并填写产品拒收单，注明拒收原因。

（3）明确不合格品的隔离方法。

不合格品要有明显的标记，存放在企业指定的隔离区，以避免与合格品混淆或被误用，并要有相应的隔离记录。

（4）明确不合格品评审部门的责任和权限。

不合格品不一定都是废品，对不合格程度较轻或报废后会造成较大经济损失的不合格品，企业应从技术性方面加以考证，以决定是否可以在不影响产品适用性的情况下进行合理利用，或通过返工、返修等措施加以补救，这就需要对不合格品的适用性等级作出判断。

对不合格品的适用性等级进行判断的内容如下。

①符合性判断。检验人员的职责是按技术文件检验产品，判断产品是否符合规定的品质要求，以正确作出合格与否的判定。

②适用性判断。至于判别不合格品是否适用，是一项技术性极强的工作，应由品质部门主管以上级别的人员根据不合格程度及对产品品质的最终影响程度，确定分级处理办法，并规定相关部门的参与程度和评审权限。

（5）明确不合格品处理部门的责任和权限。

企业应根据不合格品的评审与批准意见，明确不合格品的处理方式及承办部门的责任与权限。相关部门应按处理决定对不合格品实施搬运、储存、保管及后续加工，并由专人加以督办。

（6）明确不合格品的记录办法。

为便于对不合格品进行分析与追溯，分清处理责任，品质部门应该对不合格品的状况进行记录，记录内容包括时间、地点、批次、产品编号、缺陷描述、所用设备等。做好记录后，应及时向职能部门通报，并纳入品质档案管理，以备考证。

（7）做好品质信息控制工作。

企业应在生产现场设置品质信息看板，以随时对产品品质进行公布，严格控制产品品质。

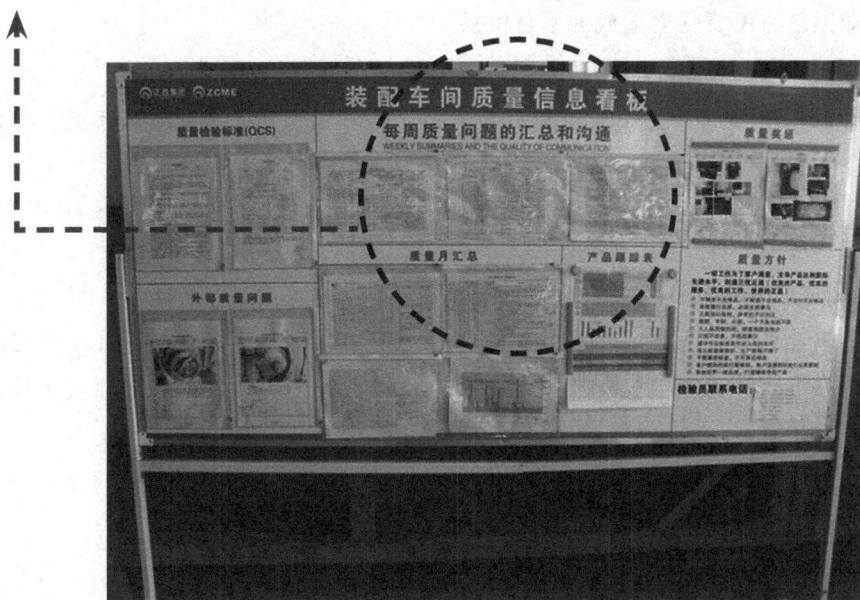

要点03：不合格品的退回

由于设计、加工、装配、检查方法等方面的失误，会导致在生产过程中产生不合格品。对于不合格品，应进行确认后再退回处理。

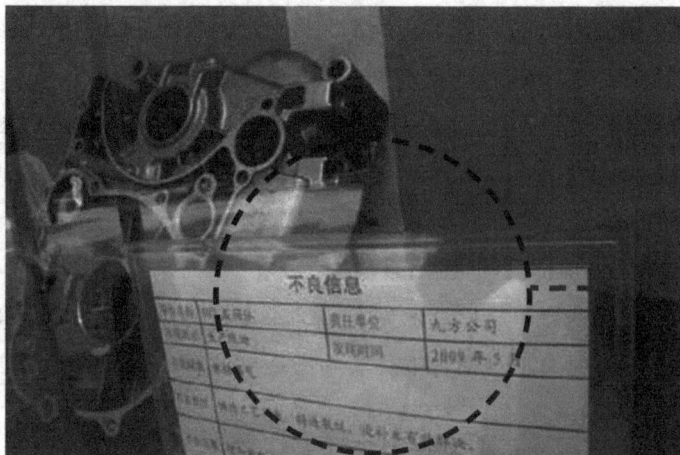

1. 不合格品的种类

不合格品就是品质上不能满足技术规格要求的材料或成品。它主要可分为性能不合格、机能不合格、外观不合格、包装不合格四大类。就其产生的责任来看，可分为自责品和他责品两种。

（1）自责品。

自责品即因己方的责任而造成的不合格品。

（2）他责品。

他责品即因供应商的责任而造成的不合格品，有时也指同一企业里由于前工序的责任而造成的不合格品。

2. 不合格品的退回步骤

（1）退回前明确责任。

只要运用恰当的检测手段，大多数的不合格品是可以区分出是自责品还是他责品的，但有些项目，如外观不合格品，却不容易区分。所以，作业人员在前道工序提供加工样品时就要进行品质判定。

从技术角度判定产品品质的常用级别有以下几个。

A级：产品特性完全符合品质规格（设计上）的要求。

B级：产品部分特性偏离品质规格（设计上）的要求，但目前使用无问题，基于成本、交货期等方面的考虑，暂维持现状，择机进行改善。

C级：产品特性完全不符合品质规格（设计上）的要求，需要立即进行改善。

在判定时应注意以下两点。

①具体注明他责不合格品的内容、程序、比率、发现经过。

②对于一开始就判定为B级的产品，中途因故无法使用时，需要预先通知前工序，双方本着"风险共担"的原则协调解决。

（2）退回时要仔细确认。

核对实物与"不合格品清退一览表"（见表8-2）所记录的具体内容、名称、编号、数量等是否一致。

表8-2　不合格品清退一览表

退货日期：　　　　　　退货部门：　　　　　　责任人：

品名	编号	发生日期	不合格率	不合格内容	备注

生产现场应对所有不合格品进行造册登记，即填写"不合格品清退一览表"，该记录与实物必须相符。在退回不合格品时，一定要使用双方事先约定的名称和编号，以免引起误会。

在进行确认时要注意以下几点。

①外观类的不合格品在清退前由品质部门作最终判定，以最大限度地减少错误判定。

②贵重类物料在判定为不合格品前需要进行反证试做，看其装在另一件产品上有何效果。

③在测定、验证上有难度的不合格品可由技术部门来确认。对不合格品的判定、处理，技术部门同样负有指导的责任，尤其是尺寸、材质、性能等方面的确认更是离不开技术部门的支持。不合格品的处理绝不只是生产现场的责任。

④如果是定期累积清退不合格品的话，则需要填写"不合格品清退一览表"，同时在每一组相同不合格品的实物上还要贴附"不合格品清退明细表"，具体如表8-3所示。

表8-3 不合格品清退明细表

确认	日期	自	责任方
		至不合格品仓	
零件名称			
零件编号			
零件数量			
不合格原因			

（3）不合格品的标识和添附说明文件。

要在不合格品上标明不合格部位或添附说明文字，这样前工序一眼就能看清，无须再次翻查。如果是整批清退的话，则附上判定部门发出的文件。总之，标识要尽可能显眼，必要时也可在外包装上进行标识。

（4）不合格品的退回处理原则和方法。

① 原路、原状退回。原路退回是指与收货途径相反，返退回前工序（供应商）。原状退回是指收货时包装方式是什么样，退回时就必须是什么样。因为任何一种与原先不同的包装方式，都有可能导致产品在搬运途中产生新的损坏，而这又恰好成为前工序反投诉的重要证据。

请注意

在退回不合格品之前必须要分清责任，还要仔细确认，并在实物上标明不合格部位或添附说明文件。

若不合格品在后工序就地处理的话（前工序负责），则无须运送回前工序。如果需要运回前工序才能处理的话，则需填写退回单据，以进行数量上的管理。

② 自责品就地报废，他责品则按相反方向逐级退回前工序。退回前工序的主要目的除了索赔外，还有反馈不合格信息、防止再次发生。

要点04：不合格品的标示

为了确保不合格品在生产过程中不被误用，企业所有的外购物品、半成品、成品以及待处理的不合格品均应有品质识别标识。

1. 不合格品的管理要求

（1）不合格品应有不合格标志，并隔离管制。

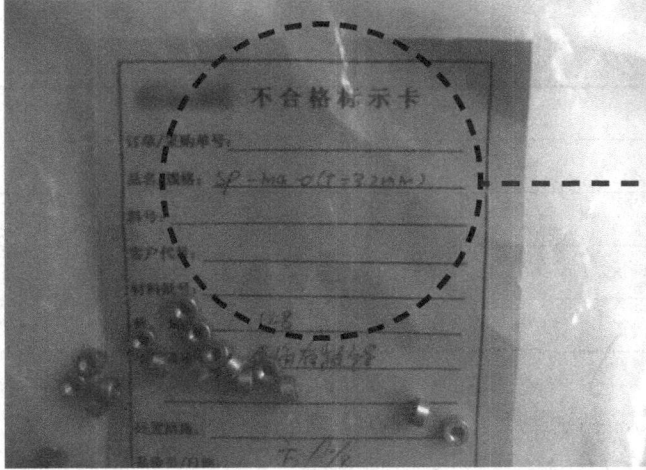

（2）未经检验、试验或未经批准的不合格品不得进入下道工序。

2. 选择标志物

（1）标志牌。

标志牌是由木板或金属片做成的小方牌，检验人员可按物品属性或处理类型将相应的标识牌悬挂在物品的外包装或储存区域上加以标示。

根据企业标示需求，标志牌可分为"待检"牌、"暂收"牌、"合格"牌、"不合格"牌、"待处理"牌、"冻结"牌、"退货"牌、"重检"牌、"返工"牌、"返修"牌、"报废"牌等。标志牌主要适用于大型物品或成批产品的标示。

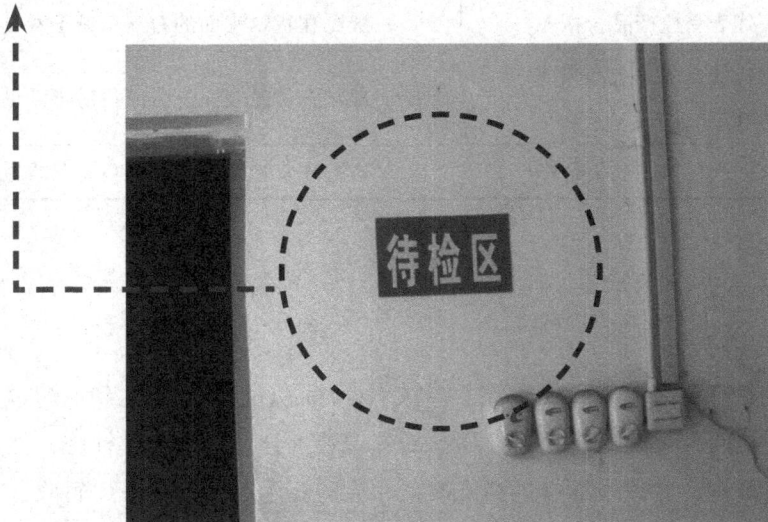

（2）标签或卡片。

该标志物一般为一张标签纸或卡片，通常也称之为"箱头纸"，主要适用于装箱产品和堆码管制的产品或材料、配件。一张标签或卡片只能标注同类物品（如表8-4所示）。

表8-4　标签示例

生产部门/班组：	员工：
品名规格：	颜色：
产品编号：	客唛：
工单编号：	数量/单位：
检验员：	日期：

①在使用时将物品判别类型标注在上面，并注明物品的品名、规格、颜色、材质、来源、工单编号、日期、数量等。

②在标识品质状态时，检验人员按产品的品质检验结果在标签或卡片的"品质"栏盖相应的标识印章。

（3）色标。

色标一般为一张正方形（2cm×2cm）的有色粘贴纸，它可直接贴在物品表面的规定位置，也可贴在产品的外包装或标签纸上。色标的颜色一般有绿色、黄色、红色三种，具体的使用方法如表8-5所示。

表8-5　色标的颜色与贴置

颜色	意义	贴置地方
绿色	代表受检产品合格	一般贴在货物表面的右下角易于看见的地方
黄色	代表受检产品的品质暂时无法确定	一般贴在货品表面的右上角易于看见的地方
红色	代表受检产品不合格	一般贴在货物表面的左上角易于看见的地方

3．对不合格品进行标示

（1）进料不合格品的标示。

品质部进行来料检验时，若发现来料中存在不合格品，且数量已达到或超过企业来料品质允收标准时，检验人员应即时在该批物品的外包装上挂"待处理"标牌，然后报请部门主管或经理裁定处理，并按最终审批意见改挂相应的标示牌，如特采、暂收、挑选、退货等。

（2）制程中不合格品的标示。

在生产现场的每台设备旁，每条装配拉台、包装线或每个工位旁边一般应设置专门的"不合格品箱"。

①对于自检出的或在巡检中被判定的不合格品，员工应主动地将其放入"不合格品箱"中，待该箱装满或该工单产品生产完成时，由专门员工清点数量。

②在容器的外包装表面指定的位置贴上"箱头纸"或"标签"，经所在部门的检验人员盖"不合格"字样或"REJECT"印章后搬运到现场划定的"不合格"区域整齐摆放。

③每只箱内只能装同款、同色、同材质的不合格品，不能混装。

④所有不合格品表面不能有包装物和标签纸等附属物。若遇企业内部对成批物品的品质无法确定、需要外部或客户确认时，检验人员可在该批物品外包装上挂"待处理"或"冻结"标牌，以示区别。此类物品应摆放在企业或现场划定的"周转区"等待处理。

（3）库存不合格品的标示。

①品质部定期对库存物品的品质进行评定，对于其中的不合格品由仓库集中装箱或打包。检验人员在物品的外包装上挂"不合格"标示牌或在箱头纸上逐一盖"REJECT"印章。

②对暂时无法确定是否合格的，可在其外包装上挂"待处理"标牌，放在指定区域等待处理。

要点05：不合格品的隔离

为了确保不合格品不被误用，明确品质责任和进行原因分析，必须要将不合格品进行区域隔离放置。

1. 不合格品区域规划

（1）在各生产现场的每台机器或拉台的每个工位旁边，均应配有专用的不合格品箱（袋），以便用来收集生产中产生的不合格品。

（2）在各生产现场的每台机器或拉台的每个工位旁边，要划出一个专用区域用来摆放不合格品箱（袋），该区域即为"不合格品暂放区"。

（3）各生产现场和楼层要规划出一定面积的"不合格品摆放区"，用来摆放从生产线上收集来的不合格品。

2. 不合格品标示的放置

（1）对于检验人员判定的不合格品，当所在部门无异议时，由仓库安排人员将不合格品集中打包或装箱。检验人员在每个包装物的表面盖"REJECT"印章后，由现场工作人员将其送到"不合格品摆放区"，按类型堆栈、叠码。

（2）对于检验人员判定的不合格品，当所在部门有异议时，由部门管理人员同所在部门的品质检验组长以上级别的品质管理人员进行交涉。

3. 不合格品的具体管理

（1）在没有接到品质部的书面处理通知时，任何部门或个人不得擅自处理或运用不合格品。

（2）不合格品的处理必须要在品质部的监督下进行，具体处理方式如表8-6所示。

表8-6 不合格品的处理

方式	要求
报废	检验人员在外箱上逐一盖"报废"字样后，由搬运人员送到企业划定的"废品区"进行处理
返工	检验人员在外箱上逐一盖"返工"字样或挂"返工"标志牌，责成有关部门进行返工，具体包括：返工、返修、挑选及选择性做货
条件收货	检验人员接收货通知，取消所有不合格标志，外箱若有不合格字样则用绿色色带进行覆盖
其他	其他不合格品均由品质部按处理通知协助相关部门进行妥善处理

4. 不合格品的记录

现场检验人员应将当天产生的不合格品数量如实地记录在当天的巡检报表上，同时对当天送往"不合格区"的不合格品进行分类，详细地填写在"不合格品隔离控制统计表"上（如表8-7所示），经生产部门签认后交品质部存查。

表8-7　不合格品隔离控制统计表

生产部门/班组：　　　　　　　　　　　　　　　　　　　日期：

品名/规格	颜色	编号	工位	不合格品变动			隔离区编号	备注
				进	出	存		

检验员：

5．不合格品的隔离工作要点

（1）经初审鉴定为不合格品的物品，须及时隔离，以免与合格品混杂。

（2）对产生的不合格品，须当时记录并标示。

（3）保证标志物在不合格品搬运过程中不被损坏。

（4）明确不合格品的处理部门及其权限。

（5）在"不合格品区"内只能摆放本部门产生的不合格品。

（6）在"不合格品区"内不得摆放合格的产品或物料、配件。

要点06：不合格品的评审

不合格品经隔离后，还需要进行进一步的验证，以决定是否能再被利用。

1．不合格品的评审流程

不合格品的评审流程如图8-2所示。

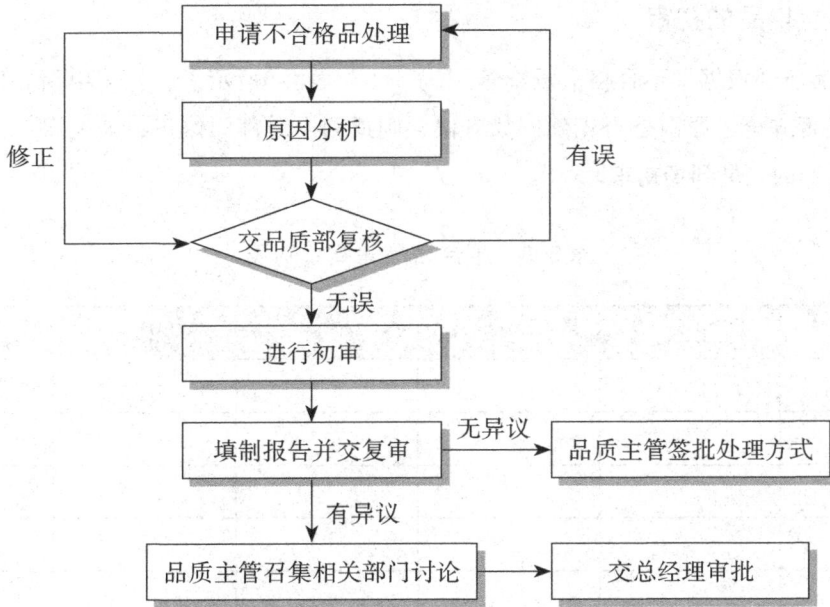

图8-2 不合格品的评审流程

2．提出处理申请

存在不合格品的部门，必须于当天就发出"不合格处理通知单"（如表8-8所示），并提出申请，把不合格品交品质部复查与评审。

表8-8 不合格处理通知单

编号： 日期：

产品名称		型号		发生部门	
检验数量			不合格品数量		
不合格情况说明： 检验人员：					
处理意见： 现场品质主管：					
回复栏： 品质主管：					

3．不合格品的初审

（1）品质部根据"不合格品隔离管制表"（如表8-9所示），核查申请处理的产品类别、数量是否齐全，原因是否正确。如有误，则退回申请部门修正；如无误，则安排检验组长以上级别的人员到场初审。

表8-9　不合格品隔离管制表

名称	编号	型号	数量	不合格原因	隔离措施

（2）初审结束后，初审员填制"不合格品评审报告"，交品质主管复审及判定。"不合格品评审报告"如表8-10所示。

表8-10　不合格品评审报告

不合格品名称		编号		工单编号		机号	
生产部门		检验时间			检验数量		
不合格描述：							
初审意见：							

填写：　　　　　　　　　　　　　　审核：

请注意

不合格品必须经过评审，着重对其处理方式进行讨论并作出最终的决定，不经评审不可轻易作出判断。

4．不合格品的最终评审

品质主管在按产品不合格程度、初审员初评判定意见和申请部门的处理建议进行综合分析后，决定最终的评审方式及判定结果。

（1）符合性评审。

如相关部门对初审判定结果无异议，则由品质主管签批不合格品处理方式，并按此方式进行不合格品的处理行动。

（2）分级处理程序。

分级处理程序具体如下。

①如相关部门对初审判定结论有异议，则由品质主管召集相关部门开会讨论，讨论内容包括以下几方面。

a．能否实行偏差接受。

b．能否进行挑选。

c．能否进行返工、返修或其他处理。

d．能否转为暂存。

e．退货或报废。

②相关部门负责人就讨论意见在"不合格品评审报告"相应栏内签名证实。

③品质主管将各部门签名后的不合格品评审报告交总经理审批。

5．不合格品的处理

品质部按最终批准意见，安排不合格品的处理行动，并对处理过程进行跟踪监督与记录。

6．允收品的分类标示

（1）返工后，对允收品及挑选后的允收品，在每个外箱上盖"特采"字样，以示区别。

（2）条件收货的允收品，也盖"特采"字样。

（3）暂收品在其外箱上盖"暂收"字样。

要点07：不合格品的处理

不合格品一经查出，就应采取措施予以处理，处理方式包括条件收货、拣用、返工与返修、报废、退货等。

1．条件收货

在不合格品经局部修整后可以接受或直接使用，且不会影响产品的最终性能时，在品质上可视为允收品。对此类产品的接受，也称为"让步接受"或"偏差接受"。

当该批来料被特许进厂后，来料检验部门应在该批来料上作"特采"标记，并将验货信息传递给来料使用部门和该部门的制程检验人员，以便他们做好相应准备。

2．拣用

来料拣用是指当来料基本合格但其中存在一定数量的不合格品时，在入仓前或使用前由企业安排人力将不合格品剔除掉，然后再将来料入仓或投入生产的过程。

如果该批来料未经挑选即投入使用，由使用部门边挑选边生产，则称之为"挑选性收货"。

3．返工与返修

返工、返修是指对不合格品进行重新加工和修理，使其品质达到规定要求。

（1）品质部在对返工、返修作业进行管制时，要着重注意以下几点。

①设置返修区域。

②掌握好品质允收标准，并向返工与返修人员阐明品质要求与要点。

③掌握在制品品质检验与试验的方法。

④记录返工品的品名、规格、数量。

⑤对返工品进行重检。

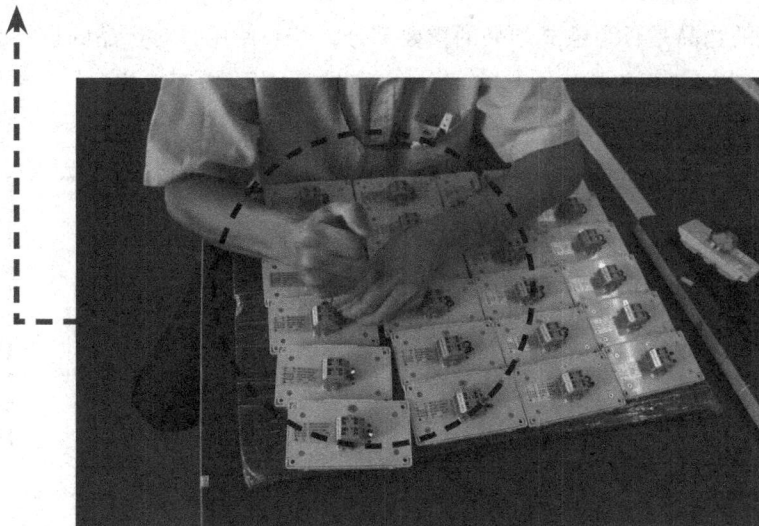

（2）返工后的产品须经检验，符合规定要求即合格后才能放行；返修后的产品经检验，虽不符合规定要求但能满足预期的使用要求，在办理让步手续后才能放行。对返工、返修的产品应做好记录，以备以后的统计分析。"不合格品修理记录表"如表8-11所示。

表8-11　不合格品修理记录表

修理日期				修理负责人		
序号	不合格品名称	不合格品编号	不合格现象	不合格原因	修理数量	修理结果检验

记录员：　　　　　　成品检验员：　　　　　　审核：

4．退货

退货是指因来料品质不合格，经检验人员鉴定后，将来料退回发货部门的行为。品质部在作出退货决定前，要注意以下事项。

（1）来料可否按其他方式被接受，如挑选、返工或返修。

（2）所退的物品是否为组成产品的重要部分，若被使用，对产品的最终品质是否会造成严重影响。如来料被强行使用会造成重大品质隐患，则一定要退货。

（3）退货是否会造成生产线的停工待料。

（4）如需退货，应将退货物料放置在退货区域。

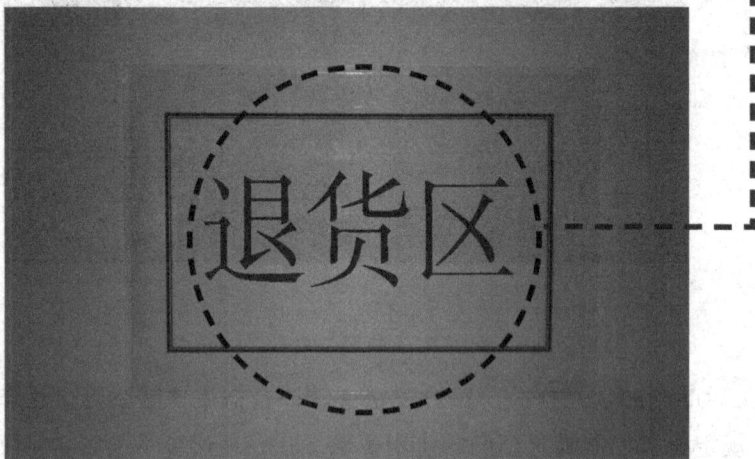

5．报废

（1）品质部在作出报废决定前，要考虑以下几方面的因素。

①报废是否会造成较大的经济损失。

②是整体报废还是部分报废。

③产品的组件是否可以拆卸下来转为其他产品使用。

④如果进行批量报废，应注意在报废批中能否检出部门允收品。

⑤报废前是否已安排好报废区域。

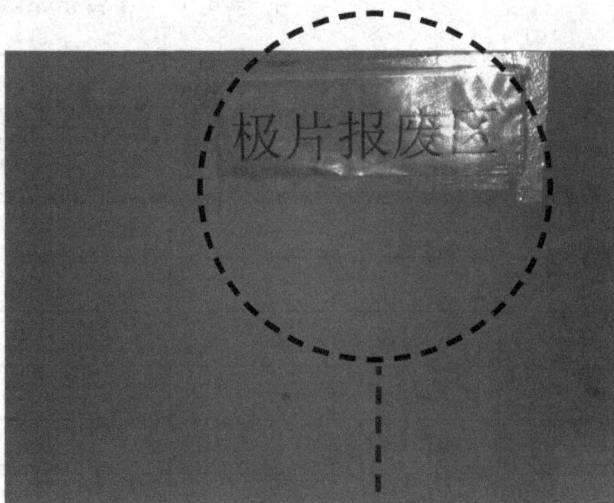

（2）报废的申请程序。品质部在收到"报废申请表"（见表8-12）时必须认真核对，并指派品质主管或主管助理级的品质管理人员亲临现场核查，在确定产品确实无法进行再利用时，才能签署报废申请。

表8-12　报废申请表

品名	规格	报废申请原因	单价	报废数量	金额	备注
合计：						
重检意见： 检验人员：						
品质部经理意见： 经理：						

（3）报废申请的审批权限。企业报废申请的审批权可参考下例所示，具体实施细则视企业规模、大小而定。

【参考范本】××有限公司报废品的审批权限

××有限公司报废品的审批权限

审批责任人	审批权限
品质部主管	（1）金额在200元以内或占工单总数3%以下的物料或产品的报废申请，可直接由品管部主管签署报废指令 （2）超此限额时，必须要由品管部经理或工厂经理乃至总经理核准
品质部经理	（1）金额在1000元以内或占工单总数7%以下的物料和产品的报废申请，可直接由品管部经理签署报废指令 （2）超此限额时，必须要由工厂经理或总经理再核准

学习笔记

通过学习本章内容，想必您已经掌握了不少学习心得，请仔细填写下来，以便继续巩固学习。如果您在学习中遇到了一些难点，也请如实写下来，方便今后重复学习，彻底解决这些难点。

同时本章列举了大量实景图片，与具体的文本内容互为参照和补充，方便您边学边用，请如实填写您的运用计划，以使工作与学习相结合。

我的学习心得：

1. _____
2. _____
3. _____
4. _____
5. _____

我的学习难点：

1. _____
2. _____
3. _____
4. _____
5. _____

我的运用计划：

1. _____
2. _____
3. _____
4. _____
5. _____

第 9 章

工厂品质检验场所与设备管理

导视图

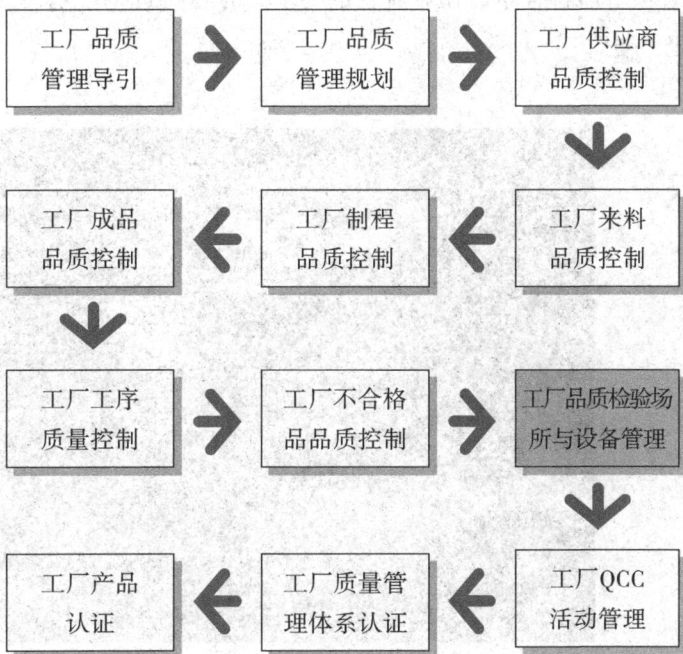

要想开展品质检验工作，必须有合适的检验场所和精准的检验设备，因此，做好这两方面的管理工作可以为品质管理工作提供良好的支持。

要点01：品质检验场所的设置

在进行来料检验、工序检验和成品检验时，都需要有检验场所。

1. 检验场所的要求

（1）检验场所的一般要求有如下几点。

①场所需符合生产作业流程的要求，尽量接近生产场所，以便使生产管理、零件调运周转更方便。

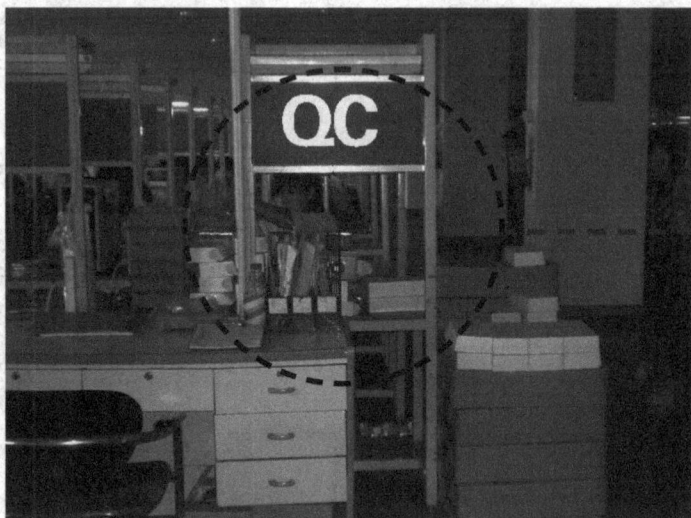

②规划面积大小和布置场所平面时，要考虑测试设备、用具、工具箱、图纸柜、台案、椅凳等设施的合理布置，特别是产品或零件在检验场所的存放、搬运要合理方便。

③要能保障人身安全。

④在方便生产服务的前提下，检验场所要尽可能与生产设备隔开。

⑤要具有合理的和足够的照明设施，光的颜色要同所检物品相协调，光的方向和光的散射等都要符合要求。要特别注意避免强烈的阳光直射。

⑥门外应贴上相应警示标志，防止无关人员进入。

（2）检验场所的特殊要求有如下几点。

①由于产品精度的提高、产品微型化，在检验时应保持对环境的精确控制。

②环境的温度、湿度和振动要符合测试条件的要求，可采用空调装置来保持场所的恒温。

③要避免噪声、气味和其他外来因素的干扰，尤其是涉及感官检验时。

2. 检验点的设置

（1）来料检验点。

来料检验点通常是同原材料库、外购配件库建在一起的。

①原材料检验工作一般都是在原材料堆放现场进行的，因此，要求场所面积较小，只要能满足火花鉴别、光谱分析等检验设备的存放和检验人员的办公即可。

②对外协、外购件的检验要有大的场所，最好设置专区，以便能把来料分为待检品、拒收品和有问题待处理的货品，做到分开存放。

由于来料的理化性能是委托理化试验室做的，因而来料检验点一般只需配置检验平台和所需的检测工具、仪器等。

（2）工序检验点。

工序检验点通常是设在车间传送带的一侧，或是设在工序流程的终端，同半成品库连在

一起。

（3）成品检验点。

成品检验点一般都与装配车间建在一起。由于要进行成品性能测试，所以需配有必要的试验仪器和检测装置，以及气、水、电源等设施。

（4）试验室。

试验室可根据企业产品所要进行的各种专业技术测试而设置。如产品性能、寿命和可靠性这些专业技术方面的试验都需要有专门的仪表装置和辅助设备，还需要有专门的环境。

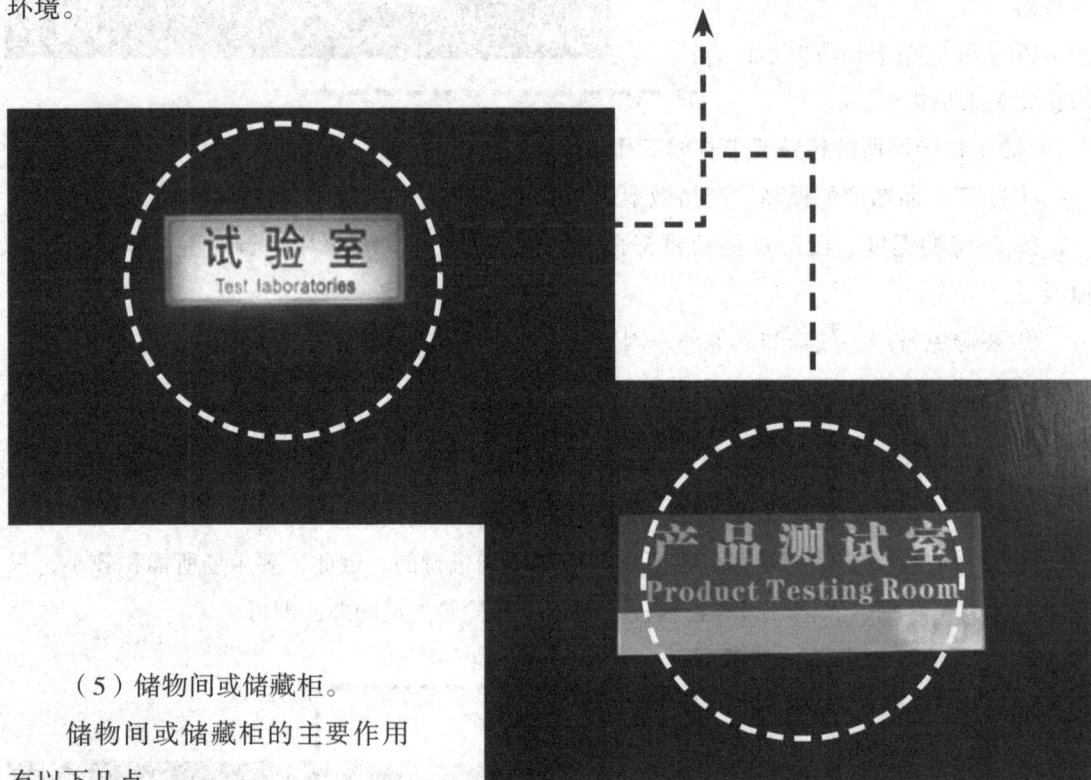

（5）储物间或储藏柜。

储物间或储藏柜的主要作用有以下几点。

①隔离废品。

②保存供比较使用的标准样品和供品质事故分析用的产品或零件样品。

③储存供检验用的辅料用品及辅助用品。

要点02：检验设备的配备

检验设备一般都是利用物理量（热、力、光、磁、电、放射性等）制造的各类检验设备、量规、仪器、仪表。

1. 检验设备的分类

根据不同的分类标准，检验设备可分为不同的类型。

（1）按生产中的作用划分。

①标准量仪。

即企业作为量值标准传递用的，例如长度用2米等块规，压力用0.4级标准压力表。

②生产用量仪。

即作业人员、检验人员在日常生产中用的微分检验设备、万能检验设备、专用检验设备和仪器等。

（2）按检验对象划分。

①检验能量、功率的设备。

②检验材料性能（包括拉力、压力、扭力、冲击、弹性、剪切和硬度）的设备，如拉力试验台。

③检验材料成分的设备。

④检验时间、频率、转数的设备。

⑤检验流量、速度的设备。

⑥检验容积、密度、比重的设备。

⑦检验温度、湿度、热量的设备。

⑧检验振动、噪声、冲击的设备。

⑨检验力（包括品质）和扭力矩的设备。

⑩检验液体的浓度、粘度的设备。

⑪检验光（包括强度、照度）的设备。

⑫检验电（包括电流、电压、电阻和电度）的设备，如电压计等。

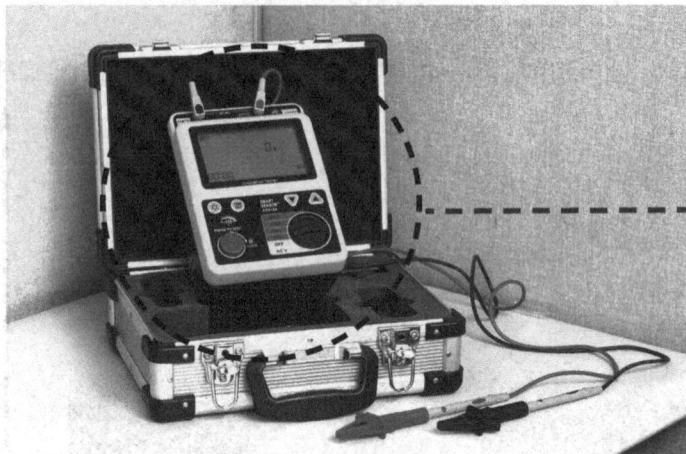

⑬检验长度（包括检验尺寸精度、形状位置、角度和表面粗糙度）的检验设备，如游标卡尺等。

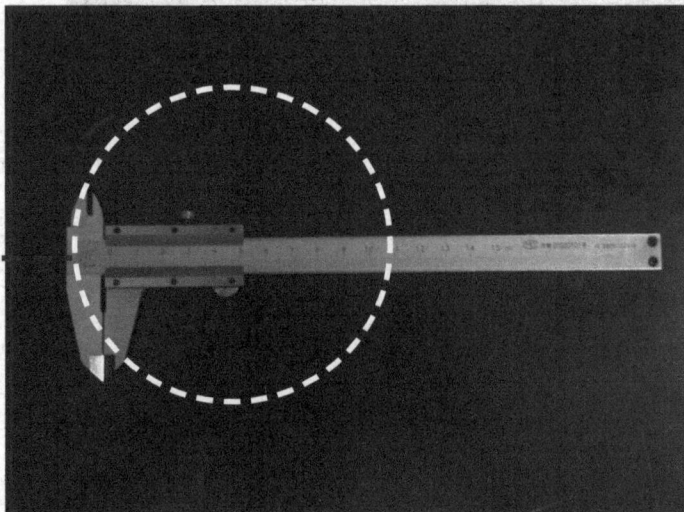

⑭检验磁性的设备。

2．检验设备的配备

（1）配备时的考虑因素。

检验设备的配备要从测量特性、技术特性、经济特性等方面综合考虑，具体考虑因素如图9-1所示。

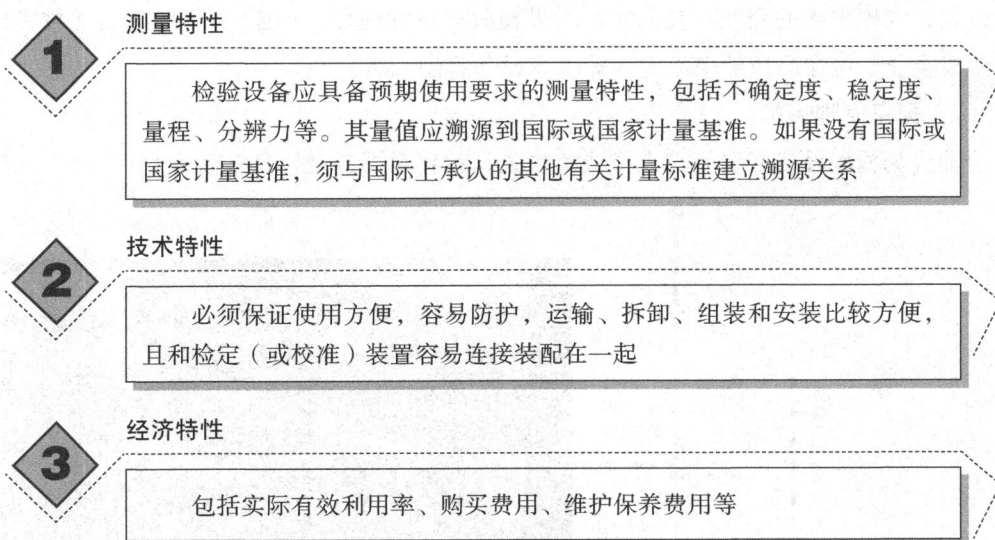

1　测量特性

> 检验设备应具备预期使用要求的测量特性，包括不确定度、稳定度、量程、分辨力等。其量值应溯源到国际或国家计量基准。如果没有国际或国家计量基准，须与国际上承认的其他有关计量标准建立溯源关系

2　技术特性

> 必须保证使用方便，容易防护，运输、拆卸、组装和安装比较方便，且和检定（或校准）装置容易连接装配在一起

3　经济特性

> 包括实际有效利用率、购买费用、维护保养费用等

图9-1　配备时的考虑因素

（2）配备范围。

检验设备是为企业生产的各环节提供检测的工具，只有在需要的地方配备合理的检验设备，才可保证测量的有效性。检验设备配备的范围如表9-1所示。

表9-1　检验设备配备范围

序号	生产环节	参照标准
1	工艺过程控制环节	（1）生产过程工艺参数测定 （2）生产过程的安全检测参数 （3）环境保护监测 （4）中间产品品质控制分析
2	产品品质检验环节	（1）入厂原料、材料的品质分析 （2）出厂产品的品质分析
3	经营管理环节	（1）进出厂原料、材料、产品的重量检测 （2）中间产品、原料、材料消耗计量检测

3. 检验设备的管理

（1）设置管理部门。

管理部门的设置要与企业的生产经营相适应，以便检验设备的统一管理，有利于检验、测量和试验工作的正常开展。

一般情况下，可根据企业的规模设置检验设备管理部门。规模较大的企业可设检验设备管理处，规模中等的企业可在品质部下设检验设备管理科，检验设备在300台（件）以下的小规模企业，可在品质部中设专（兼）职设备管理人员。

（2）配备管理人员。

企业应为检验设备配置管理人员或负责人，负责对设备进行日常管理。

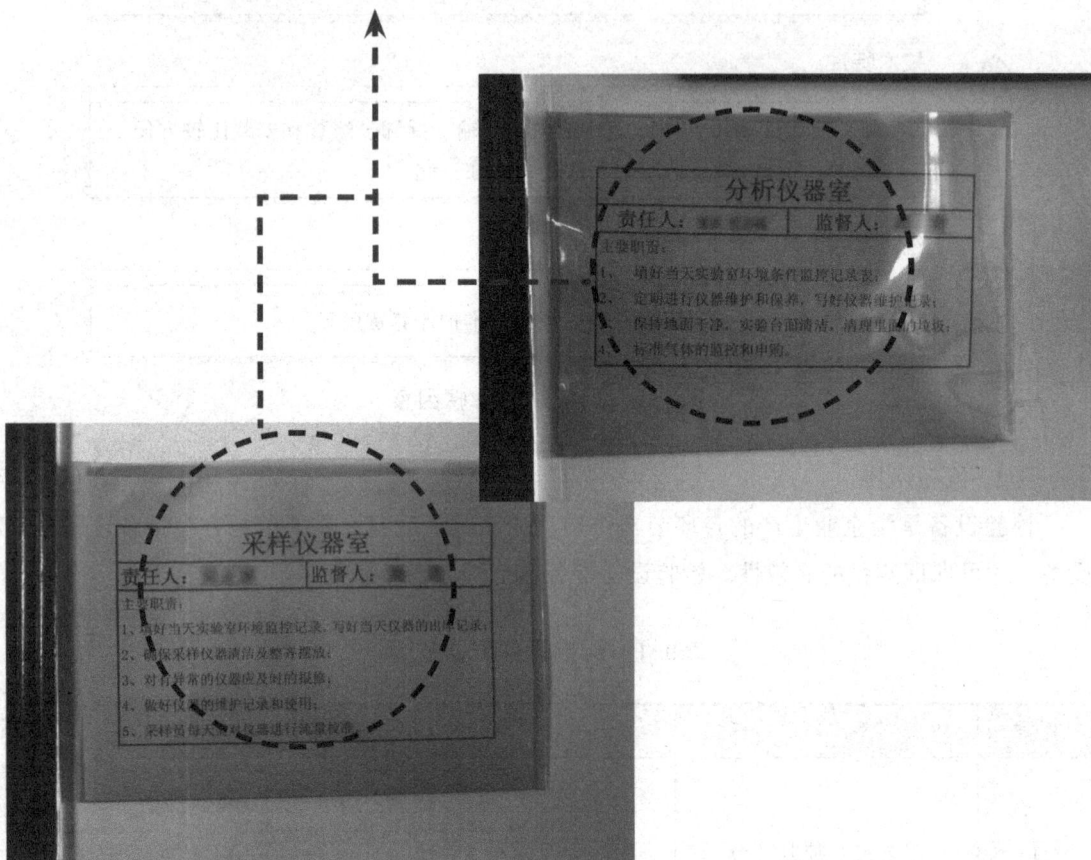

检验设备管理人员必须符合以下要求。

①具有高中以上文化程度，工程技术人员还要有相应的专业学历；检定、校准人员要取得上级检验设备管理部门颁发的技术考核合格证书。

②具备计量基础知识。

③熟悉计量法律、法规。

④有一定的生产、品质管理知识。

（3）制定管理制度。

企业应建立、健全检验设备管理制度，制度一般包括如下几种。

①本企业的检验设备管理实施办法或细则。

②检验设备的周期检定和校准制度，周期检定（或校准）日程表，检验设备流转检定（或校准）制度。

③检验设备的维护和保管制度。

④检验设备的修理和报废制度。

⑤检验设备（包括标准器）的管理制度。应包括以下内容：管理目录，量值溯源系统，检验设备从计划购置、配备到发放、安装、校准、维护、修理等的流转程序，以及事故修理、奖惩制度等。

⑥检验设备管理部门的职责范围和工作标准。

⑦检验设备管理人员的岗位责任和工作标准。

⑧检验设备管理部门的工作制度和安全卫生制度。

（4）创造满足规定的环境条件。

环境条件在检验设备的校准、调整和使用过程中是一个非常关键的因素，它不仅关系到测量工作能否顺利地进行，还影响测量结果的准确性和测量仪器的使用寿命，因此测量的环境必须满足校准规范、使用要求的规定。

检验设备检定（校准）的环境条件一般应满足以下规定，具体内容如表9-2所示。

表9-2 检定环境要求

条件	要求
温度	20℃±5℃。中国规定标准温度为20℃，美国、日本规定为23℃
相对湿度	≤55%（仪器生锈的临界相对湿度是55%，霉点产生的相对湿度是75%）
大气压力	86～106kPa
防震	一般计量室防震要求为4级以下，震动幅度小于4μm，允许震动速度为0.20mm/s以下
防电磁干扰	应避免外磁场干扰。电磁、无线电计量室的屏蔽间对外来干扰信号的衰减能力应达40～80dB
供电电源	交流：220×（1±2%）V，50Hz×（1±1%）；直流：直流电压±1%

（5）保管好工作档案。

做好对原始记录、档案资料的管理，填写"检验设备历史档案"，具体如表9-3所示。

表9-3　检验设备历史档案

检验设备名称		型号		购进日期	
出厂编号		公司编号		验收记录	
使用记录			校准、维修记录		
序号	使用者	日期	序号	操作单位	日期

要点03：检验设备的使用控制

检验设备的使用必须符合其自身特性，并遵守具体操作规程。

1. 根据需要对检验设备进行调整

调整是指使检验设备的准确度和其他性能达到规定要求的作业。调整时应遵守检验设备操作规程，防止因调整不当而失准。如万用表、游标卡尺等在使用前要进行归零调整。

2. 标示检验设备的校准状态

一般在检验设备上贴校准状态标签，让使用者了解检验设备的状态（合格、限制使用、停用等）和有效期限。

因体积小或担心影响操作等原因而不宜贴标签的检验设备，其校准状态标签可贴在包装盒上或由其使用者妥善保管，但器具上要刻上编号，以便于追溯。

3. 为检验设备的使用划定专区

检验人员在使用检验设备开展工作时，应划出一个专区，并做好标示。

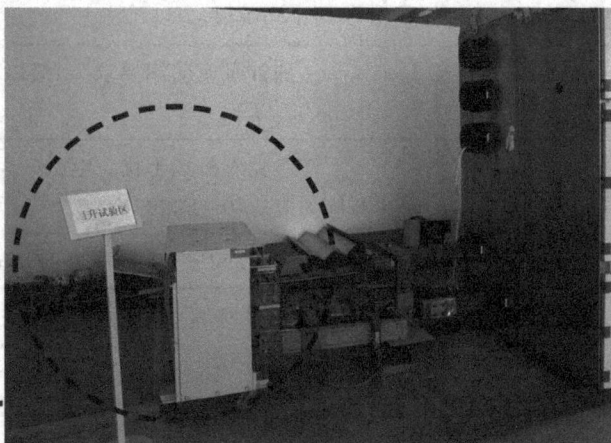

4．防止调整时校准失效

采取措施，防止调整时校准失效。比如，对作业人员进行资格认证，作业人员须持有资格证方可上岗，同时编制调整作业指导书及对校准点进行铅封等。

5．加强搬运、维护、储存过程中的防护工作

在检验设备使用过程中，一定要采取措施，防止检验设备在搬运、维护和储存过程中损坏或失效。如提供适宜的环境条件、采取适合的防护措施等。

6．检验设备失准时的处理措施

若发现检验设备偏离校准状态（失准）时，设备管理人员应对检测结果的有效性进行评价，并对设备和受影响的产品采取相应的措施。

（1）对被检产品，不一定要重新进行检测，但一定要对其有效性进行评价。

（2）对设备和受影响的产品采取以下措施。

①追回产品进行重新检测。

②对设备进行修理并重新校准。

（3）应查明计量仪器失准的原因。企业应对检定或校准方法、校定或校准周期、计量人员工作责任心及操作熟练度、检验设备的适用性等重新进行评价，根据评价结果再适时采取相应措施。

7．各使用部门的具体要求

各使用部门应配备相应的专、兼职管理人员，建立本部门检验设备的分台账，落实使用和保管人员，对使用人员进行上岗培训，监督使用人员按正确的方法操作仪器并做好仪器的日常保养工作，按期送检、校准，不超期使用，以确保量值准确可靠。

8．为检验设备设置存放区域

企业应为检验设备设置专门的存放区域，方便保管。

请注意

检验设备必须经检定合格方可使用，并要定期进行校正，因为不准确的检验设备必然会导致产生不合格的产品。

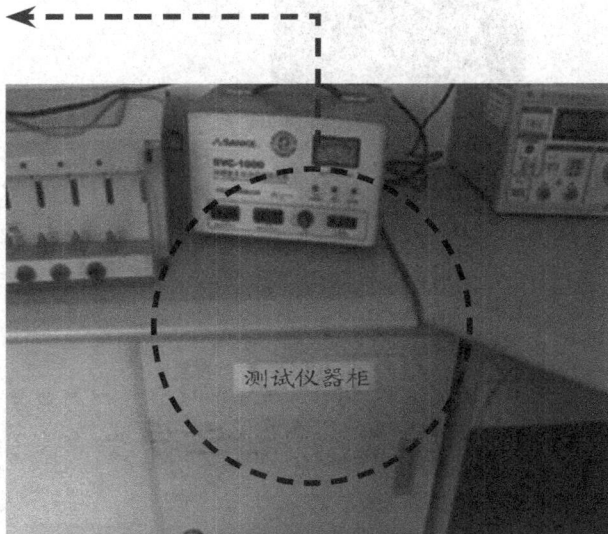

测试仪器柜

要点04：检验设备的校准

设备校准能确保设备在精准状态下工作，保证检测结果正确和生产的产品符合要求。

1. 校准的方式

校准的方式有内部校准和外部校准两种。

（1）内部校准是指本公司内部具有校准资格的人员，依据"标准作业书"的要求对设备进行精度校准。内部校准具有校准周期短、费用低廉等特点。

（2）外部校准是指委托国家或行业认定的计量机构对设备进行精度校准。外部校准精度高但校准周期长、费用高。

2. 校准的对象

生产企业需要校准的设备主要有以下几类。

（1）直接生产设备，如设备上的仪表、仪器等。

（2）产品检验和试验用的设备，如度量尺寸的卡尺、测量时间的秒表、测试产品强度的拉力磅等。

（3）内部校准使用的量具，如砝码、量块等。

（4）检测生产设备用的工具，如万用表、杠杆表等。

（5）其他设备，视产品或客户的要求而定。

3．校准的实施

（1）编制校准计划。

计划内容包括校准周期、校准人员、校准方式、校准频率、校准结果的处理等。

（2）制作周检日程表。

周检日程表为周期校准工作的依据，是对周检工作的具体安排。

周检日程表具体编制每台检验设备的周检期和具体检定时间，作为年度、月份周检计划的依据。主要内容有序号、检验设备名称、使用单位、场所、公司编号、范围、精度、检定（校准）周期和检定（校准）时间等，具体如表9-4所示。

表9-4　周检日程表

序号	设备名称	厂牌	型号	使用单位	放置场所	校准方式	校准周期	送校时间

（3）开具校准通知单。

检验设备的校准以收到检验设备校准通知单为准。被通知单位在接到校准通知单后，必须按送检时间将需检检验设备送到指定场所进行检测和校准。通知单如表9-5所示。

表9-5　校准通知单

设备名称	编号	使用单位	使用者	检验日期	注意事项

（4）实施周检。

检验设备管理部门定期按国家检定规程、部颁技术规范进行校准。检验设备管理部门必须如数完成周检任务，并把每月完成情况汇总上报。周检后的检验设备应贴上标志，检验人员填写检定书。

公司内不能校准的检验设备必须按时送到上级检定部门进行校准。

（5）做好校准记录。

无论是外部校准还是内部校准，设备管理部门都应将校准的结果做好记录，"校准记录表"如表9-6所示。

表9-6　校准记录表

日期：

设备名称		型号		制造厂商		出厂编号	
校准条件：							
校准器名称		型号		编号			
校准规程：							
校准结论：							

检验人员：　　　　　　　　　　　　　　　　　校准员：

4. 校准的注意事项

（1）新购入的设备精度未必都准确，在使用前最好要校准。

（2）要注意为设备贴上校准证，注明校准日期、校准员姓名。◀- - - - - ┐

（3）设备因精度偏差过大无法校准而废弃时，必须做好标识并报请相关部门审批。

（4）适时记录设备各种相关运行数据，保证其品质有良好的可追溯性。

（5）"母器"要尽量避免在生产中频繁使用，以免其本身精度发生偏差。

（6）不要将所有设备的校准周期都设定的一样，既要考虑保证精度，又要设法降低校准成本。

请注意

设备的精度校准是全面品质管理工作的重要环节，要按照相应步骤进行校准并记录好校准结果。

学习笔记

通过学习本章内容，想必您已经掌握了不少学习心得，请仔细填写下来，以便继续巩固学习。如果您在学习中遇到了一些难点，也请如实写下来，方便今后重复学习，彻底解决这些难点。

同时本章列举了大量实景图片，与具体的文本内容互为参照和补充，方便您边学边用，请如实填写您的运用计划，以使工作与学习相结合。

我的学习心得：

1. _____
2. _____
3. _____
4. _____
5. _____

我的学习难点：

1. _____
2. _____
3. _____
4. _____
5. _____

我的运用计划：

1. _____
2. _____
3. _____
4. _____
5. _____

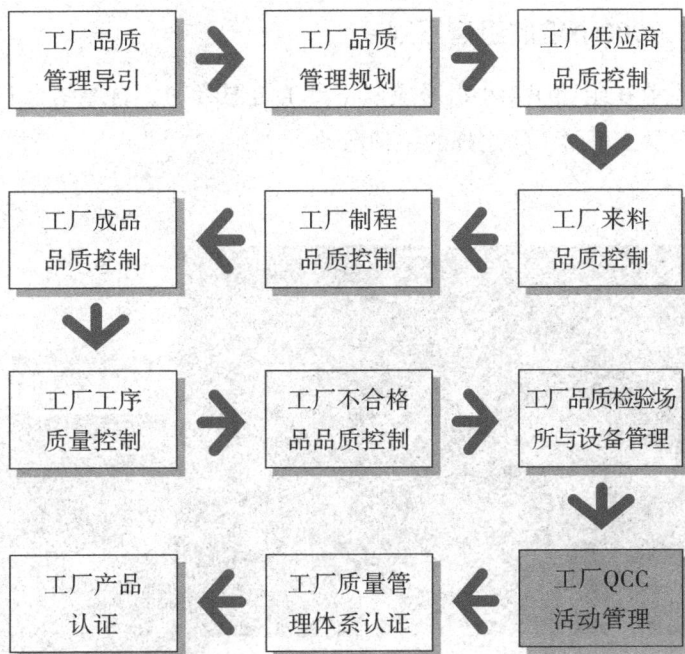

第 10 章

工厂QCC活动管理

导视图

| 工厂品质管理导引 | → | 工厂品质管理规划 | → | 工厂供应商品质控制 |

| 工厂成品品质控制 | ← | 工厂制程品质控制 | ← | 工厂来料品质控制 |

| 工厂工序质量控制 | → | 工厂不合格品品质控制 | → | 工厂品质检验场所与设备管理 |

| 工厂产品认证 | ← | 工厂质量管理体系认证 | ← | 工厂QCC活动管理 |

要点01：QCC小组的组建

QCC（Quality Control Circle）即品质管理小组或品管圈，它是为了解决工作问题、提高工作绩效，由同一个工作场所的人自动自发地组合成的一个小团体。团队内部人员分工合作，应用品管的简易统计手法对产品进行分析，从而解决工作现场的问题，以达到改善业绩的目标。

1. QCC小组的组建原则

企业在组建QCC小组时应坚持员工自愿参加、自愿结合和自愿组合的原则。QCC小组活动是员工日常工作之外的一种活动。

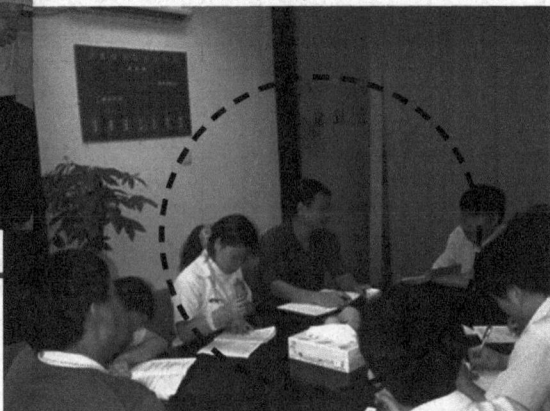

　　在解决企业重大问题或须跨车间、跨部门协作才能完成的课题时，企业可运用行政指令组建QCC小组。但在吸收QCC成员时，仍然要尊重员工意愿，坚持自愿参加的原则。

2．QCC小组的人员组成

　　（1）小组的组成。

　　QCC小组一般由同一工作现场或工作性质相近的基层人员自动自发地组成。

　　①班组人数不多时，可全班组成一组，初期由班组长任组长，经多次活动大家逐渐熟识之后，改由组员互选，让大家均有机会当组长。

　　②班组人数很多时，可将他们分成数组，班组长担任其中一组的组长，其他组的组长则由组员互选。但在导入初期，每班先组一个组即可。

　　（2）小组人数。

　　一般以4～8人为宜，最好不要超过10人；若超过10人，可分成两个组。

　　（3）组长的人选。

　　刚开始导入时，最好由班组长担任组长，但活动进行数期后，组员们对小组有了认识，则可由组员互选组长，或轮流担任，让大家都有机会担任组长，学学管理、领导及主持会议的技巧。但是不能让新进人员或对小组完全陌生的新组员当组长，因为组长是品质小组的灵魂人物，与品质小组活动的成败关系极大。

（4）组长的任职条件如下。

①对工作有热情。

②有进取心。

③有领导能力且责任感强。

④人际关系良好。

⑤熟练使用有关品质管理手法。

⑥尊重组员的意见。

3．QCC小组成员的职责和任务

（1）组长的职责和任务如表10-1所示。

表10-1　QCC组长职责任务表

职责	任务
组织领导	组长是QCC小组的组织者和领导者，负责组织小组成员制订活动计划，带领组员有效地开展活动
指导推进	QCC小组组长对全面品质管理知识掌握较好，又具有相当的经验，因此组长的重要任务是指导组员学好全面品质管理的理论和方法，并将其有效地运用于实践
联络协调	QCC小组活动经常涉及到班组工作现场问题，有时又和其他部门有紧密的关系，为取得有关方面的支持和帮助，QCC小组组长要经常与有关部门进行联系和协调
日常管理	QCC小组组长要按企业制定的QCC小组管理制度，经常组织全员开展品质活动，并做好活动记录、组织交流、整理成果及奖励发放等工作

（2）QCC小组成员的职责和任务如表10-2所示。

表10-2　QCC组员职责任务表

职责	任务
及时参加活动	QCC小组为自愿参加的团体，一旦成为小组成员，就应坚持经常参加小组活动，积极发挥自己的聪明才智，为QCC小组活动作出贡献
按时完成任务	QCC小组的课题需要由全体成员分担，每个人都应完成自己的任务，这样才能保证全组课题的进度和效果，因此每个成员必须努力完成自己分担的任务

（续表）

职责	任务
支持组长工作	QCC小组活动有时需要合理安排，每个成员都应以全组活动为主，服从组长领导，并积极配合组长工作
配合其他组员工作	在共同开展品质活动时，组员之间须互相沟通，传递必要的信息，互相帮助，共同营造和谐、融洽的工作环境

请注意

　　企业应通过示范、鼓励、支持及奖励等手段来吸引员工主动参与QCC小组，而不能强迫员工参与，否则，很容易失去应有的效果和组建小组的意义。

4．QCC小组的命名与注册登记

（1）小组的命名。

在第一次QCC小组会上，小组成员要给自己的小组命名。小组名称可以各取所好，但必须要凝聚组员的共识。

（2）QCC小组的注册登记。

QCC小组的注册登记要注意以下事项。

①小组成立后，要报主管部门注册登记。注册登记时要填写"QCC小组注册登记表"（见表10-3）和"QCC小组课题登记表"（见表10-4）。

表10-3　QCC小组注册登记表

部门		组名	
车间（科室）		成立日期	
工序		登记日期	
班组		类型	
接受全面品质管理教育情况：_____小时		人数	
组长		副组长		顾问	
职务		职务		职务	

（续表）

成员				
序号	姓名	性别	职务	备注
本年度课题名称		目标值		
主管单位意见：				

表10-4　QCC小组课题登记表

部门（车间）		班组		组长	
名称		课题名称		副组长	
登记日期	_____年____月____日				
计划完成日期	_____年____月____日				
问题现状			目标		
需提供协助的部门			协助项目和内容		
主管签字： _____年____月____日					

② QCC小组的注册登记不是永久性的，通常每年要经过一次重新登记和验收。如果QCC小组停止活动持续半年或一年内没有任何成果，应予以注销。

要点02：QCC活动成功推行要点

QCC活动是品质改进的重要措施，它推行的成功与否直接影响着企业品质改进的效果，企业应采用适当的措施，将QCC活动在企业中成功推行开来。

1. 加强教育培训

企业要想开展QCC活动、提高QCC活动水平，首先必须做好员工的教育培训工作。

（1）分层举办各种类型的学习班。

对中层以上主管开展重点培训班；对技术管理主管开展深化提高班；对班组长和广大员工开展普及班。

（2）要注意教育培训的针对性和有效性。

不同类型的小组学习内容要有所区别，针对性要有所不同，如作业人员数量较多，也可以通过讲座的形式进行培训。

2. 管理者以身作则

企业的管理者要以身作则，不仅要重视和支持企业主管部门开展QCC活动，还要亲自参加，并抓好下一级领导的工作。一级领导抓一级领导，做到层层抓，带动各级主管和员工参加QCC活动的积极性。

3. 完善QCC管理

（1）建立必要管理制度。

企业应建立必要的管理制度，如"QCC活动实施细则"、"QCC活动奖励细则"。在企业的年度计划里，还要规定一些QCC活动的要求，如年度里召开几次企业级、部门级成果发表会，有关专（兼）职人员要多长时间指导、检查一次小组活动的情况等。

（2）加强日常活动管理。

日常活动管理首先是课题管理，对课题管理要做到三看、三落实、三强调。

① 看选题是否合理，落实课题类型，强调课题的针对性。

② 看课题是否制定了目标，落实目标的可行性，强调目标的先进性。

③ 看课题的活动计划是否合理，落实课题完成预计时间，强调活动的有效性。

4. 做到五个结合

五个结合的具体内容如图10-1所示。

1 与班组建设相结合

在实施QCC活动时，要把班组完成上级下达的各项指标的难点和薄弱环节与小组的选题结合起来，要把班组升级、争先进的管理问题与小组的选题结合起来，要把班组的管理经验同科学的管理方法结合起来，使班组管理不断提高水平

2 与合理化建议相结合

在QCC活动中，特别是在制订措施计划时，应该积极开展合理化建议活动。可以采取小组成员个人提出的方式，也可以采取小组成员两三个人集体提出的方式

3 与方针目标相结合

　　每个企业都要制定自身的方针目标或每年的工作重点，并层层展开，落实到每个班组和个人。QCC小组通过上一级的目标查找班组的问题点，以QCC活动的形式加以解决

4 与素养建设相结合

　　开展QCC活动创造了物质成果，在此同时更要注意做好素养建设工作，将QCC活动与培养精神风貌、职业道德、社会风尚、思想品德结合起来

5 与专业管理相结合

　　专业管理部门要强调品质职能的落实，要为QCC活动提供有针对性的课题，使QCC活动成为以专业管理为主的活动，逐步形成专业管理战线，建立全员性品质管理网络

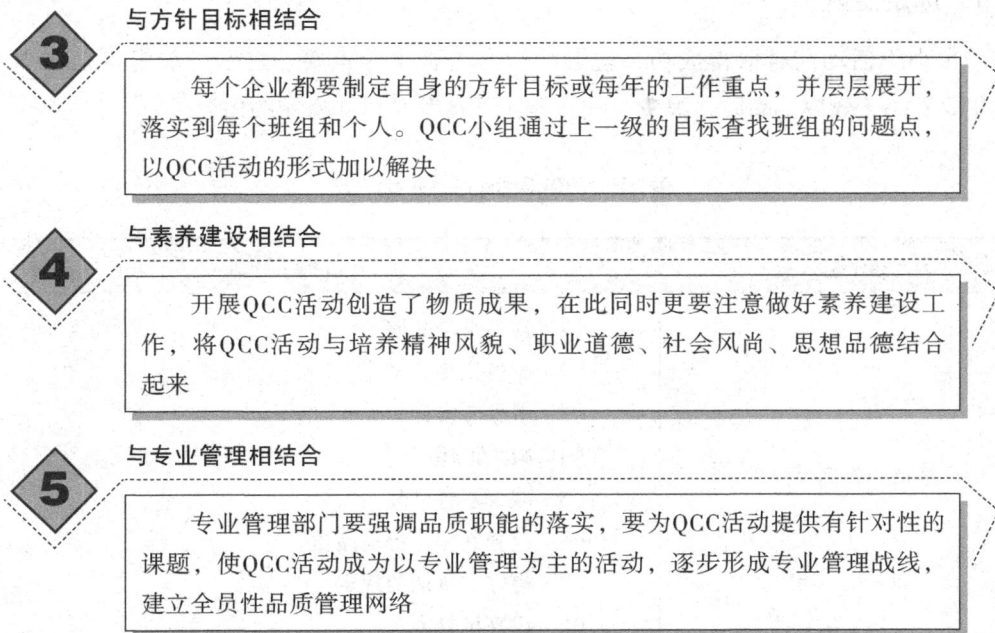

图10-1　五个结合

要点03：QCC活动的开展

　　QCC小组成立以后，从选定改善主题开始，要不断应用统计的技巧，以条理化、科学化的方式开展QCC活动，改善品质管理工作。

　　QCC小组开展QCC活动时要遵循以下步骤，具体步骤如图10-2所示。

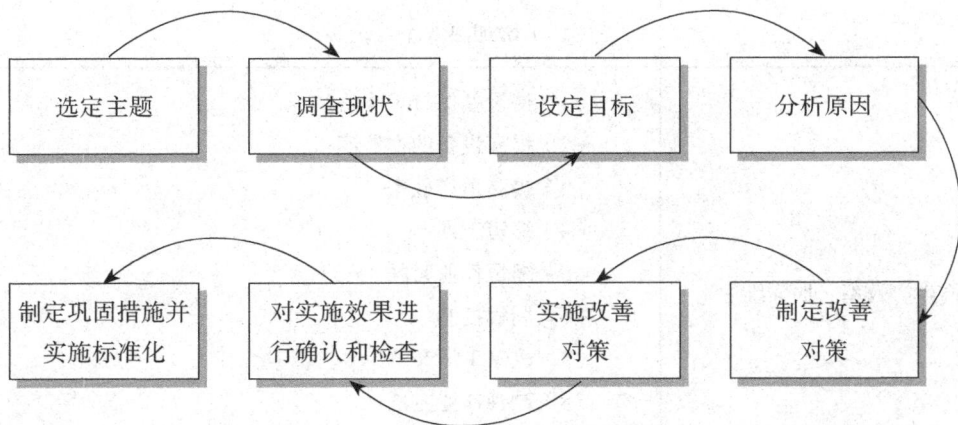

选定主题　调查现状　设定目标　分析原因

制定巩固措施并实施标准化　对实施效果进行确认和检查　实施改善对策　制定改善对策

图10-2　QCC活动的开展步骤

201

1. 选定主题

QCC小组活动能否取得成功，选题的恰当与否十分重要。选题一般来自工作中的问题，主要是关于效率、品质、浪费、成本等，可参考表10-6所示的内容。

表10-6 QCC活动主题参考表

项目	问题
维持与提高品质	（1）提高平均品质 （2）减少变异 （3）减少异常材料 （4）减少抱怨 （5）减少不合格品 （6）改善制程，提高品质 （7）遵守交货期的规定 （8）提高可靠度
降低成本、节省能源	（1）节约材料、零件 （2）减少单位使用量 （3）提高产出率 （4）减少维护费用 （5）精简人力 （6）活用时间 （7）减少库存量 （8）加强仓储管理 （9）节省能源 （10）增加热效率
提高生产效率、加强维护	（1）使设备保持干净清洁 （2）提高设备的作业率 （3）提高生产效率 （4）缩短工期 （5）缩短作业时间 （6）制程控制 （7）改善工厂布置 （8）改善作业方法 （9）改善维护方法 （10）改善设备

项目	问题
提高士气	（1）美化环境 （2）确立工作信条 （3）激励每个人的工作能力 （4）鼓励改善提案 （5）愉快地推行自主管理活动 （6）加强品质、成本意识
确保工作安全	（1）消除不安全操作 （2）消除不安全设备 （3）消除因疏忽而引起的事故 （4）加强对安全标志的认识 （5）加强作业前的准备工作 （6）改善工作环境

2．调查现状

调查现状的目的是掌握必要的材料和数据，找出企业生产工作中各类问题的产生原因，同时也为确定目标打下基础。对现状进行调查时要注意以下两点。

（1）调查必须客观，要真实可靠。

（2）调查的对象必须是主要问题。

3．设定目标

QCC小组主要利用5W2H法来设定目标，5W2H的具体内涵如表10-8所示。

表10-8　QCC活动中5W2H的内涵

5W2H	内容	质问
What（什么）	（1）去除不必要的部分和动作 （2）改善对象是什么 （3）改善的目的是什么	（1）要做什么 （2）已经做了什么 （3）应该完成什么 （4）还能做什么 （5）还应该做什么
Where（何处）	（1）改变场所或场所组合 （2）作业或作业人员是否处于正确状态	（1）在何处做 （2）为什么在那里做 （3）在别的地方做能否更有效率

（续表）

5W2H	内容	质问
When（何时）	（1）改变时间、顺序 （2）改变作业时间	（1）何时来做 （2）为什么在那时候做 （3）在别的时间做是否更有利 （4）必须在何时做
Who（谁）	（1）人的组合或工作的分担 （2）对作业人员之间或作业人员与机器、工具间的关系重新加以检讨	（1）是谁在做 （2）为什么要这个人来做 （3）是否无他人能替代 （4）有谁可以做得更好
Why（为何）	（1）将所有的事情先怀疑一次，再作深入的追究 （2）对上述的质疑进行检讨，并找出最适合的改善方案	（1）为何要如此做 （2）为何要使用目前的机器来做这种工作 （3）为什么要照目前的步骤来做 （4）为什么要这样做
How（如何）	（1）使方法、手段更简单 （2）改变作业方法或步骤，找出所需劳力更少、熟练度要求更低、费用更少的方法	（1）为什么要这样做 （2）是否没有其他可替代的方法 （3）哪种做法才是最好的
How much（花费多少）	（1）了解需要的耗费 （2）制订合理的计划	（1）大约需要花费多少资源 （2）能否减少花费 （3）采取怎样的措施减少花费

目标设定时应注意以下事项。

（1）目标应从实际出发，目的是解决实际问题，例如发现设备肮脏，应查找具体原因，并将使设备保持整洁作为活动目标。

（2）目标要明确，并和主题保持一致。

（3）目标要量化，也不要定得太多。每次的目标值最好定一个，最多不超过两个。

（4）目标要经QCC小组全体成员同意。

4．分析原因

在调查分析的基础上，对初步确定的主要原因进行验证和进一步筛选，最终确定问题的要因。对于产品品质问题，可按人、机、料、法、环（4M1E）等因素进行分析，具体分析内容如表10-7所示。

表10-7　4M1E分析表

因素	具体分析
人员（Man）	（1）是否遵照作业标准工作 （2）工作效率是否达到了要求 （3）是否有问题意识 （4）是否负责任 （5）能力是否达到要求 （6）经验是否足够 （7）是否有改善工作的意识 （8）人际关系是否良好 （9）健康情况是否良好
机器设备（Machine）	（1）生产出来的产品是否符合规格 （2）产能是否达到要求 （3）是否有适当的润滑 （4）是否有适当的检验 （5）机件是否经常发生故障而影响作业 （6）精密度是否符合要求 （7）是否发出不正常的声音 （8）配置是否适当 （9）数量是否足够 （10）生产流程是否顺畅
材料（Material）	（1）数量是否正确 （2）品级是否符合 （3）是否掺有杂质 （4）存货水准是否适当 （5）是否有浪费的情形 （6）搬运作业是否适当 （7）是否能够不存留在制品 （8）存放的方式是否适当 （9）品质的标准是否适当

（续表）

因素	具体分析
作业方法（Method）	（1）标准是否适当 （2）标准是否不断改进 （3）是否能确保品质 （4）是否有效率 （5）工作的顺序是否适当 （6）工作的准备过程是否适当
环境（Environment）	（1）是否安全 （2）温度与湿度是否适当 （3）照明与通风的情况是否良好 （4）粉尘、气味、噪声是否严重 （5）地面、墙面是否干净整洁 （6）灭火装置是否合理配置 （7）安全通道是否通畅 （8）消防设备是否维护良好

分析原因时，常用因果图、关联图等；确定主要原因时，可用排列图、矩阵图等。原因分析必须进行到能采取改善对策为止。

5．制订改善对策

确认要因和制定活动目标后，就要采取相应措施，并拟订一份改善对策表。表的内容包括需改善的项目、问题和现状、设定的目标值、改善对策、改善对策负责人以及预定完成时间，具体内容如表10-9所示。

请注意

制定改善对策时要注意以下两点：改善对策应具体可行，方便实施和检查；对策应由不同组员提出和实施，做到全员参与，不能只由少数人负责。

表10-9　改善对策表

序号	需改善的项目	问题与现状	目标	改善对策	负责人	完成时间

6．实施改善对策

QCC小组组长应负起指导的责任，并对改善对策的实施过程加以控制。实施对策时应注意以下几点。

（1）严格按照改善对策行事。

（2）保持经常性和全员性。

（3）在实施过程中做好记录和数据收集工作。

（4）如果实施过程中遇到新问题导致原先对策无法实施时，必须及时修改对策，经小组成员讨论后再进行实施。

7．对实施效果进行确认和检查

检查的目的是确认实施的效果。通过对活动前后的状况进行对比，即可看出活动的效果。

检查效果时要注意以下几点。

（1）用数据和事实说话。

（2）进行多层次、多方位、多种方法的对比。

（3）确认效果是否可以维持。

（4）对其他方面是否会产生相反效果。

（5）对某些特定指标进行检查时，应邀请职能部门的代表参加。

如果经检查发现未取得预期效果，则应检讨对策，必要时再重新制定合适的对策。

8．制定巩固措施并实施标准化作业

实施效果良好时，QCC小组应将改善对策继续执行下去，并将实施方法标准化，写成标准操作程序，上交有关主管确认。作业方法标准化后，企业必须对全体人员进行认真的培训，使其真正了解并遵守这些标准。

要点04：QCC小组会的召开

企业召开QCC小组会是为了明确活动计划、确定活动内容，因而有必要定期召开。

1．QCC小组会常见的问题

（1）找不到合适的时间或地点，因此不能定期召开。

（2）组员不想开会，出席率低。

（3）组员开会但不发言。

（4）组长主持方式不佳。

（5）上次开会分配的工作没能执行。

（6）开会无实质内容、数据虚假。

（7）会而不议，议而不决，决而不行。

2．开会的具体注意事项

（1）时间。

开会频度一般为每周一次或每两周一次，时间不宜过长，约30分钟即可。可在上班的空闲时间召开，如停机、待料时间或下班后，午休时间也可。

（2）地点。

最好在有桌椅及黑板以及多媒体设备的会议室里进行。在企业内开会的，地点一般在会议室、培训室、餐厅、工作现场、楼梯间、草地上；如在企业以外开会，可选择如公园、溪边、餐馆等场所。

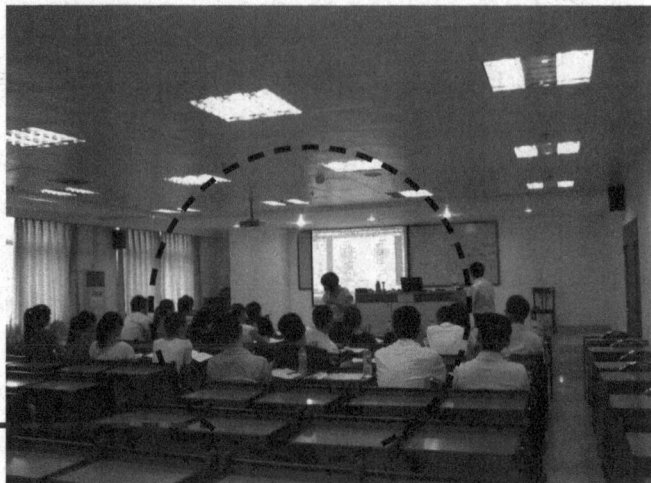

（3）开会前的准备工作。

①开会一周前，组长必须参照QCC小组活动的计划，了解现状及问题点，决定开会时要讨论的内容，并准备开会有关事宜。

②日期、场所确定后，呈请上司核准，必要时请上司列席指导。

③开会前三日，以书面形式通知组员参加。"通知单"如表10-10所示。

表10-10　QCC开会通知单

组名		所属单位		参加人数	
时间	_____年___月___日___时___分				
地点					
活动项目					
会议主题					
记事					
经理：		辅导员：		组长：	

④开会前要对出席组员及场所等进行再次确认。

（4）开会的注意事项。

①由组长说明本次开会讨论事项。

②一定要用头脑风暴法让组员积极交流，充分发言讨论。

③一个事项讨论完毕后再讨论第二个事项。

④必要时请组员报告上次小组会分配工作的完成情况。

⑤组长将决议事项分配到有关组员。

⑥指派一人作全程记录，记录表如表10-11所示。

表10-11　QCC会议记录表

委员：			
组员：　　　　　所属单位：　　　　　组长：　　　　　辅导员：			
活动题目：			
集会时间：＿＿年＿＿月＿＿日＿＿时＿＿分至＿＿＿年＿＿月＿＿日＿＿时＿＿分			
地点：　　　　　集会次数：　　　　　第次主席：			
出席人数：＿＿＿＿＿＿名（含辅导员）　　　　　记录：			
缺席名单：			
本次会议重点： □题目选定　　□效果确认 □目标追求　　□标准化 □现状分析　　□总检讨 □对策提出　　□研习会 □对策检查　　□其他 会议内容：			
会议记录于会后一周内经辅导员（科长）、委员认可后，提交给有关部门保存			

（5）必要时可利用小组会时间安排一些培训，以提高组员的业务能力。

①让上司作指导，但必须事先征得其同意。

②培训内容可包括QC手法、QCC小组精神及意义、开展方法、对策提出的创造性思考法、数据的收集、新标准书的宣传引导等。

（6）会议记录的整理要求。

①记录做成后，由组长确认。

②小组会应在2～3天内将会议记录交当天缺席的组员阅读，如有意见可由其补入。

③将会议记录呈上司或辅导员签核后交执委会查核。

要点05：QCC活动成果的发表

QCC活动成果发表可以提高员工的总结能力和讲演能力，促进经验的相互交流，达到共同提高的目的。

1. 发表活动成果的要求

（1）形式为目的服务。

①使与会者能听懂、看清并学到知识。

②创造人人实现自我的机会，因此形式要有利于效果的发挥。

（2）分层要求、区别对待。

成果发表一般从基础班组到车间总厂。一般来说，越往基层发表的成果应越简单、越大众化，参与上台发表的人数越多越好。如有可能的话，成果中谁参与的内容就由谁上台讲解，这样可以体现集体智慧、团队精神。越往上层要求越高，所以发表人员数量相应减少，示范性更强。

（3）求实简化。

成果发表是群众性的活动，会议要简化，报告时间、内容要简短，经验材料、讲演、成果报告要选取精华部分，不要面面俱到。

2. 成果发表的要点

（1）语言简练清楚，切忌使用"大概"、"可能"等不确定的用语。

（2）以讲解图表和多媒体演示为主。

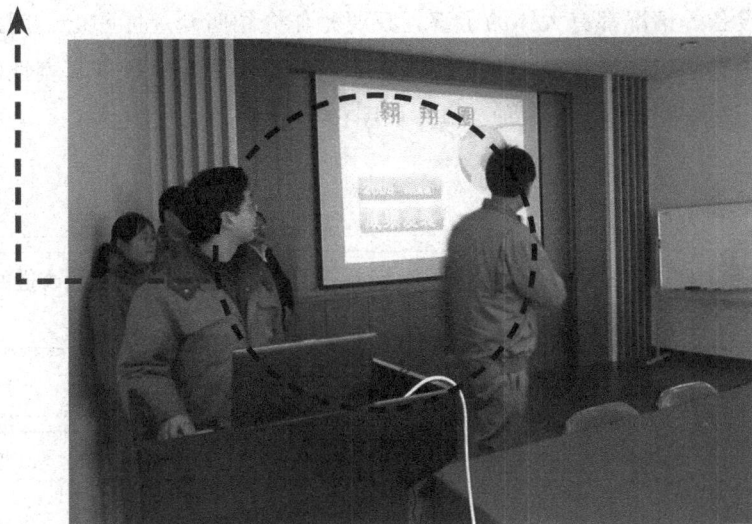

（3）掌握住听众，把握住自己，控制演讲速度，注意时间要求。

（4）注意仪表仪容，谈吐大方得体。

（5）答辩要简洁，回答要直接，态度要礼貌。

3．QCC活动成果发表前的准备

QCC活动成果发表前的准备工作主要包括制片、确定发表形式、推选发表人、演练、纠正改善、准备发表等。

4．QCC活动成果发表的形式

（1）现场发表。

请注意

在开展一段时间的QCC活动后，小组成员必须要发布工作成果，以便对小组工作进行总结，并为后续工作的开展提供指导。

现场发表在中小型企业或大型企业的分厂、车间、班组中应用较多。由于大家对产品、工艺、设备等情况都有大体的了解，只要稍作介绍听众就能领会，因此没有必要作详细介绍。可根据小组的成果报告和平时检查了解的情况，先认证其真实性和可靠性，再发表主要内容。发表方式有以下三种，具体如图10-3所示。

1 实物对比发表式

将改进前后的实物产品、设备或工艺等进行对比，介绍改进的理由、过程和效果

2 活动阶段重点发表式

由小组着重介绍他们的做法和体会最深的内容。这样每个成果都具有特色，发表时间短，内容又突出。这是听众较喜欢的发表方式

3 集体发表式

由小组全体或部分成员分别介绍个人在活动中的做法和体会，或一个人讲一个阶段的情况，全部衔接起来就是一个完整的成果

图10-3　现场发表的方式

（2）大会发表。

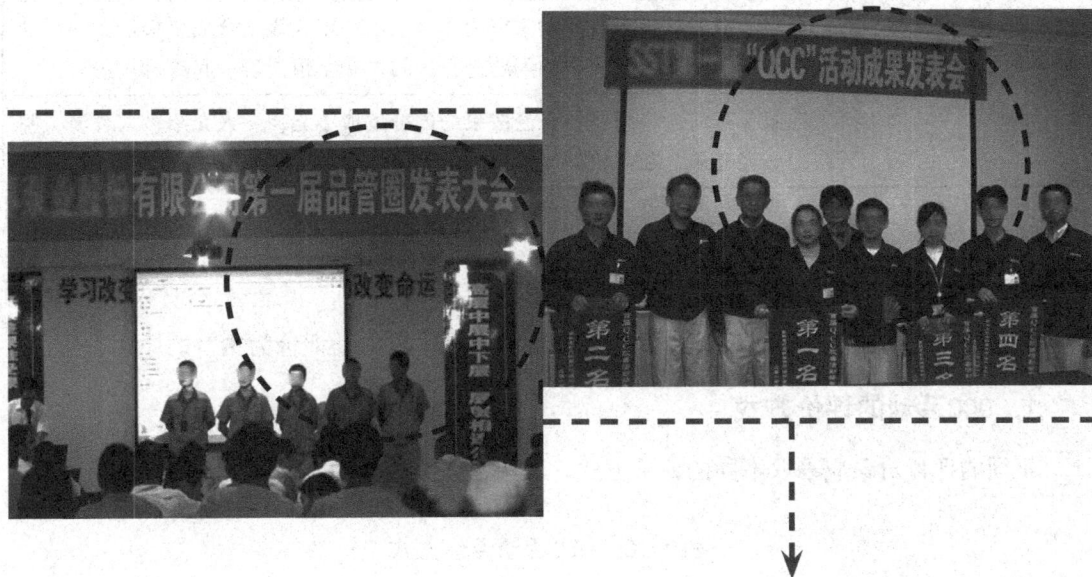

如果企业人数较多，QCC小组也较多，大会发表是必不可少的形式。具体的操作方式如表10-12所示。

表10-12　大会发表的方式

形式	操作方式
评先表彰式	此种形式一般是出于评选表彰优秀小组并向上级推荐的目的，会议现场程序一般如下 （1）致开幕词 （2）宣布评选方法 （3）介绍评审组成员及会议程序 （4）发表成果 （5）提问答辩 （6）成果讲评和案例分析 （7）公布评选结果及向上级推荐的优秀成果名单 （8）领导发奖并讲话 （9）会议总结，提出今后任务、要求等

（续表）

形式	操作方式
发表分析式	可由评委按评价标准对上报的成果材料分别审查打分，综合评价其优缺点，并确定几个有倾向性、代表性或有特色的成果作为案例分析发表，由评委逐个评价
专家群众结合式	为提高群众基础和评选的公正性，可采取候选小组发表、评委打分定名次、会议代表投票决定的专家群众结合式进行成果发表
交流经验式	即会前散发成果报告让大家审阅，会上由小组代表结合成果报告介绍活动做法和体会，听众就成果中的问题进行提问，和小组代表一起探讨
文娱发表式	在服务行业，小组可将自己成果的内容编成小品，一人介绍多人表演，并配合一些轻音乐，在愉快的气氛中进行成果发表

要点06：QCC活动的评价

评价QCC活动应坚持"活动评价和成果评价相结合，以活动评价为主"的原则。

1．QCC活动的评价方式

不同的评价对象应采取不同的评价方式，具体方式如表10-13所示。

表10-13　QCC活动评价方式

评价对象	评价时机	评价方式	评价目的
QCC活动状况	日常评价	推动部门或主管负责组织评价	协助QCC小组日常活动顺利进行，掌握QCC小组活动过程
	每完成一个课题后进行一次评价	自我评价、现场实地评审、发表会评审	针对一个课题的成效加以评价，了解其优缺点，并制定措施克服其缺点
	定期	自我评价	经过长期活动后，对自身素质及整体贡献程度进行自我评价
部门推行状况	定期（每半年或每季度）	部门负责人或推行委员会指派评审	了解本部门推行做法及绩效，评定对企业的贡献
企业活动状况	定期（每年或每一阶段）	推动单位自我评价或外聘专家协助评审	掌握企业推行现状，定期检查问题点，以便为今后的工作提供参考

2. 活动评价方法

（1）分阶段评价法。

分阶段评价的项目大致可分为课题、现状分析、对策与实施、效果、巩固措施、发表水平六大项。以上六大项的内容还可以再分解为若干个中项和小项。

把分解后的项目大致归纳起来，主要包括以下内容。

① 课题准确。

② 目标要先进可行。

③ 理由要充分，用事实和数据说话。

④ 要分析现状，要确认主因。

⑤ 改善对策要具体落实，与主因要对应。

⑥ 活动要科学，成员要积极参与讨论。

⑦ 方法应用恰当正确。

⑧ 要将有效的方法和措施纳入标准或规范。

⑨ 要处理遗留问题。

⑩ 要研究下一步的课题效果。

以上这些内容都可以根据各部门的实际情况进行增减，每项内容的分值可根据自身情况确定。

（2）综合评价法。

综合评价法即对活动的综合效应进行评价，具体评价标准如图10-4所示。

1 活动的真实性

主要表现在员工、主管对活动的认可，往往是通过现场检查来确定的。如QCC的日常活动、成员的努力程度、工作的实效、有无原始活动记录、成员的培训教育情况等

2 活动的全员性

在活动的全过程中，考察每个成员是否都积极参与，既有明确的分工又有紧密的配合，努力为实现课题目标出力献策

3 目标的先进性

目标的先进性在很大程度上可以反映课题的难易程度。一般来说，目标越先进，课题的难度就越大、效果就越好

4 活动的科学性

主要包括活动程序、分析问题和使用技术方法的科学性两方面的内容。考察是否按照PDCA循环的科学程序开展活动，在分析问题、观察问题和解决问题时是否符合逻辑推理、思路清晰等

5 活动的有效性

考察创造的可计算的直接经济效益、间接效益或社会效益，评价成员在思想、技术、管理素质、品质意识、问题意识、参与意识、改进意识等方面的提高，以及职业道德、责任心、事业心等方面的增强等

6 活动的连贯性

考察是否在完成了一个课题后又不断地选择新的课题，进行不间断的PDCA循环，不断地取得支持并开展多种形式的活动，以增强凝聚力和吸引力

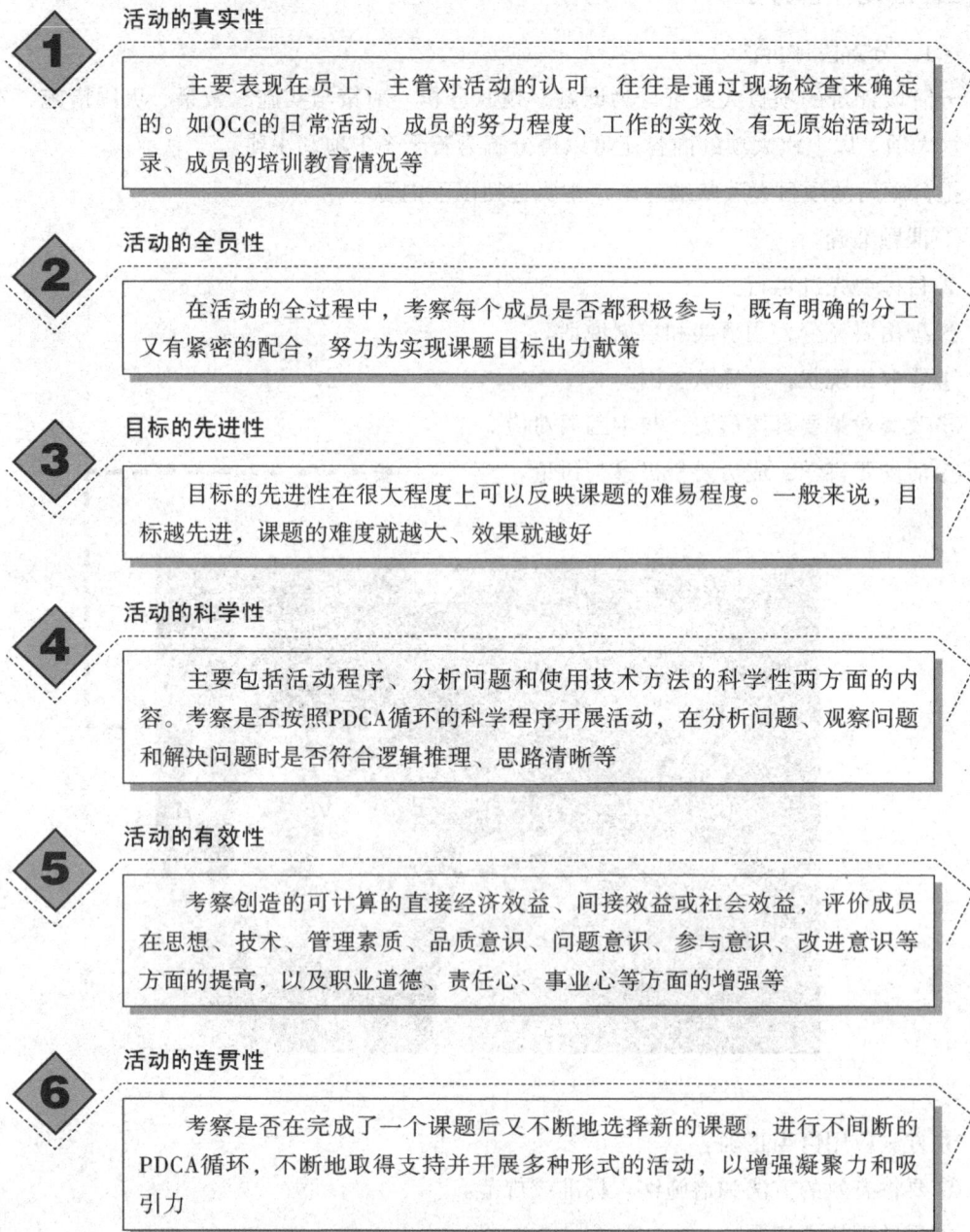

图10-4　QCC活动的评价标准

3．活动评价的记录

企业在进行评价后，将评价结果采取表格形式进行记录，以便于对整个活动进行全面了解。评价表如表10-14所示。

表10-14　QCC活动评价表

QCC小组名称：　　　　　　　　　　　　　　　　　评价日期：

评价项目		评价基准	得分					备注
活动状况	QCC定期检讨状况	（1）注意有无形式化的活动 （2）是否准时检讨 （3）头脑风暴法运用是否适度	10	8	6	4	2	
	组员合作及分工情形	合作是否真诚，分工是否合理	10	8	6	4	2	
	成果发表会	资料是否充分，有无运用图表	5	4	3	2	1	
	报告、记录、申请表	（1）有无明确记述 （2）撰写方式是否正确	5	4	3	2	1	
有形效果	合乎组织的目标与计划	（1）计划是否具体明确 （2）交货是否准时	5	4	3	2	1	
	目标达成率	达成率高低	10	8	6	4	2	
	品质不合格率	降低该项不合格率的多少	10	8	6	4	2	
	节省金额	节省费用的多少	15	12	9	6	3	
	提案改善采用件数	该组内改善提案采用件数	10	8	6	4	2	
无形效果	工作士气	是否高昂	10	8	6	4	2	
	积极性	是否自发吸收对于目标完成有帮助的新知识	5	4	3	2	1	
	品质意识及成本观念	是否提升品质意识及爱惜企业财产	5	4	3	2	1	
评语								

评价人：

要点07：QCC活动常见问题的解决

在QCC活动的运行过程中，可能会出现各种问题，这时就需要企业采取相应的解决方式加以解决。

1．活动课题

（1）常见问题。

课题出现问题往往会影响整体活动的有序进行，以下是几种常见的课题方面的问题。

①课题用语错误。

②课题与主体活动内容不相符。

③课题牵涉到其他部门，自己无能力解决。

④课题太大，需要完成的时间过长。

⑤课题、问题、目标三者不统一。

⑥选题理由不充分，没有说明选题的必要性。

⑦选题理由偏离主题。

（2）解决办法。

解决办法有如下几种。

①课题要明确说明是当前关键性的问题。

②课题要经全员反复讨论，并形成共识。

③课题要选择身边的问题，先易后难。

2．目标值的设定

（1）常见问题。

设定目标值时应采取积极慎重的态度，应将已掌握的数据或事实进行整理分析后，通过大家集思广益的讨论，再确定目标量。目标定得太随便往往会引发以下问题。

①目标确定得不明确，活动后无法考核，定性不定量。

②目标值确定得过高或过低。

③目标值与收集的数据不符合，实际目标已超过确定的目标值。

④目标未经全员讨论通过，没有形成统一目标。

（2）解决办法。

解决办法有如下几种。

①确定的目标要以收集的数据和事实为依据。目标要经过努力才能达到，既不能定得过高，也不能定得过低，要体现先进性和可行性。

②尽量将定性的目标转化为定量的目标值。

③提出的目标值理由要直接、清楚，说明其必要性。

3．现状的调查分析

（1）常见错误。

一般QCC活动往往利用现实掌握的情况和已发生过的事实和统计资料来决定活动的目

标，而在这个过程中会发生如下一些错误。

①没有可收集利用的数据。

②收集的数据情报太少，代表性差。

③未查阅现有的统计资料和图表。

④对现场、实物观察得不彻底，如未发现脏污的角落等。

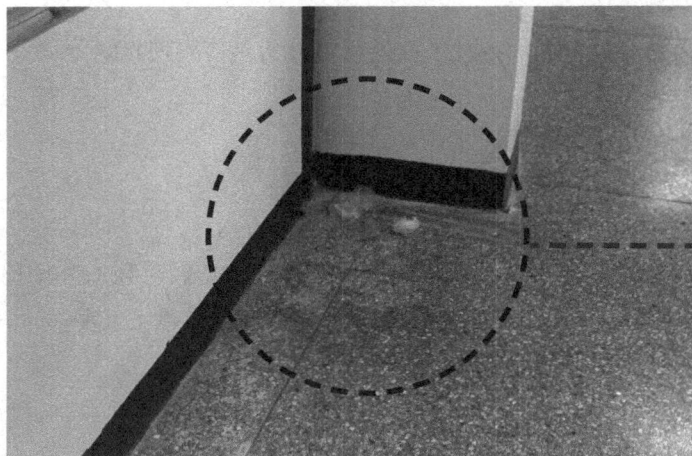

⑤现状数据与目标值起点不符合。

⑥把寻找要因的步骤当作现状分析。

⑦对分析所需用的技术和方法，并没能真正了解及运用。

（2）解决办法。

解决办法有如下几种。

①对现有数据、资料进行整理。

②以统计图表的形式分析现状。

③对现场、产品应进行详细的观察与分析。

4．找出问题并确定要因

（1）常见问题。

在分析现状的基础上，必须对问题进行分析并确定主要的原因。但是有些QCC却忽略了这一点，导致以下一些问题的出现。

①未彻底地追查主要原因。

②未进行人、机、料、法、环的深入分析。

③分析过程过于简单。

④分析内容不明确。

⑤成员没有参与结果分析。

⑥缺少有力的验证工作。

⑦分析问题没有与现状密切结合，前后不连贯。

（2）解决办法。

解决办法有如下几种。

①对要因再进行分析，从现状的有关影响项目（如人、机、料、法、测、环）中寻找真正的要因。

②用系统的方法，充分利用各种手法进行再分析，使得现状细分化。

③最好能用统计方法或实验确定主因。

5．制定对策

（1）常见问题。

通常应依据确定的主要问题来制定工作改进的措施。但是在实际中由于构思不缜密或者过于草率，从而使得整个活动的效果不好，常见的问题有以下几种。

①与现状分析连贯不起来。

②要因与对策之间的关系不对应。

③表达不清楚、不具体。

④工作改进的方法太理想化。

⑤针对全部原因不分主次地全部制定对策。

⑥对策内容太简单。

⑦制定的对策与活动主题没有关系。

⑧没有正确有效地应用制定手法。

⑨对策没有经过全体成员讨论决定。

（2）解决办法。

解决办法有如下几种。

①围绕要因展开分析并制定对策，对策要有针对性。

②在制定措施时要注意统一考虑专业技术和管理技术。

③对策的初始方案最好由所在岗位的成员提出并拟定。

④对策一定要经过讨论后确定，并落实到执行人。

6．实施改善对策

（1）常见问题有如下几种。

①没有认真地落实每一项实施措施。

②在实施过程中，对一般措施和主要措施没有区别对待。

③改进方法太笼统、不明确。

④对策方法脱离实际情况。

⑤实施中未做适时定期检查。

⑥实施过程出现了新的对策和结果。

⑦在实施中的各阶段没有定期收集数据。

⑧实施手法没有恰当运用甚至运用得不正确。

⑨有实际的活动，但只有文字记录没有图片。

（2）解决办法。

解决办法有如下几种。

①在制定对策后，根据计划进度要求定期检查和整理分析数据材料。

②使用改善方法，发现异常或无效情况应及时召开会议，以确定补救办法。

③活动中间一定要定时召开会议，并追踪中间措施的执行成效。

④组长要特别关心活动实施的情况，随时发现问题，及时进行指导。

7. 效果检查

（1）常见问题。

效果的表达常常偏重于绩效，因此效果检查常有违背事实的虚假数据。这个步骤常见的问题有以下几种。

①绩效与QCC主题没有关系。

②绩效核算方法不正确。

③对活动课题提出的目标值没有表示，没有前后的比较。

④成果没有经过全员确认，只有组长或少数人知道。

（2）解决办法。

解决办法有如下几种。

① 尽可能将品质的提高用金额的形成表现出来，用经济语言说明效果。

② 要把无形效果与有形效果融为一体来考虑。

③ 高级主管人员要亲自检查，并与QCC小组成员进行沟通，以了解实际情况。

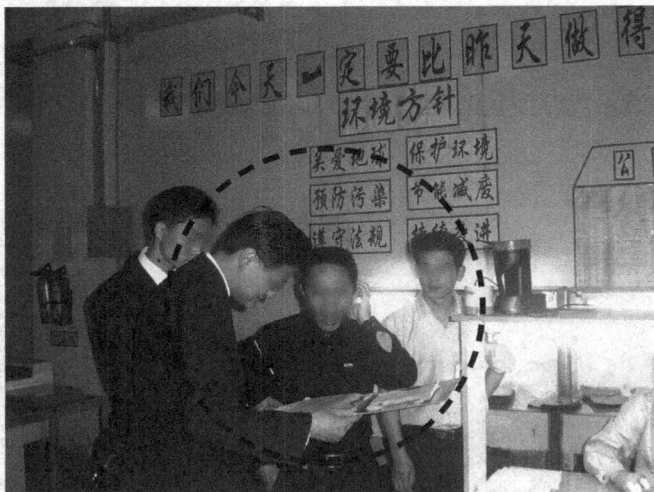

8．标准化

（1）常见问题。

经过QCC的活动，能够将有效的作业方法纳入企业标准化体系的实在太少了，往往都是为了发表或为了评分，只是建立文字上的标准化，事实上并没有真正将标准作业依程序纳入标准化文件。

①有标准化的说明，但没有纳入标准化文件。

②标准写出来了，但没有坚持执行。

③建立的标准化作业方法在对策实施中找不到凭证。

④标准化的内容不具体，看不出标准化的要点是什么。

⑤成员没有参与标准化的活动。

⑥标准化实施后缺少进一步的教育。

（2）解决办法。

解决办法有如下几种。

①把有效的改进方法纳入有关的技术标准、管理标准或作业标准、作业规范、作业指导书等文件中。

②应由措施执行人起草标准，以加深组员对标准的印象及重视程度。

③标准化作业完成后，一定要说明前后差异，并明确弃旧立新的时间。

9．整体活动

（1）常见问题。

前面是针对每一活动步骤提出的一些问题点，以下再对整个活动的过程提出一些常见的问题。

①活动的过程脱离了PDCA循环的科学性。

②应用工具不准确或者失效。

③活动顺序不明显，前后内容不连贯。

④数据代表性不理想、不充分。

⑤组长组织活动不严密。

⑥组员对每一活动阶段的了解不够。

（2）解决办法。

解决办法有如下几种。

①小组要对整个活动做好记录，活动事实和数据要记录清晰，前后要相互呼应。

②记录要完整，活动要写实。

③要了解每个工具的功能和适用性。

④组长应与组员保持沟通，随时了解组员在活动中遇到的困难和参与程度，并核查有关活动资料和数据。

⑤随时掌握活动进度，按时召开小组会，按时撰写成果并做好统计报表。

学习笔记

通过学习本章内容，想必您已经掌握了不少学习心得，请仔细填写下来，以便继续巩固学习。如果您在学习中遇到了一些难点，也请如实写下来，方便今后重复学习，彻底解决这些难点。

同时本章列举了大量实景图片，与具体的文本内容互为参照和补充，方便您边学边用，请如实填写您的运用计划，以使工作与学习相结合。

我的学习心得：

1. _____
2. _____
3. _____
4. _____
5. _____

我的学习难点：

1. _____
2. _____
3. _____
4. _____
5. _____

我的运用计划：

1. _____
2. _____
3. _____
4. _____
5. _____

第11章

工厂质量管理体系认证

导视图

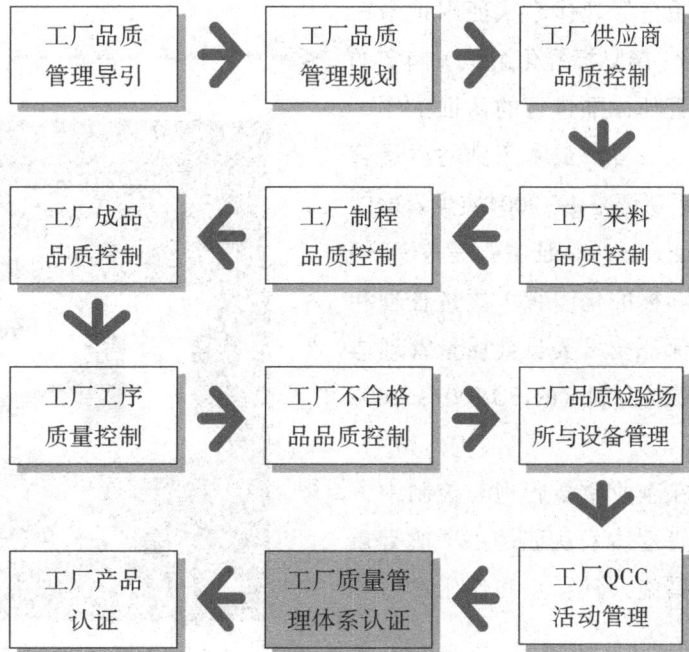

工厂品质管理导引	→	工厂品质管理规划	→	工厂供应商品质控制
工厂成品品质控制	←	工厂制程品质控制	←	工厂来料品质控制
工厂工序质量控制	→	工厂不合格品品质控制	→	工厂品质检验场所与设备管理
工厂产品认证	←	工厂质量管理体系认证	←	工厂QCC活动管理

关键指引

通过质量管理体系认证，企业可以建立高效的质量管理体系，提高企业的生产效率、产品质量。同时，获得质量管理体系认证证书也有助于提升企业产品的市场竞争力。

要点01：质量管理体系认证的特点和作用

质量管理体系（Quality Management System，简称QMS）是指"在质量方面指挥和控制企业的管理体系"，通常包括制定质量方针、目标以及质量策划、质量控制、质量保证和质量改进等活动。

质量管理体系认证则是指根据ISO（国际标准化组织）制定的质量管理标准进行的认证工作。对企业而言，最常用到的质量管理体系认证是ISO 9001质量管理体系认证，这项认证主要是基于ISO（国际标准化组织）质量管理和质量保证技术委员会质量管理体系分委员会制定的ISO 9001：2008标准。

在企业质量管理与控制中，质量管理体系认证是一项非常重要的措施，其特点和作用具体如下。

1. 认证的特点

认证的特点如图11-1所示。

| 1 | 　　强调管理层的介入，明确制定质量方针及目标，并通过定期的管理评审达到了解企业的内部体系运作情况、及时采取措施确保体系处于良好的运作状态的目的 |

| 2 | 　　强调纠正及预防措施，消除不合格的产生原因或潜在原因，防止不合格再次发生，从而降低成本 |

| 3 | 　　强调不断的审核及监督，以达到对企业的管理及运作不断修正及改良的目的 |

| 4 | 　　强调全体员工的参与及培训，确保员工的素质满足工作的要求，并使每一个员工有较强的质量意识 |

| 5 | 　　强调文化管理，以保证管理系统运行的正规性、连续性 |

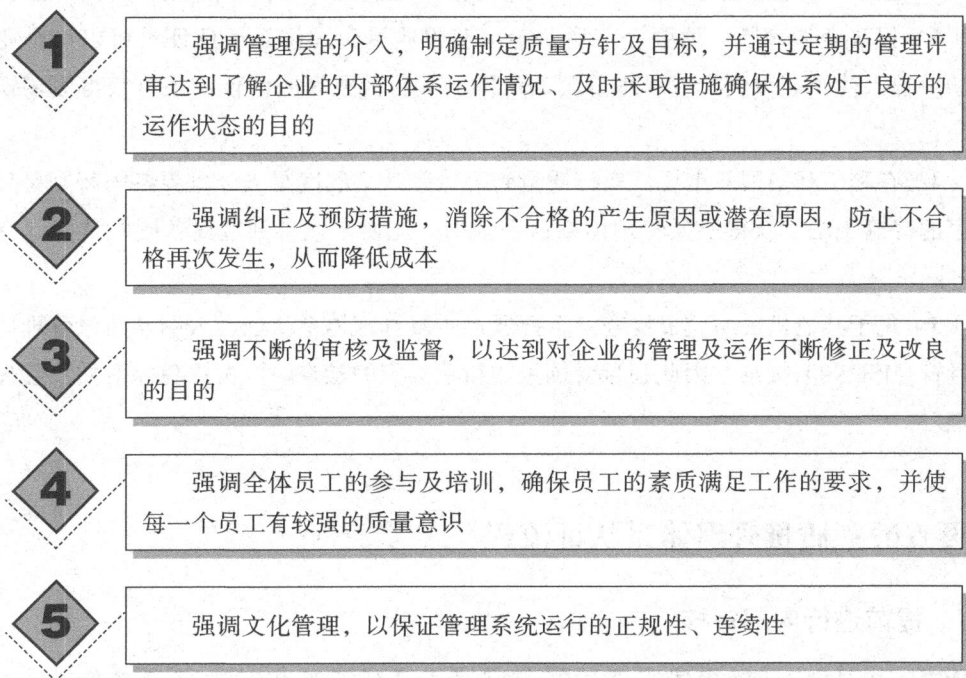

图11-1　认证的特点

2．认证的作用

（1）提高质量管理水平。获得质量管理体系认证就必须按照ISO 9001标准建立质量管理体系。建立质量管理体系能使企业实现质量好、成本低的目标，可使企业具有减少、消除特别是预防质量缺陷的机制，使企业的质量管理工作规范化、标准化。

（2）扩大销售并获得更大利润。ISO 9001质量管理体系认证标志是产品质量信得过的证明，带有认证标志的产品或服务在市场上具有明显的竞争力，受到更多顾客的信任。经验证明，在市场经济条件下，取得ISO 9001质量管理体系认证是企业在竞争中取胜、提高利润的有效手段。如瑞士通用公证行（SGS），英国标准协会

（BSI），德国技术监督协会（TüV），中国质量认证中心（CQC）等颁发的认证标志。

（3）提高企业声誉，增强企业竞争力。获得质量管理体系认证证书可以给企业带来良好的声誉，使企业得到行业管理部门的认同，并获得顾客的信任，还可获得更多投标的权利。

（4）有利于开拓国际市场。实行质量管理体系认证制度是当今世界各国特别是工业发达国家的普遍做法。获得质量管理体系认证证书，能使企业得到世界各国的认同，有利于开展国际贸易。

（5）免于其他机关的监督检查。企业通过质量管理体系认证，表明其质量管理体系健全而且符合ISO 9001标准，因此在接受国家或行业规定的检查时，可以免除对质量管理体系的检查。

要点02：质量管理体系认证流程

1．提前进行内部审核

内部审核是指企业在申请认证之前，对自身的质量管理状况进行全面审核，找出问题点并予以解决，确保接下来的质量管理体系认证工作顺利进行。内部审核要点如下。

（1）开展培训工作，组织公开课，培养企业内部审核员。◀ ─ ─ ─ ─ ─

（2）内部审核要求企业所有部门都要参加，任何部门发现的问题都要解决。

（3）内部审核结束后应出具审核报告，记录审核情况。

2．选择质量管理体系认证机构

当企业决定要进行质量管理体系认证，并做好了充分的准备工作后，就可以考虑向质量管理体系认证机构申请认证。在选择认证机构时，一定要综合考虑以下因素。

（1）权威性。

不管是中国境内还是境外的认证机构，都要有一定的知名度和权威性，它以第三方的身份对企业的质量管理和质量保证的可靠性作出鉴定和证明。

（2）地区性。

如果产品基本上在国内销售，就不一定选择国外的认证机构，因为全世界的国际标准是一致的。对于外销产品，当需要选择国外认证机构时，可以选择在本企业产品外销量大的国家（或地区）中有较高威望的认证机构，或在全世界都有威望的认证机构。例如产品在英国销售，可以申请英国标准协会（BSI）的认证。

（3）经济性。

国际上各认证机构计算认证收费时，主要考虑派评审员到企业审核所需的薪酬、差旅费和管理费等。

（4）其他因素。

主要包含以下一些因素。

①ISO 9001认证机构工作的独立性和公正性。为此，客户不能同所请的ISO 9001咨询顾问有任何利益关系。

②认证机构应具有相应的资格和足够的经验，并且其公正性获得广泛的认可。

③认证机构内的评审员对ISO 9001的内容要有一致的理解，不应存在明显的分歧。

3．申请认证

在确定了认证机构后，企业可向认证机构索取相关资料，并就不清楚或不确定的事项向认证机构的办事处问询，然后向认证机构提出体系认证申请。

一般来说，认证机构会准备体系认证申请表（如表11-1所示），申请方要如实填写并将申请表提交给认证机构。认证机构审阅申请企业的基本情况后，明确通知企业接受或拒绝其质量管理体系认证。必要时，认证机构可以要求组织进一步提供有关体系的资料。当申请体系认证的企业的质量管理体系状况与标准要求差距甚远时，认证机构将拒绝申请。

表11-1　认证申请表

企业名称		企业注册编号	
企业基本情况：			
企业的质量管理体系：			
企业的实际运行状况：			
主要产品状况：			

4．签订认证合同

在签订认证合同时，应仔细研究合同条款内容，明确认证机构和受审方的职责和义务。

5．审核认证文件

企业应将质量管理体系文件与相关资料提交给认证机构审核，认证机构要认真审核并做好记录。需要提交的资料包括质量目标分解文件、各类台账、各类指导文件、质量改进方案等。

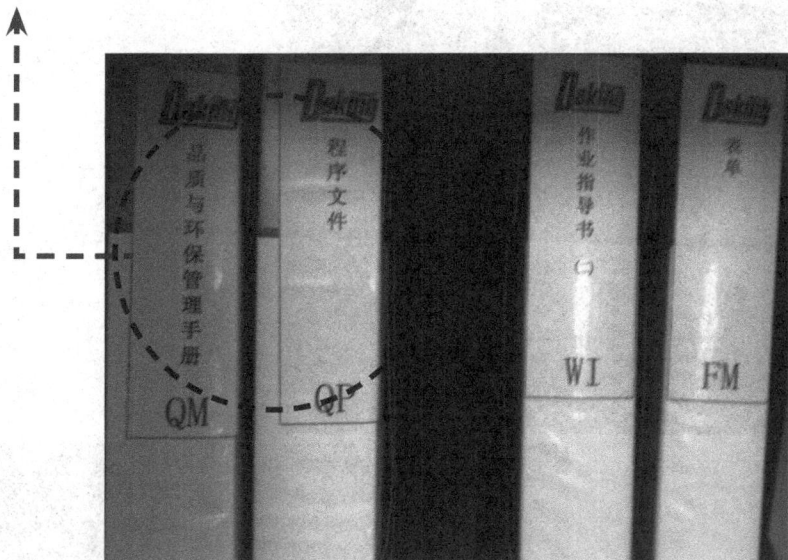

6．进行现场审核

认证机构派审核组到企业进行现场审核和评审，这是认证工作的核心部分。现场审核的工作内容如下。

（1）召开首次会议，进行审核分工并说明审核组式，确认审核计划及需要澄清的问题。

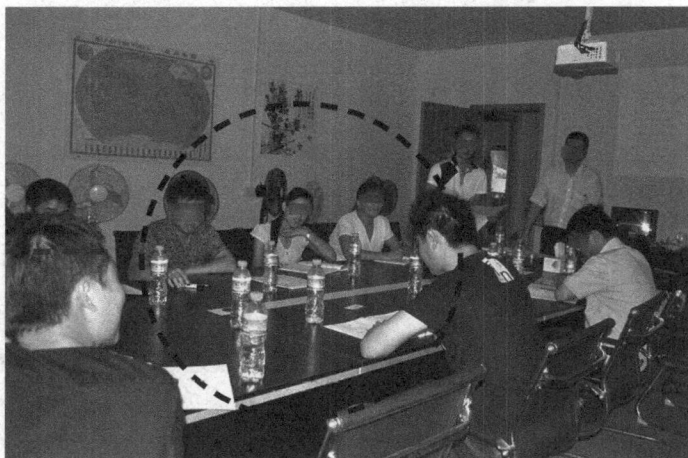

（2）在受审方相关人员的陪同下，进行现场审核并做好记录。◄- - - - ┐

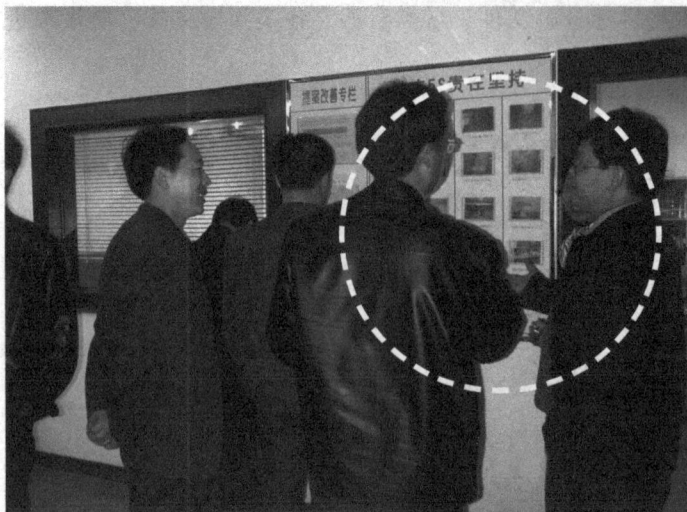

（3）企业相关人员与审核组进行沟通，就审核中的不合格项进行确认，尽量解决有关意见分歧。

7. 处理认证发现的不合格项

审核组通常在现场审核后，告知企业不合格项，并给企业两周以上的时间来对质量管理体系进行必要的修改、完善。企业利用这段时间对不合格项进行纠正后，向审核组表明已满足了有关要求，然后，认证机构视情况再对修改过后质量管理体系作出评价或免于审核。

企业在对不合格项进行纠正时，可采取以下措施。

（1）将不合格项报告分发至责任部门。将审核组出具的不合格项报告分发到不合格项的责任部门和有实施纠正措施责任的部门，以便其实施纠正措施。

（2）制定出具体的纠正措施。企业根据审核组提出的改进要求制定纠正措施，内容包括确定纠正措施的时间、完成纠正措施的期限及实施纠正措施的方法等。

（3）监督责任部门实施纠正措施。

8．批准与颁证

当确认所有不合格项都得到纠正后，认证机构将根据审核组的评定意见，报认证委员会（认证管理机构）批准、注册，并向企业颁发注册证书。必要时，企业还可以举行正式的颁证仪式，由认证机构现场颁证。

通过认证后，企业就可以在自己的产品上张贴通过认证的相关标志，以利于产品销售。

要点03：迎接认证机构的监督审核

认证机构应根据相关规定，定期对获得质量管理体系认证的企业进行监督审核，以证实其是否继续符合体系要求。

1．监督审核需要了解的内容

（1）每次监督审核，认证机构均派出正式审核组，按初次现场审核的程序进行监督审核。

（2）监督审核一般采用抽样的方式进行。如果获证企业分布于几个不同的场所，每次监督审核可针对不同的现场进行抽样，但应确保在三年中覆盖全部现场，其中对其总部的审核至少每年一次。

（3）每次监督审核应涉及质量管理体系要素，三年内的不同监督审核对各个要素审查的深度和广度可各有侧重，应特别注意对初次现场审核或上次监督审核遗留问题进行检查。

（4）较之初次审核，监督审核的要求不仅不会放松，反而会适度从严，如发现与上次审核相同的问题，应考虑不符合性质的升级。

（5）监督审核之后，审核组应为认证评定提供审核记录及报告，以便对企业质量管理体系作出保持认证证书、认证暂停或认证撤销的决定。

2．监督审核关注要点

每次监督审核均应特别关注以下内容。

（1）质量管理体系在实现企业的质量方针、目标方面的持续有效性。

（2）重要质量因素的控制。

（3）内部审核及内部审核结论的跟踪。

（4）企业有关质量法律、法规符合性的定期评价工作是否有效，是否及时向认证机构通报了违法行为。

（5）为实现整体质量绩效的改进，依据企业的质量方针对质量管理体系加以不断改进而采取的方案措施、计划等的进展情况。

（6）与相关方的信息交流，包括有关接收、记录、反应程序及其执行情况。

（7）上次审核中发现的不符合项所采取纠正措施的现场验证。

（8）体系文件的修改与调整。

（9）体系范围的变更。

（10）认证证书、标志和报告的使用及宣传情况。

（11）选定的其他审核内容。

3．监督审核的方式

监督审核同认证审核一样，通常采用审阅文件、查阅记录、现场观察、交谈及会谈等方式。需指出的是，与负责质量管理体系的管理者代表交谈是监督审核的重要内容之一，因为他们在质量管理体系的建立、实施、维护保持中起着核心的作用，对体系的持续良好运行至关重要。

审核组还将根据企业对其质量管理体系所作的重大更改（或发生了可能影响其认证资格的其他变化）或其具体的质量问题及时调整监督方案，以保证监督方案的合理性。

4．监督审核结论

监督审核结束以后，审核组一般会作出以下主要结论。

（1）质量管理体系是否得到正确的实施和保持。

（2）质量管理体系是否确保持续的适用性和有效性。

（3）不符合项是否破坏了体系的完整性、有效性以及是否得到了纠正。

（4）是推荐保持认证证书还是暂停、撤销认证证书。

（5）对下一次监督审核应关注的要点及需要重点抽查的要素提出线索和建议。

请注意

> 了解监督审核的方式、方法、程序、内容以后，企业应按其要求不断地完善质量管理体系。在正式接受检查时，企业应积极向检查人员提供相关的文件、资料、记录，并动员全员做好相应的准备工作。

要点04：期满重新认证

质量管理体系认证注册后的有效期一般为三年。在有效期满后，认证机构将对企业的质量管理体系作一次全面的重新认证。

1. 企业质量管理体系的变化

（1）体系有重大变化。

如果企业质量管理体系有了重大变化时，企业应及时告知认证机构，由认证机构决定重新评定的方案。比如组织结构调整、生产工艺重大变更或组织发生了影响到其认证基础的更改。

（2）体系略有变化。

如果企业质量管理体系在三年中略有变化（比如职责的划分、手册的修改等），也应告知认证机构，由认证机构通知审核员，可能只对变动的内容进行评定，而不变动的内容只作一次确认性审核，以减少重新评定的工作量。

2．重新认证的要求

一般来说，重新认证的方法与程序与初次认证审核基本相同，但是重新认证往往要求更严格，它会考虑上一次监督性检查的结果。具体要求如下。

（1）检查企业投诉、申诉及对其所采取的纠正措施的记录，并检查是否符合认证要求及前次审核发现的不符合的纠正情况，例如，上次检查发现企业未建立安全生产工作领导小组或小组太松散，企业应当建立分工明确、层级清晰的安全生产工作领导小组，并用看板的形式张贴出来。

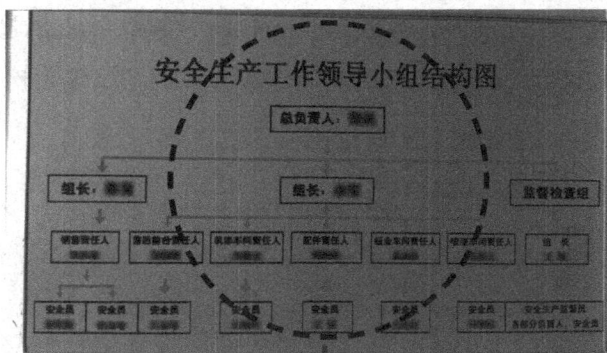

（2）如果企业在上次认证通过后发生法人变更、税务登记变更等情况，认证机构应对企业的法人营业执照和税务登记证等进行检查。

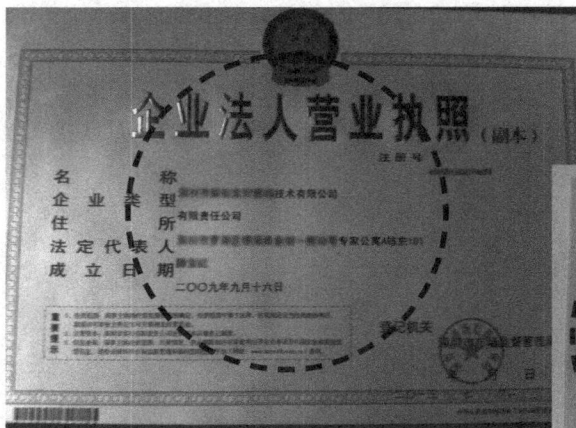

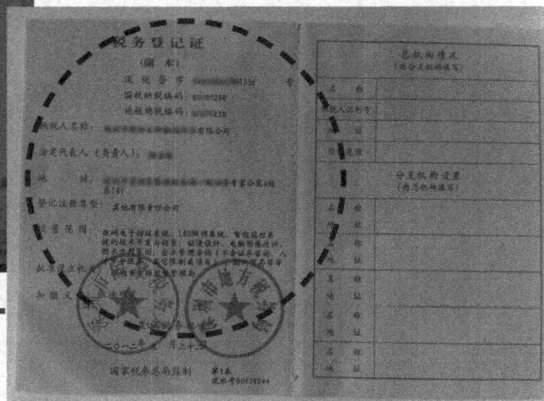

（3）在准备重新认证时，除了如初次认证一样做好准备工作（提供质量管理体系文件、记录等）及营造认证气氛外，还应贯彻执行不符合项的纠正措施，保持记录的完整性、有效性并予以验证。

3．ISO 9001系列标准的内容变化

（1）国际标准化组织已经公开说明，他们发布的ISO 9001标准会每隔五年修改或重新确认一次。

（2）当标准的内容改变后，发证机构会首先评审该标准内容的变化程度，然后确定该企业的质量管理体系是否符合该标准变化后的要求。要做到这一点，可能要对该企业的设施进行评审（此项评审可以同每年的持续评审一起进行）。在确定企业达到了ISO 9001新标准的要求后，将发给该企业修改过的"注册证书"。

学习笔记

通过学习本章内容，想必您已经掌握了不少学习心得，请仔细填写下来，以便继续巩固学习。如果您在学习中遇到了一些难点，也请如实写下来，方便今后重复学习，彻底解决这些难点。

同时本章列举了大量实景图片，与具体的文本内容互为参照和补充，方便您边学边用，请如实填写您的运用计划，以使工作与学习相结合。

我的学习心得：

1. ＿＿＿＿＿＿＿＿＿＿＿＿＿＿＿＿＿＿＿
2. ＿＿＿＿＿＿＿＿＿＿＿＿＿＿＿＿＿＿＿
3. ＿＿＿＿＿＿＿＿＿＿＿＿＿＿＿＿＿＿＿
4. ＿＿＿＿＿＿＿＿＿＿＿＿＿＿＿＿＿＿＿
5. ＿＿＿＿＿＿＿＿＿＿＿＿＿＿＿＿＿＿＿

我的学习难点：

1. ＿＿＿＿＿＿＿＿＿＿＿＿＿＿＿＿＿＿＿
2. ＿＿＿＿＿＿＿＿＿＿＿＿＿＿＿＿＿＿＿
3. ＿＿＿＿＿＿＿＿＿＿＿＿＿＿＿＿＿＿＿
4. ＿＿＿＿＿＿＿＿＿＿＿＿＿＿＿＿＿＿＿
5. ＿＿＿＿＿＿＿＿＿＿＿＿＿＿＿＿＿＿＿

我的运用计划：

1. ＿＿＿＿＿＿＿＿＿＿＿＿＿＿＿＿＿＿＿
2. ＿＿＿＿＿＿＿＿＿＿＿＿＿＿＿＿＿＿＿
3. ＿＿＿＿＿＿＿＿＿＿＿＿＿＿＿＿＿＿＿
4. ＿＿＿＿＿＿＿＿＿＿＿＿＿＿＿＿＿＿＿
5. ＿＿＿＿＿＿＿＿＿＿＿＿＿＿＿＿＿＿＿

第12章

工厂产品认证

导视图

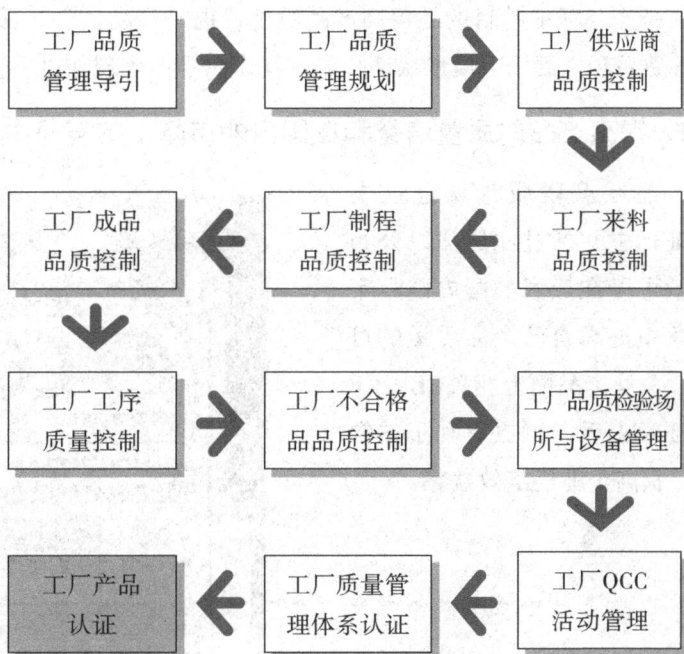

| 工厂品质管理导引 | → | 工厂品质管理规划 | → | 工厂供应商品质控制 |

| 工厂成品品质控制 | ← | 工厂制程品质控制 | ← | 工厂来料品质控制 |

| 工厂工序质量控制 | → | 工厂不合格品品质控制 | → | 工厂品质检验场所与设备管理 |

| 工厂产品认证 | ← | 工厂质量管理体系认证 | ← | 工厂QCC活动管理 |

········· 关键指引 ·······

产品认证是指认证机构依据相关产品标准和相应技术要求，对某一产品进行审查和检验，并向通过审查的产品颁发认证证书和认证标志，以证明该产品符合相应标准和相应技术要求。

要点01：产品认证的作用

国际标准化组织（ISO）将产品认证定义为："是由第三方通过检验评定企业的质量管理体系和样品型式试验来确认企业的产品、过程或服务是否符合特定要求，是否具备持续稳定地生产符合标准要求产品的能力，并给予书面证明的程序。"

实行产品认证的目的是提高产品质量，提升产品信誉，保护用户和消费者的利益，促进国际贸易和发展国际质量认证合作。其作用具体表现在以下几方面。

1. 提高产品的质量信誉和在国内外市场上的竞争力

产品在获得质量认证证书和认证标志并通过注册加以公布后，就可以在激烈的国内国际市场竞争中提高自己产品质量的可信度。一旦产品贴上相关CE、CB等认证标志后，就更有利于占领市场，提高企业经济效益。

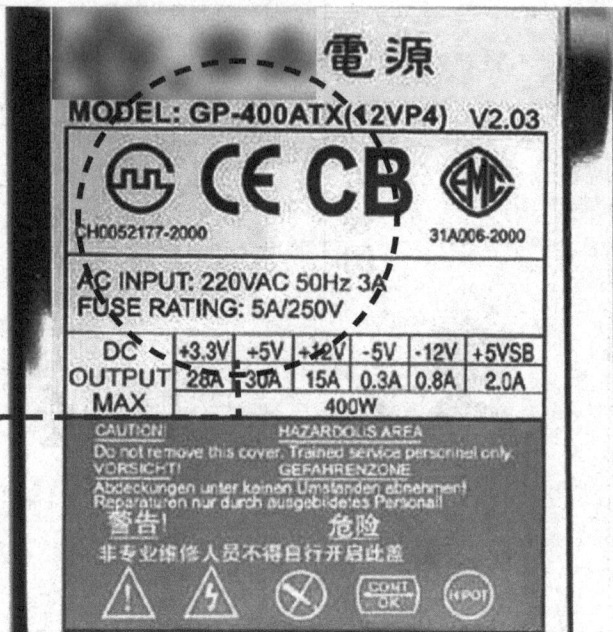

2. 提高产品质量水平，全面推动经济的发展

产品质量认证制度的实施，

可以促进企业进行全面质量管理，并及时解决在认证检查中发现的质量问题；可以对产品质量进行有效的监督和管理，促进产品质量水平的不断提高。同时，产品获得质量认证后，还可以减少重复检验和评定的费用。

3. 提供产品信息，指导消费，保护消费者利益，提高社会效益

消费者购买产品时，可以从认证注册公告或从产品及其包装上的认证标志中获得可靠的质量信息，经过比较和挑选，购买到满意的产品。

要点02：产品认证与质量管理体系认证的区别

产品认证与质量管理体系认证有着很大的区别，具体区别如表12-1所示。

表12-1 产品认证与质量管理体系认证的区别

区别标准	质量管理体系认证	产品认证
认证对象不同	其对象是企业的质量管理体系，仅评价企业的质量管理能力是否达到认证依据标准的要求	其对象是特定产品。既要对产品做型式试验，以确定产品质量是否符合指定的标准要求，又要对企业的质量管理体系进行评定，评定组织是否具有质量保证能力，能否持续稳定地提供合格产品
认证依据不同	等同于ISO 9001系列标准的有关国家标准	除了认证机构确定的质量管理体系要求外，还包括技术依据，即申请认证产品的相关国家或行业产品标准
证书和标志的使用不同	质量管理体系认证证书只能用于企业宣传，不能用在企业所生产的产品上，质量管理体系认证不能使用认证标志	除可将产品认证证书用于宣传外，还可根据认证机构的要求在通过认证的产品上使用认证标志

要点03：产品认证的分类

1. 按性质分类

产品认证按性质可分为安全认证和合格认证。

（1）安全认证。

凡根据安全标准进行认证或只对产品标准中有关安全的项目进行认证的，称为安全认证。它是对产品在生产、储运、使用过程中是否具备保证人身安全与避免环境遭受危害等

基本性能的认证，属于强制性认证。实行安全认证的产品，必须符合《中华人民共和国标准化法》中有关强制性标准的要求。

（2）合格认证。

合格认证是依据产品标准的要求，对产品的全部性能进行综合性的质量认证，一般属于自愿性认证。实行合格认证的产品，必须符合《中华人民共和国标准化法》规定的国家标准或者行业标准的要求。

2. 按强制性分类

（1）强制性产品认证。

强制性产品认证是各国政府为保护广大消费者人身和动植物生命安全，保护环境和国家安全，依照法律法规实施的一种产品合格评定制度，它要求产品必须符合国家标准和技术法规。

强制性产品认证通过制定强制性产品认证的产品目录和认证程序，对列入目录中的产品实施强制性的检测和审核。凡列入强制性产品认证目录内的产品，没有获得指定认证机构的认证证书和没有按规定加施认证标志前，一律不得进口、出厂销售和在经营服务场所使用。

（2）非强制性产品认证。

非强制性产品认证是对未列入国家认证目录内产品的认证，是企业的一种自愿行为，也称"自愿性产品认证"。

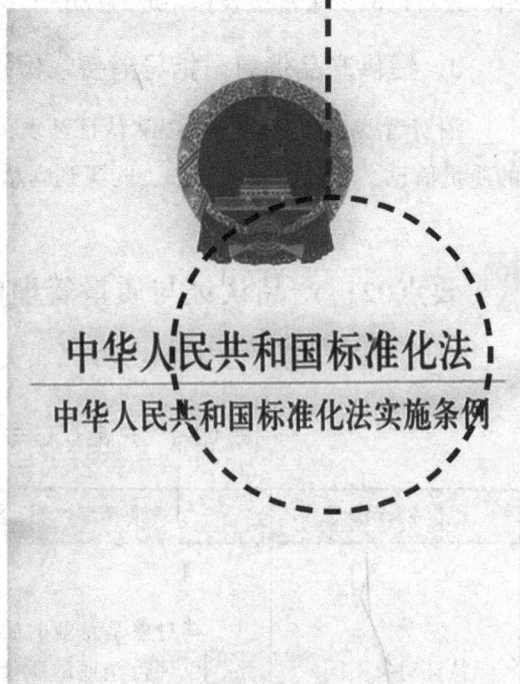

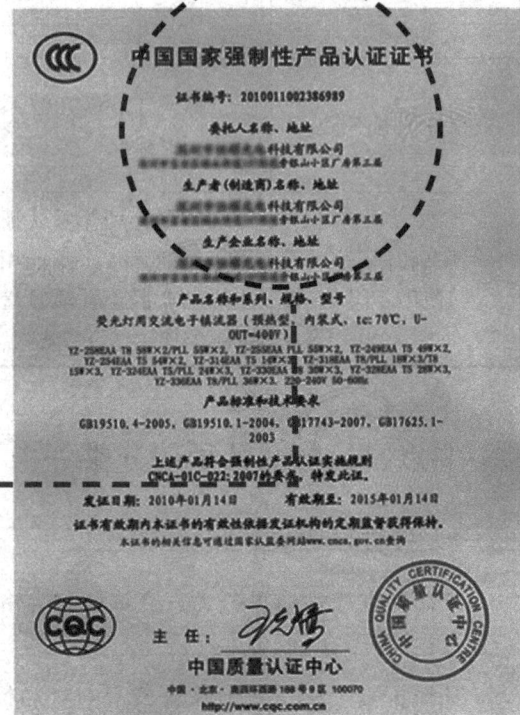

要点04：产品认证的依据

产品认证的依据是认证检验机构对产品质量进行检验、评定所依据的标准和相应的技术要求。我国的标准体系中有国家标准、行业标准、地方标准、企业标准，不同产品有不同的特征及特性要求。认证机构在开展产品认证工作时，主要有以下几类依据。

（1）一般产品开展质量认证时，应以具有国际水平的国家标准或行业标准为依据。对于现行国家标准或行业标准内容不能满足认证需要的，应当由认证机构组织制定补充技术要求。

对于这一点，《中华人民共和国产品质量法》规定：国家参照国际先进的产品标准和技术要求，推行产品认证制度。这一规定的目的是为了体现出认证的水平和层次。

（2）我国名、特、优产品开展产品认证时，应当以经国家质量监督检验检疫总局确认的标准和技术要求为认证依据。

（3）经过国家质量监督检验检疫总局批准加入了相应国际认证组织的认证机构（例如电子元器件认证委员会、电工产品认证委员会）进行产品认证时，应以国际认证组织已经公布的并已转变化为我国的国家标准或行业标准的技术要求为依据。

（4）我国已与国外有关认证机构签订双边或多边合作协议的产品，应按照合作协议规定采用的标准开展产品认证工作。

要点05：产品认证的流程

1．申请产品认证的基本条件

按《中华人民共和国产品质量认证管理条例》规定，中国企业、外国企业均可提出产品认证申请。申请产品认证的企业应符合下列基本条件。

（1）境内企业应持有工商行政主管部门颁发的企业法人营业执照，使用时提供产品商标注册证，实行生产许可证的产品要获得全国工业产品生产许可证；境外企业应持有有关机构的登记注册证明。

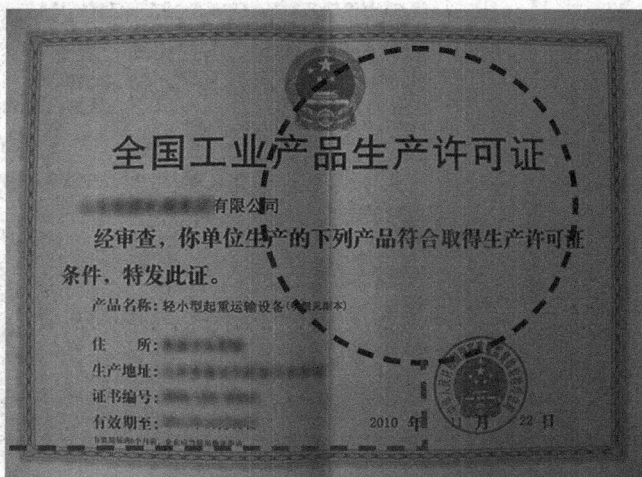

（2）符合有关法律法规和产业政策，无国家明令淘汰的落后生产工艺设备和产品。

（3）产品质量符合相应产品标准和相关规定要求，申请产品认证时须符合相应的补充技术要求。

（4）按适用标准或相应产品认证质量保证要求建立了文件化的质量/环境/职业健康安全管理体系。

2. 申请产品认证要提供的材料

申请单位应向认证机构提交一份正式的、其授权代表签署的申请书（申请书由认证机构提供），申请书或其附件应至少包括以下内容。

（1）申请产品认证的范围。

（2）申请单位同意遵守认证要求，愿意提供评价所需要的信息。

（3）申请单位简况，如企业的性质、名称、地址、法律地位以及有关的人力和技术资源。

（4）有关质量/环境/职业健康安全管理体系及其活动的一般信息。

（5）对拟认证体系标准删减的说明或其他引用文件的说明。

（6）申请产品认证时，还应提供申请产品认证的产品、认证制度和每种产品认证所依据的标准。

3. 产品认证的具体步骤

（1）申请。

企业申请产品认证时，首先向具有认证资格的产品认证机构（如中国质量认证中心）提交书面申请。申请书格式由国家质量监督检验检疫总局统一规定，其主要内容包括申请单位的基本情况以及申请认证的产品的名称、规格、型号、商标、产量、产值等。

①申请单位愿意遵守我国产品认证法规的规定，依法接受检查及监督的声明等。

②企业递交申请书的同时，还应当提供企业质量管理体系手册副本及认证采用的标准和有关技术资料。

③申请书经审核被接受后，认证机构向申请单位发出"接受认证申请通知书"。

（2）审查和检验。

①企业产品认证申请被接受后，认证机构会组织人员对企业进行质量管理体系审查，审查的目的在于检查、评定企业的质量管理体系是否具备保证企业持续稳定地生产符合标准要求的产品的能力。

②企业质量管理体系审查合格后，由认证机构委托符合法定条件的产品质量检验机构，对申请产品认证的产品进行抽样检验。

（3）申请的批准和驳回。

①企业通过质量管理体系检查和产品样品检验后，认证机构负责对企业质量管理体系检查报告和样品检验报告进行全面审查，依法批准符合规定条件的产品认证，向企业颁发认证证书，并允许企业在该产品上使用认证标志。

②对于经审查不符合规定的企业，认证委员会书面通知申请单位，并说明不合格理由。如果企业能在六个月内采取有效措施予以改正，经认证机构复查确实达到规定要求的，仍可予以批准认证、颁发认证证书。

③对于经过复查仍达不到规定要求的，认证机构将通知企业撤回申请。

要点06：常见产品认证形式

1．CCC认证

中国强制性产品认证于2002年5月1日起实施，认证标志的名称为"中国强制认证"（China Compulsory Certification，简称CCC）。我国对列入国家质量监督检验检疫总局发布的强制性产品认证的产品目录中的产品实施强制性的检测和审核。

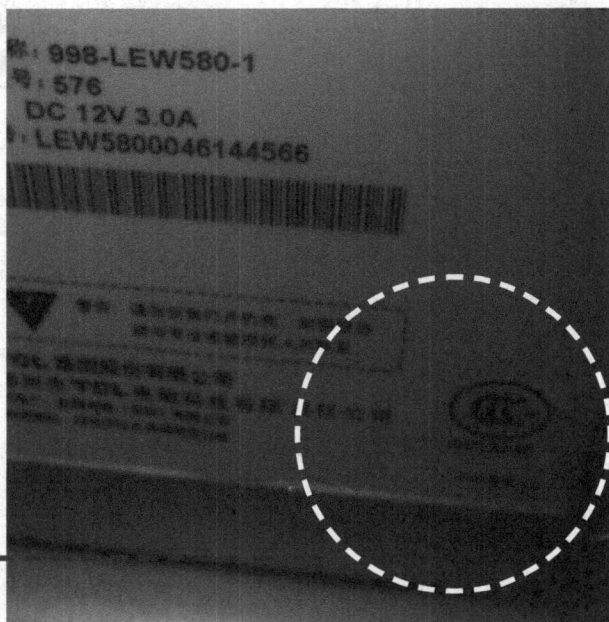

凡列入目录内的产品未获得指定机构认证或未按规定标贴CCC标志的，一律不得出厂、进口、销售和在经营服务场所使用。

2. CQC认证

CQC机构名称为中国质量认证中心，现中国强制认证CCC认证工作由其承担。获得CQC产品认证证书，加贴CQC标志，就意味着该产品被国家级认证机构认证为安全的、符合国家相应的质量标准。

3. CE认证

CE是一种安全认证标志，被视为企业打开并进入欧洲市场的"护照"。凡是贴有CE标志的产品就可在欧盟各成员国内销售，无须符合每个成员国的要求，从而实现了商品在欧盟成员国范围内的自由流通。

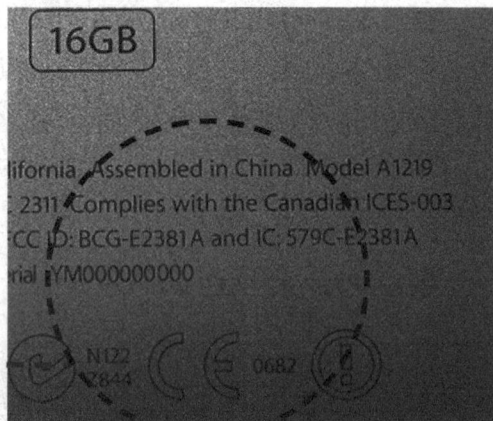

4. EMC认证

EMC（Electro Magnetic Compatibility）是指电磁兼容标志，它同时也是一项指令，要求所有销往欧洲的电器产品基本体所产生的电磁干扰（EMI）不得超过一定的标准，以免影响其他产品的正常运作，同时电器产品本身也有一定的抗干扰能力（EMS），以便在一般电磁环境下能正常使用。

该指令于1996年1月1日开始正式强制执

行。它以各类电子产品为主，是所有电器产品销往欧洲市场的通行证，对于产品占据国际市场具有重大意义。

5. GS认证

GS是德语安全性已认证（Geprufte Sicherheit）的缩写，它是以德国产品安全法（SGS）为依据，按照欧盟统一标准（EN）或德国工业标准（DIN）进行检测的一种自愿性认证。GS标志表示该产品的使用安全性已经通过具有公信力的独立机构的测试。和CE不同的是，GS标志并没有法律强制要求，但由于安全意识已深入人心，一个有GS标志的电器在市场可能会较一般产品具有更大的竞争力。

6. FCC认证

FCC是指美国联邦通信委员会（Federal Communications Commission）的简称。FCC制定了不少涉及电子设备的电磁兼容性和操作人员人身安全等一系列产品质量和性能标准，这些标准已经被广泛使用并得到世界上不少国家的技术监督部门或类似机构的认可。

目前，很多厂家生产的电子产品技术手册中经常印有由FCC所签发的符合某项标准的认证书，或者声明符合FCC的某项标准，或者贴有FCC标志。

7. UL认证

UL是美国保险商试验所（Underwriter Laboratories Inc.）的简称。UL始建于1894年，是美国最权威的，也是世界上从事安全试验和鉴定的较大的民间机构。它是一个独立的、非营利的、为公共安全做试验的专业机构。

它采用科学的测试方法来研究确定各种材料、装置、产品、设备、建筑等对生命、财产有无危害和危害的程度；确定、编写、发行相

应的标准和有助于减少及防止造成生命财产受到损失的资料，同时开展实情调研业务。通过UL认证的企业，能够在自己的产品上张贴UL标志。

8. CSA认证

CSA是加拿大标准协会（Canadian Standards Association）的简称，目前是加拿大最大的安全认证机构，也是世界上最著名的安全认证机构之一。它能对机械、建材、电器、电脑设备、办公设备、环保、医疗防火安全、运动及娱乐等方面的所有类型的产品提供安全认证。通过了CSA认证的产品可以张贴CSA标志。

请注意

随着经济全球化的日益深入，我国有越来越多的企业进入到国际市场中，因此，各家企业必须认真了解有关产品认证的知识，以便在进入某国市场之前先通过相应的产品认证，从而提高产品在该国市场上的竞争力。

通过学习本章内容，想必您已经掌握了不少学习心得，请仔细填写下来，以便继续巩固学习。如果您在学习中遇到了一些难点，也请如实写下来，方便今后重复学习，彻底解决这些难点。

同时本章列举了大量实景图片，与具体的文本内容互为参照和补充，方便您边学边用，请如实填写您的运用计划，以使工作与学习相结合。

我的学习心得：

1. ＿＿＿＿＿＿＿＿＿＿＿＿＿＿＿＿＿＿＿＿
2. ＿＿＿＿＿＿＿＿＿＿＿＿＿＿＿＿＿＿＿＿
3. ＿＿＿＿＿＿＿＿＿＿＿＿＿＿＿＿＿＿＿＿
4. ＿＿＿＿＿＿＿＿＿＿＿＿＿＿＿＿＿＿＿＿
5. ＿＿＿＿＿＿＿＿＿＿＿＿＿＿＿＿＿＿＿＿

我的学习难点：

1. ＿＿＿＿＿＿＿＿＿＿＿＿＿＿＿＿＿＿＿＿
2. ＿＿＿＿＿＿＿＿＿＿＿＿＿＿＿＿＿＿＿＿
3. ＿＿＿＿＿＿＿＿＿＿＿＿＿＿＿＿＿＿＿＿
4. ＿＿＿＿＿＿＿＿＿＿＿＿＿＿＿＿＿＿＿＿
5. ＿＿＿＿＿＿＿＿＿＿＿＿＿＿＿＿＿＿＿＿

我的运用计划：

1. ＿＿＿＿＿＿＿＿＿＿＿＿＿＿＿＿＿＿＿＿
2. ＿＿＿＿＿＿＿＿＿＿＿＿＿＿＿＿＿＿＿＿
3. ＿＿＿＿＿＿＿＿＿＿＿＿＿＿＿＿＿＿＿＿
4. ＿＿＿＿＿＿＿＿＿＿＿＿＿＿＿＿＿＿＿＿
5. ＿＿＿＿＿＿＿＿＿＿＿＿＿＿＿＿＿＿＿＿

《图说工厂品质管理（实战升级版）》
编读互动信息卡

亲爱的读者：

感谢您购买本书。只要您通过以下三种方式之一成为普华公司的**会员**，即可免费获得普华每月新书信息快递，在线订购图书或向我们邮购图书时可获得免付图书邮寄费的优惠：①详细填写本卡并以**传真**（复印有效）或邮寄返回我们；②**登录普华公司官网注册成普华会员**；③关注微博：@普华文化（新浪微博）。会员单笔定购金额满300元，可免费获赠普华当月新书一本。

哪些因素促使您购买本书（可多选）

○本书摆放在书店显著位置 　　○封面推荐 　　○书名

○作者及出版社 　　○封面设计及版式 　　○媒体书评

○前言 　　○内容 　　○价格

○其他（ 　　　　　　　　　　　　　　　　　　　　 ）

您最近三个月购买的其他经济管理类图书有

1.《 　　　　　　　　　 》 　　2.《 　　　　　　　　　 》

3.《 　　　　　　　　　 》 　　4.《 　　　　　　　　　 》

您还希望我们提供的服务有

1．作者讲座或培训 　　　　　　2．附赠光盘

3．新书信息 　　　　　　　　　4．其他（ 　　　　　 ）

请附阁下资料，便于我们向您提供图书信息

姓　　名 　　　　　　联系电话 　　　　　　职　　务

电子邮箱 　　　　　　工作单位

地　　址

地　　址：北京市丰台区成寿寺路11号邮电出版大厦1108室　北京普华文化发展有限公司（100164）

传　　真：010-81055644

读者热线：010-81055656

编辑邮箱：pangweijun@puhuabook.com

投稿邮箱：tougao@puhuabook.com，或请登录普华官网"作者投稿专区"。

购书电话：010-81055656 　　　　　　淘宝店网址：http://shop60686916.taobao.com

媒体及活动联系电话：010-81055656 　　　邮件地址：hanjuan@puhuabook.com

普华官网：http://www.puhuabook.com.cn

博　　客：http://blog.sina.com.cn/u/1812635437

新浪微博：@普华文化（关注微博，免费订阅普华每月新书信息速递）